나무의 종류와 특징, 재질과 쓰임새까지

한스미디어

# 나무 목재
# 도감

바로 유용한
## 101가지
나무+목재
도감

니시카와 타카아키 **지음** | 고이즈미 아키오 **감수**

**김호진** 옮김

한스미디어

# 머리말

이 책은 잎과 나무껍질을 포함한 서 있는 나무의 특징부터 판재 견본이나 목재의 쓰임새(건축재, 가구재, 도구재 등)까지, 한 종류의 나무에 대해서 사진을 곁들인 간결한 해설로 소개한 도감이다. 책에 실린 101종의 나무는 일본에서 나고 자라 목재로 쓰이는 유용한 나무를 고른 것이다.

평소에 나무를 주제로 함께 시간을 보내던 친구와 지인, 그리고 그간의 저서를 접했던 독자들의 바람으로 이 책을 기획하게 되었다. 지인 중에는 목공예가, 목재 회사의 사장과 사원, 임업 관계자, 숲 해설가, 자연 애호가, 건축가, 조경 및 원예 전문가처럼 나무와 관련된 직업을 가진 사람이 많았다.

임업 관계자나 숲 해설가는 생나무는 잘 알지만 목재에는 생소함을 토로하였고, 목공예가나 목재 관련 종사자는 목재는 그럭저럭 알아도 살아있는 나무나 잎사귀에 대해서는 잘 알지 못한다는 사실을 아쉬워했다. 또한 조경 및 원예 전문가처럼 나무를 직접 기르는 일에 종사하는 사람들은 나무에 대한 애정이 남달라 각 나무의 특징이나 쓰임새까지 더욱 자세히 알고 싶어 했다. 이러한 바람에 모두 부응할 수 있도록 나무와 목재, 나무의 쓰임새까지 한곳에 다룬 책을 기획하였다.

아래에 이 책의 특징들을 다시 한번 정리해두었다.

## 1. 나무와 목재, 쓰임새까지 한꺼번에 소개한다

한 나무마다 2페이지에 걸쳐 나무 혹은 잎과 나무껍질, 판재 견본 및 나무로 만든 도구 등의 모습을 담은 크고 작은 사진들을 곁들여 일목요연하게 편집하였다. 본문과 사진 설명을 통해 나무로서의 특징과 목재로서의 특징 등을 간략하게 정리해 두었다. 자연 관찰이나 목재 가공에 각각 도움이 되는 종래의 나무 도감이나 목재 도감과는 다른 새로운 유형의 도감이다.

## 2. 유용한 나무 101가지를 실었다

많은 나무 중에서 일본에서 자라며 목재로도 사용되는 유용한 나무 101종을 골랐다. 편백이나 느티나무처럼 대표적인 유용한 종류의 나무는 물론, 잘 알려지지 않았더라도 특별한 용도를 가진 나무는 되도록 선정하여 소개하였다. 가령, 일본 오키나와 해안에서 흔히 볼 수 있는 은모수는 현지인이 아니라면 거의 볼 수 없는 생소한 나무이지만 햇살에 비친 도톰한 잎이 아름다워서 오래전부터 어부가 사용하는 물안경('미카간'이라고 한다)의 테 부분으로 사용되었다. 이처럼 아는 사람만 아는 나무를 적극적으로 발굴하고자 노력하였다. 이 도구는 어째서 이 나무로 만들었을까 되짚다보면 옛사람의 뛰어난 통찰력을 피부로 느끼게 될 것이다.

## 3. 옛 시대의 도구까지 다채롭게 구성하였다

현재는 쓰이지 않지만 예전에 많이 사용되던 목제품을 몇 점 실었다. 박물관 등의 협조로 조몬 시대(새끼줄 무늬 토기가 특징인 일본 신석기시대—옮긴이)나 고훈 시대(큰 봉분의 무덤이 특징적인 일본의 한 시대. 3세기 말~7세기 무렵—옮긴이)의 유적에서 발굴된 출토품 사진까지 수록할 수 있었다. 예를 들자면 굴거리나무가 쓰인 돌도끼 자루(일본 후쿠이 현립 와카사 역사 박물관 소장품)나 금송으로 만든 나무 관(일본 나라 현립 가시하라 고고학 연구소 부속 박물관 소장품) 등이 있다. 다케나카 목공 도구 박물관(일본 효고현 고베시)에 소장된 옛 명공들의 귀중한 목공 도구 중에서는 재료를 알 수 있는 도구들만 소개하였다.

## 4. 다른 나무와 구별하는 방법을 짚어준다

가까운 종이나 비슷한 잎을 가진 나무 사이에서도 가려낼 수 있는 특징을 본문과 사진 설명 곳곳에 배치하였다. 일례로 팽나무 잎 사진은 이렇게 설명한다. "잎 위쪽 절반은 톱니가 있고 나머지 밑쪽은 밋밋하다는 점이 특징이다 … 헷갈리기 쉬운 푸조나무의 잎은 가장자리에 전부 톱니가 나 있고 폭이 조금 더 좁다. 느티나무 잎도 팽나무보다 폭이 더 좁고 길이가 조금 짧다."

본문 및 사진 설명에는 나무 관련 연구가나 목재 관계자(목재 회사 등), 목공예가, 목공 장인 등 평소에 늘 나무를 접하는 이들의 취재 내용을 적절히 가미하였다. 또한 일본 홋카이도대학 농학부 삼림과학과의 교수인 고이즈미 아키오 씨의 감수를 거쳐 책의 신뢰도를 높였다.

"나무는 두 번 산다"는 말처럼 자연에서 일생을 마친 나무는 목재나 도구로 모습을 바꿔 오랫동안 사용되거나 보존되며 또 한 번의 생을 살아간다. 이 책을 읽고 긴 세월을 사는 나무의 중후한 맛을 느낄 수 있기를 바란다.

니시카와 타카아키

| 2 | 머리말 |
| 6 | 일러두기 |

| 8 | 001 가래나무 |
| 10 | 002 가문비나무 |
| 12 | 003 가시나무 |
| 14 | 004 감나무 |
| 16 | 005 감탕나무 |
| 18 | 006 개물푸레나무 |
| 20 | 007 검양옻나무 |
| 22 | 008 계수나무 |
| 24 | 009 고로쇠나무 |
| 26 | 010 곰솔 |
| 28 | 011 구골나무 |
| 30 | 012 굴거리나무 |
| 32 | 013 귤류 |
| 34 | 014 글렌가문비나무 |
| 36 | 015 금송 |
| 38 | 016 나한송 |
| 40 | 017 남천 |
| 42 | 018 노간주나무 |
| 44 | 019 녹나무 |
| 46 | 020 느릅나무류 |
| 48 | 021 느티나무 |
| 50 | 022 도가사와라 |
| 52 | 023 도도마쓰 |
| 54 | 024 돌배나무 |
| 56 | 025 동백나무 |
| 58 | 026 동청목 |
| 60 | 027 들메나무 |
| 62 | 028 때죽나무 |
| 64 | 029 류큐소나무 |
| 66 | 030 류큐흑단 |
| 68 | 031 매실나무 |
| 70 | 032 매화오리나무 |
| 72 | 033 멀구슬나무 |
| 74 | 034 모밀잣밤나무류 |
| 76 | 035 목련 |
| 78 | 036 물참나무 |
| 80 | 037 박달나무 |

목차

나무의 종류와 특징,
재질과 쓰임새까지

# 나무 목재 도감

82 038 반들고무나무
84 039 밤나무
86 040 배롱나무
88 041 벚나무
90 042 보리수나무류
92 043 복목
94 044 붉가시나무
96 045 비스코피아 야바니카
98 046 비자나무
100 047 비파나무
102 048 산뽕나무
104 049 삼나무
106 050 상사수
108 051 새우나무
110 052 서어나무류
112 053 소나무
114 054 소태나무
116 055 솔송나무
118 056 시우리자쿠라
120 057 아까시나무
122 058 양버들
124 059 오리나무
126 060 옻나무
128 061 왜종려
130 062 용화수
132 063 윤노리나무
134 064 은모수
136 065 은행나무
138 066 음나무
140 067 일본너도밤나무
142 068 일본목련
144 069 일본벚자작나무
146 070 일본쇠물푸레나무
148 071 일본잎갈나무
150 072 일본전나무
152 073 일본측백나무
154 074 일본피나무
156 075 자동
158 076 자작나무
160 077 자작나무류

162 078 조록나무
164 079 졸참나무
166 080 좀회양목
168 081 주걱물푸레나무
170 082 주목
172 083 참빗살나무
174 084 참오동나무
176 085 참죽나무
178 086 초피나무
180 087 층층나무
182 088 칠엽수
184 089 팥배나무
186 090 팽나무
188 091 편백
190 092 푸조나무
192 093 헛개나무
194 094 호랑버들
196 095 화백
198 096 황벽나무
200 097 후박나무
202 098 후피향나무
204 099 흑문자
206 100 히메코마쓰
208 101 히바

210 그 밖의 목재 견본

진다이 느릅나무, 진다이 느티나무,
진다이 단풍나무, 진다이 들메나무,
진다이 물참나무, 진다이 밤나무,
진다이 삼나무, 진다이 일본목련, 가죽나무,
개굴피나무, 금목서

211 도히, 마가목, 머루류, 메타세쿼이아,
백합나무, 붓순나무, 비치전나무, 사과나무,
상수리나무, 생달나무, 석류나무 , 소귀나무

212 스키아도필로이데스오갈피, 예덕나무,
육박나무, 이나무, 일본복장나무, 자귀나무,
졸가시나무, 큰일본노각나무, 클라드라스티스
플라티카르파, 향나무, 황철나무, 황토수

213 용도별 나무 일람
214 용어 해설
216 나무 이름 찾아보기
219 학명 찾아보기
221 옮긴이 코멘트
222 감수자의 말(고이즈미 아키오)
223 맺음말(니시카와 타카아키)

# 일러두기

## ❶ 나무 이름(가나다순)
나무는 식물명이나 목재명, 특정 지역의 향명 등 다양한 명칭으로 불린다. 표제 나무 이름은 그중 일반적으로 잘 알려진 이름을 사용하였다(표준 국명이 아닐 때도 있다). 그 외의 명칭은 일본명 란에 적는다.

## ❷ 일본명
가장 먼저 일반적으로 잘 알려진 일본명을 적었다. 약칭이나 특정 지역의 향명 등 별명도 함께 소개하였으며 향명이 여럿 존재하는 나무는 대표적인 명칭만 소개하였다. 뜻 한자와 중국명이 포함될 때도 있다.

## ❸ 학명
넓은잎나무(활엽수)는 APG 분류체계를 기본으로 한다.

## ❹ 과명
넓은잎나무는 APG 분류체계를 기본으로 한다. 대괄호([ ]) 안은 종래의 과명이다. 산공재, 환공재, 방사공재 등에 대해서는 용어 해설(214~215쪽)과 왼쪽 아래의 사진을 참조하기 바란다.

## ❺ 분포
해외에서 나고 자라는 나무도 있지만 한국과 일본의 분포지로 한정하였다. 한국에 자생하는 나무는 별도로 표시해두었으며 일본에 자생하지 않는 나무는 원산지를 표시하였다.

## ❻ 비중
비중은 기건 비중(공기 중의 온도와 습도 조건을 기준으로 구한 비중)을 나타낸다. 수치가 높을수록 무겁고 단단한 목재이며 1을 넘는 목재는 물에 가라앉는다. 각 수치는 다음의 문헌 등을 참고하여 기술하였다. 수치는 범위로 표시하거나 하나의 수치로 표기하였다. 0.45*처럼 별표(*)가 붙은 수치는 홋카이도대학 농학부 목재공학연구실에서 측정한 값이다.

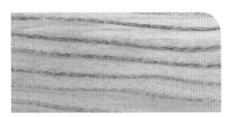

환공재(들메나무)

산공재(일본왕자작나무)

방사공재(모밀잣밤나무류)

바늘잎나무 목재(편백)

088

## ❶ 칠엽수

| | | |
|---|---|---|
| ❷ 일본명 | 도치톳/橡, 도치노키 | |
| ❸ 학 명 | *Aesculus turbinata* | |
| ❹ 과 명 | 무환자나무과[칠엽수과](칠엽수속) 갈잎넓은잎나무 | |
| ❺ 분 포 | 한국 전역 | |
| | 일본 홋카이도(남서부), 혼슈, 시코쿠(중북부) | |
| ❻ 비 중 | 0.40~0.63 | |

《나무대백과》《원색 목재대도감》《유용 수목 그림해설 임목 편》《원색 목재 가공면이 보이는 나무 종류 사전》

❼ 목재 견본 및 목재 설명
목재의 나뭇결이나 색 등은 나무에 따라 차이가 있음을 밝혀 둔다.

❽ 본문 및 사진 설명
나무 높이, 잎 길이 등의 수치는 어림값이다. 나무껍질의 무늬나 갈라진 정도는 나무 나이 혹은 나무에 따라 달라질 수 있다. 잎 설명에 나오는 길이와 폭(최대 폭)은 잎몸을 기준으로 한다. 잎몸이나 잎자루의 위치, 깃꼴겹잎, 손꼴겹잎에 대해서는 오른쪽 아래의 사진과 용어 해설(214~215쪽)을 참조하기 바란다.

❾ 사진
오른쪽 페이지 상단에 판재 견본 사진을 배치하고 서 있는 나무, 나무껍질, 잎, 목제품(가구, 도구, 건축부재 등) 사진을 곳곳에 실었다. 촬영은 대부분 와타나베 겐고 씨가 담당하였다. 그 밖의 사진은 다음의 협력으로 실을 수 있었다(경칭 생략).

가토 마사미치 159쪽-2
기타쿠 아스카야마 박물관(제공) 190쪽
고이즈미 아키오 53쪽-3, 119쪽-4, 181쪽-1, 185쪽-3

나라 현립 가시하라 고고학 연구소 부속 박물관(제공) 37쪽-4
니시카와 타카아키 53쪽-1, 117쪽-3, 148쪽, 175쪽-2
히라쓰카 가즈아키 125쪽-1
히로세 세쓰요시 167쪽-1, 2, 3
후쿠이 현립 와카사 역사 박물관(제공) 31쪽-3
홋카이도 가미카 종합진흥국(제공) 109쪽-4
홋카이도 임업·목재산업 대책협의회(제공) 53쪽-2
호린지(제공, 촬영: 아스카엔) 45쪽-1
혼다 다다시 35쪽-2, 154쪽

❼ 심재와 변재의 경계가 불명확하며 전체적으로 흰색에 가까운 크림색이다. 나이테도 뚜렷하지 않다. 물결 혹은 주름 무늬가 있을 때가 많다. 무늬결 목재에는 잔물결 무늬ripple mark가 나타난다. 넓은잎나무치고는 무른 편으로 절삭가공은 수월하지만 길이 가공은 날을 잘 갈아 쓰지 않으면 깎기 어렵다. 마감이 깔끔하고 광택이 난다.

088
칠엽수

## 다양한 무늬가 나타나는 목재, 귀중한 식재료였던 씨앗, 커다란 손바닥 모양 잎

숲속이나 공원을 걷다보면 잎끝 쪽이 넓은 타원형의 잎사귀와 마주칠 때가 있다. 그런 잎을 가진 나무는 칠엽수나 일본목련일 확률이 높다. 멀리서는 닮은 듯 보이지만 두 나무의 잎에는 커다란 차이점이 있다. 칠엽수는 7장 전후의 작은 잎이 손바닥 모양으로 붙는 겹잎(손꼴겹잎)으로 잎 가장자리에 촘촘하게 톱니가 난다. 일본목련은 홑잎이 모여 가지 끝에 달리며 잎 가장자리는 밋밋하고 톱니가 없다. 가로수로 많이 심는 잡종인 붉은꽃칠엽수(A. ×carnea)는 잎이 손꼴겹잎이지만 가장자리의 톱니가 들쑥날쑥하고 성기다.

목재는 넓은잎나무 중에서는 무른 편이다. 목재 면이 치밀하고 비단 같은 광택이 난다. 주름 무늬 등의 무늬가 나타나는 특징이 있으며 빛을 받는 각도에 따라 매혹적인 분위기를 자아낸다. 최근에는 이처럼 나무의 표정이 담긴 목재가 인기 있어 칠엽수 목재 가격이 느티나무를 넘어서는 추세이다. 칠엽수는 절삭가공과 건조에 어려움은 없지만 쉽게 뒤틀리고 내구성도 떨어진다. 따라서 건축재로는 그다지 적합하지 않으며 느티나무보다 낮은 등급의 목재로 여겨진다. 주된 용도는 가구재나 무늬를 살린 공예품, 칠기의 백골 등이 있다. 칠엽수 씨앗은 조몬 시대부터 귀중한 식재료이기도 했다.

❽

◀ 투명 옻칠 기법으로 마감한 그릇(작품: 야마다 마코). 칠엽수 목재의 환상적인 표정이 표면에 나타난다. ❶ 대부분 높이 15~20m, 지름 50~60cm 정도의 큰키나무. 높이 30m, 지름 2m 이상으로 성장한 나무도 있다. 5~6월 무렵 고깔 모양으로 송이진 하얀 꽃이 달린다(고깔꽃차례). 9~10월에 열매가 무르익으면 3부분으로 갈라지며 씨가 떨어진다. ❷ 어린나무의 나무껍질은 회색이며 세로로 얇게 갈라진다. 해를 거듭할수록 껍질은 갈색으로 변해가며 물결 모양의 무늬가 나타난다. 늙은 나무가 되면 껍질이 벗겨진다. ❸ 잎은 커다란 5~9장의 작은 잎이 겹잎(손꼴겹잎)으로 마주나기를 한다. 작은 잎의 길이는 20~40cm, 폭은 5~12cm 정도이다. 작은 잎의 잎몸은 차츰 좁아지며 끝이 뾰족하다. 잎 가장자리에는 아주 자잘한 톱니가 나 있다. 일본목련의 잎도 커다랗지만 홑잎이라 구별하기 쉽다. ❹ 칠엽수 투명 옻칠 무늬 장식함(작품: 미야모토 테쓰), 제57회 일본 전통 공예전 '일본 공예회 장려상' 수상작.

**홑잎**

톱니
잎몸
잎자루

**깃꼴겹잎**

**손꼴겹잎**

183

# 가래나무

| | |
|---|---|
| 일본명 | 오니구루미鬼胡桃, 구루미 |
| 학 명 | *Juglans mandshurica* var. *sachalinensis* |
| 과 명 | 가래나무과(가래나무속) 갈잎넓은잎나무(산공재) |
| 분 포 | 한국 소백산·속리산 이북 |
| | 일본 홋카이도~규슈 |
| 비 중 | 0.53 |

산공재치고는 물관이 크고 나이테가 비교적 뚜렷하다. 심재와 변재를 구별하기 쉽다. 심재에는 얼룩이 생기기 쉽지만 얼룩 색은 그리 눈에 띄지 않는 갈색이다. 단단하기는 가공하기 알맞은 정도이며 뒤틀림도 적다. 향은 그다지 없는 편이다.

# 쭉 뻗은 굵직한 가지가 위로 벌어져 자라며 목재는 가공하기 쉽고 쓰임새가 다양하다

일본에서는 가래나무를 '오니구루미', 개굴피나무를 '사와구루미', 굴피나무를 '노구루미'라고 부른다. 하지만 일반적으로 '구루미'라고 하면 가래나무를 가리킨다.

목재는 넓은잎나무로는 무른 편이지만 가공하기에는 딱 알맞은 정도이다. 뒤틀림과 갈라짐이 적고 끈기 있으며 커다란 판재까지 얻을 수 있어 다양한 용도로 사용된다. 한 용도로 가장 많이 사용된 곳은 바로 총대이다. 메이지 시대(봉건사회에서 근대사회로 옮겨가는 일본의 전환기. 1868~1912−옮긴이)부터 쇼와 시대(1926~1989−옮긴이) 초기에 걸쳐 군수용으로 대량 소비되었다. 묵직하고 단단하기가 적당한 가래나무 목재는 총알이 발사될 때의 반동을 흡수한다. 최근에는 가구나 수공예 작품의 재료로도 인기가 많다. 홋카이도산 가래나무 목재의 평판이 높지만 많은 양을 벌채하다 보니 현재는 자원이 많이 줄었다.

가래나무의 열매는 태곳적부터 손쉽게 얻을 수 있는 지방분이 풍부한 식재료였다. 유적에서도 여러 번 출토되어 조몬 시대에도 이를 먹거리로 삼았다는 사실이 밝혀졌다. 산골짜기에서 흔히 볼 수 있는 개굴피나무의 열매는 먹을 수 없고 거목이기는 하지만 목재로서의 평가는 낮아 성냥개비나 이쑤시개로 사용될 뿐이다.

◀ 가래나무로 제작한 캐비닛(작품: 이즈미 겐타로). 65.5×36×높이 120cm. ❶ 높이 7~10m, 지름 60~70cm 정도의 큰키나무. 높이 20m 이상, 지름 1m까지 자라는 나무도 있다. 잘 뻗은 굵직한 가지들이 위로 벌어지며 자란다. 개울가처럼 습한 곳에서 자생한다. 5~6월 무렵 꽃이 피고 9월 무렵 열매가 익는다. ❷ 나무껍질은 회색이다. 어린나무의 표면은 거의 평평하지만 다 자란 나무의 나무껍질에는 세로로 약간 깊은 갈라짐이 있다. 늙은 나무에는 골이 한층 도드라진다. ❸ 잎은 작은 잎이 4~10쌍씩 마주나기를 하는 대형 홀수깃꼴겹잎이다(작은 잎의 수는 9~21장). 잎자루를 포함하면 40~80cm 정도로 전체 잎 길이가 무척 길다. 작은 잎은 길이 7~10여cm, 폭 3~8cm 정도의 폭이 넓은 타원형이며 잎끝은 뾰족하다. 개굴피나무의 작은 잎은 조금 더 가늘고 잎 가장자리에 날카로운 톱니가 있다.

# 가문비나무

| 일본명 | 에조마쓰蝦夷松, 구로에조마쓰 |
|---|---|
| 학 명 | *Picea jezoensis* |
| 과 명 | 소나무과(가문비나무속) |
| | 늘푸른바늘잎나무 |
| 분 포 | 일본 홋카이도 |
| 비 중 | 0.35~0.52 |

전체적으로 노르스름한 흰색이다. 나뭇결은 대개 곧고 목재 면이 치밀하다. 바늘잎나무치고는 그리 무른 편은 아니다. 가공하기 쉽고 마감이 깨끗하다. 휨 가공에도 잘 견딘다. 희미하게 나뭇진 냄새가 난다.

# 여러 가지 용도로 사용되는 홋카이도의 대표 나무

가문비나무는 '홋카이도의 나무'로 여겨지며 홋카이도를 대표하는 나무이다. 곧은 나뭇결과 치밀한 목재 면, 가공의 편의성 때문에 건축재나 펄프재를 비롯하여 생활과 밀접한 목공품의 재료까지 다양한 용도로 쓰인다. 마게왓파(나무를 원형으로 구부려 맞붙여 만든 주로 밥을 담는 통─옮긴이)나 통나무를 종이처럼 얇게 켜 교기(생선 밑에 깔거나 음식을 쌀 때 쓰는 얇게 켠 나무─옮긴이)를 만드는 데 사용하기도 한다. 하지만 최근에는 임목축적량이 감소하고 있어 자원 고갈에 대한 우려가 높다. 이 때문에 좋은 목재를 구하기는 힘든 실정이다. 병충해에 취약하고 성장이 느려 조림이 까다롭다는 점이 가장 큰 원인이다(글렌가문비나무는 들쥐에도 강하고 열악한 토양에서도 잘 자라므로 조림목으로 선호가 높다).

산속에 들어가면 가문비나무가 한 줄로 가지런히 자란 광경을 흔히 접할 수 있다. 이런 현상을 도목갱신倒木更新이라고 부른다. 흙 위로 떨어진 가문비나무의 씨는 싹이 터도 흙속의 균에 감염되어 말라 죽을 때가 많다. 하지만 쓰러진 나무 위로 떨어진 씨는 싹이 트면 순조롭게 성장할 확률이 높다. 그 결과 가문비나무는 누군가 줄 맞춰 심은 듯 한 줄로 자라게 된다.

◀ 가문비나무를 선반 가공하여 만든 오케크라프트의 식기(홋카이도 오케도정에서 제작). (아래 사진) 가문비나무에서 나온 교기를 사용한 도시락 통이다(교기는 홋카이도 쓰베쓰정의 가가야 목재에서 제작한 것). ❶ 높이 30~40m, 지름 1m 이상으로 성장하는 큰키나무. 홋카이도의 산야에서 도도마쓰나 바늘잎나무와 함께 혼합림을 형성한다. 5~6월에 꽃을 피우고 9~10월에 원통 모양의 솔방울열매(솔방울)가 여문다. ❷ 나무껍질은 갈색과 회색을 함께 띠며 조금 거무스레하다(글렌가문비나무는 붉은빛이 훨씬 강하다). 대부분 불규칙하게 비늘 모양으로 벗겨진다. ❸ 잎 길이는 1~2cm, 폭은 1.5~2cm 정도이다. 폭은 좁지만 편평하며 잎끝이 뾰족해서 만지면 아프다(도도마쓰는 만져도 아프지 않다). 잔가지에 나선형으로 잎이 붙는다.

# 가시나무

| | |
|---|---|
| 일본명 | 시라카시白樫, 호소바가시 |
| 학 명 | *Quercus myrsinifolia* |
| 과 명 | 참나무과(참나무속) 늘푸른넓은잎나무(방사공재) |
| 분 포 | 한국 진도, 제주도 |
| | 일본 혼슈(니가타현·후쿠시마현 이남), 시코쿠, 규슈 |
| 비 중 | 0.74~1.02 |

심재와 변재는 뚜렷하게 구분되지 않으며 전체적으로 희끄무레하다는 인상을 준다(엷은 크림색). 곧은결 판재 면에는 호랑이 줄무늬, 목구면에는 모란꽃 무늬가 나타나기도 한다. 무늬결 판재 면에는 가시나무 눈이라고 불리는 참깨 모양의 무늬가 나타난다. 붉가시나무와 마찬가지로 무겁고 단단하며 끈기 있는 목재이지만 단단하기에서는 가시나무가 조금 뒤처진다. 가시나무류 목재 특유의 향이 난다.

# 가느다란 잎이 인상적이며 눈에 띄게 무겁고 단단하고 끈기가 강한 목재

가시나무의 일본 이름인 시라가시('흰 가시나무'라는 뜻—옮긴이)는 그 유래가 다양하다. 목재 면이 희다는 데서 그 근거를 찾거나 잎 뒷면이 희끄무레하다는(정확히는 흰색을 띤 엷은 녹색) 특징과 연관 짓기도 한다. 같은 속의 붉가시나무는 목재 색이 붉은빛이며 참가시나무(Q. salicina)는 가시나무보다도 잎 뒷면이 하얗다.

가시나무 목재는 붉가시나무나 조록나무 등과 함께 일본산 목재 중 가장 무겁고 단단한 축에 속하며 끈기도 강하다. 이러한 특징을 살려 강인함이 요구되는 도구 등의 재료로 쓰인다. 특히, 대팻집으로는 붉가시나무보다 가시나무가 자주 쓰이는데 가시나무가 조금 더 끈기가 강하고 목재 색이 흰색에 가까워 대패에 날이 잘 박혔는지 쉽게 확인할 수 있기 때문이다. 다른 용도로는 목도나 배를 젓는 노, 창 자루 등이 있는데 이 모두 가시나무의 특성과 잘 맞는 도구들이다.

가시나무는 일본 니가타현·후쿠시마현 이남에 모두 자라지만 유독 간토 지역에서는 가시나무류의 대표적인 나무로 가시나무를 꼽는다. 바람이나 불을 막기 위해 집 주위에 심을 때도 많다. 흥미롭게도 지역이 다른 규슈나 시코쿠에서는 가시나무류라고 하면 대부분 붉가시나무를 떠올린다.

◀ 대팻집의 재료로 가시나무를 사용한 대패(다케나카 목공 도구 박물관 소장품). ❶ 높이 15~20m, 지름 80cm 정도의 큰키나무. 일본 간토 지역에서 많이 자란다. 5월 무렵 꽃이 핀다. ❷ 나무껍질은 엷은 회색이며 약간 꺼끌꺼끌하지만 비교적 매끈하다. 세로로 촘촘한 줄이 생긴다. ❸ 잎은 가느다란 타원형이며 잎끝으로 갈수록 가늘어지며 끝이 뾰족하다. 홀잎으로 어긋나기를 한다. 잎 길이는 7~10여cm, 폭은 2.5~4cm 정도이다. 잎 가장자리에는 띄엄띄엄 톱니가 난다. 잎 뒷면은 희끄무레하다. 같은 속의 참가시나무는 잎 뒷면이 흰색이며 잎 가장자리의 톱니가 날카롭다. ❹ 가시나무 소재의 나무망치(다케나카 목공 도구 박물관 소장품).

# 감나무

| | |
|---|---|
| 일본명 | 가키柿, 구로가키黑柿, 가키노키 |
| 학 명 | *Diospyros kaki* |
| 과 명 | 감나무과(감나무속) 갈잎넓은잎나무(산공재) |
| 분 포 | 한국 경기 이남 |
| | 일본 혼슈, 시코쿠, 규슈, 중국 원산 |
| 비 중 | 0.60~0.85 |

감나무(왼쪽). 심재와 변재를 구분하기 어렵다. 전체적으로 잿빛을 띤 상아색이며 거무스레한 점이 있다. 목재 면은 매끄럽고 희미하게 달콤한 향이 난다.
구로가키(오른쪽). 감나무 목재 중 검게 변했거나 검은 줄무늬가 있는 목재를 구로가키라고 한다. 검은 부분이 다른 곳보다 단단하다.

# 단단하고 반질반질한 목재, 심재 중 검은 구로가키는 오래전부터 귀한 재료였다

감나무라고 하면 금세 가을에 탐스럽게 익어가는 주황색 열매를 떠올리게 된다. 나라 시대 이전에 중국에서 전파된 이후 일본 각지에서 재배하기 시작했다. 현재는 '후유가키', '지로가키' 등 다양한 품종이 재배된다. 열매의 모양이나 크기는 품종에 따라 다르다.

정원수로도 곧잘 심기 때문에 거리에서도 자주 볼 수 있다(일본 홋카이도는 제외). 그물처럼 갈라진 나무껍질, 큰 달걀 모양으로 광택 있고 조금 두툼한 잎, 커다란 열매, 이 같은 특징 때문에 감나무를 가려내기는 그리 어렵지 않다.

목재는 의외로 단단하며(벚나무보다 조금 더 단단하며 일본왕자작나무보다는 조금 무르다) 과일나무 특유의 매끄러움이 있다. 구로가키('검은 감나무'라는 뜻―옮긴이)로 불리는 감나무 목재가 특히 귀하게 여겨진다. 구로가키란 심재의 일부가 검게 변했거나 거무스레한 줄무늬가 있는 부분을 일컫는다(목재 겉면만 보고는 알 수 없다). 일본에서는 검은빛을 내는 목재의 가치가 높아 다실의 도코노마 기둥이나 다구, 목공예, 상감세공 등의 재료로 쓰인다. 아름다운 구로가키는 같은 감나무과의 고급 목재인 흑단보다도 귀하게 취급된다.

◀ 구로가키로 만든 도장함 '묵상'(작품: 아라키 간지). 10×10×높이 11.5cm. ❶ 나무껍질은 그물처럼 촘촘하게 갈라진다. 늙은 나무가 되면 갈라진 곳이 차츰 벗겨져 간다. ❷ 잎은 큰 달걀형으로 잎끝이 뾰족하다. 잎 길이는 7~15cm, 폭은 4~10cm 정도이다. 잎 앞면에는 광택이 있고 뒷면에는 짧은 털이 있다. 잎은 약간 두꺼우며 홑잎으로 어긋나기를 한다. 실균 효과가 있어 '감잎 초밥'의 재료로도 쓰인다. ❸ 자루 부분에 구로가키를 쓴 커다란 손밀이끌(다케나카 목공 도구 박물관 소장품). ❹ 높이 5~10m, 지름 50~80cm 정도의 과일나무. 개중에는 높이 20m 전후까지 성장하는 큰키나무도 있다. 5~6월에 꽃이 피고 10~11월에 열매가 익는다.

# 감탕나무

| 일본명 | 모치노키 黐木 |
| --- | --- |
| 학 명 | *Ilex integra* |
| 과 명 | 감탕나무과(감탕나무속) 늘푸른넓은잎나무(산공재) |
| 분 포 | 한국 전라, 제주도 |
| | 일본 혼슈(도호쿠 지역 남부 이남), 시코쿠, 규슈, 오키나 |
| 비 중 | 0.64~0.95 |

심재와 변재의 경계를 알기 힘들며 전체적으로 희끄무레하다. 목재 면이 치밀하며 비늘 모양이 나타나기도 한다. 꽤 단단하고 무거우며 끈기가 있다. 건조할 때 급격히 수축되며 건조 후에도 좀처럼 안정되지 않는다. 향은 그다지 나지 않는다.

# 예전에는 끈끈이를 얻던 붉은 열매가 열리는 나무, 목재는 꽤 단단하고 끈기 있다

감탕나무는 따뜻한 지역의 해안가 언덕이나 산지에서 자생한다. 늦가을과 겨울 사이에 무르익는 붉은 열매와 광택 있고 도톰한 진녹색 잎이 어우러져 무척 아름답다. 이 모습을 감상하기 위해 정원수나 공원수로 자주 심는다.

감탕나무의 일본 이름인 '모치노키'는 끈끈이 나무라는 뜻이다. 오래전부터 감탕나무에서 끈끈이를 얻어오면서 자연히 그렇게 부르게 되었다. 봄철이나 여름철의 나무껍질을 벗겨 몇 개월간 물에 담가 썩힌 다음 절구에 찧으면 끈적끈적한 끈끈이가 만들어진다. 예전에는 대나무 장대 끝에 끈끈이를 묻혀 작은 새를 잡기도 했는데 현재는 이 같은 방법은 금지되었다.

비중 수치가 높을 때는 0.9대에 이르는 아주 단단하고 무거운 목재이다. 끈기가 있긴 하지만 쉽게 뒤틀리거나 갈라진다. "갈이틀로 깎을 때면 마치 조록나무를 다루는 듯 단단하게 느껴진다. 건조 후에도 여전히 천방지축이어서 뚜껑 있는 그릇을 만들어 놓으면 뚜껑이 닫히지 않을 때도 있다"(목공 장인). 가공하기도 까다롭다. 기계를 사용하면 문제없지만 톱으로 켜는 일은 무척 고생스럽다. 그럼에도 감탕나무 목재의 단단함과 끈기, 마감 면을 닦으면 생기는 광택 등의 특징을 살려 주판알이나 염주, 좀회양목의 모방재로 빗 등을 만드는 데 쓰인다.

◀ 높이 5~10m, 지름 20~40cm 정도의 큰키나무. 높이 20m 이상, 지름 1m 이상까지 자라는 나무도 있다. 4월 무렵 황록색의 작은 꽃이 가득 달린다. 11~12월에 지름 1cm 정도의 열매(씨열매)가 빨갛게 익는다. ❶ 감탕나무 목재를 가공해 주판알의 재료로 사용한 반슈 주판. 단단하고 목재 면이 치밀하며 눈에 편한 색을 가지고 있어 주판알의 재료로 적합하다. ❷ 나무껍질은 희끄무레한 회색이며 표면이 비교적 매끈하고 잔무늬가 있다. ❸ 잎은 타원형이며 잎끝이 짧게 튀어나왔다. 잎 길이는 4~7cm, 폭은 2~3cm 정도이며 홑잎으로 어긋나기를 한다. 잎 가장자리는 밋밋하다. 잎은 가죽질이라 두껍다. 잎 앞면은 짙은 녹색이며 뒷면은 옅은 황록색이다. 양면 모두 잎맥이 뚜렷하지 않으며 털이 없다. 잎이 비슷한 같은 속의 먼나무(I. rotunda)는 잎몸의 폭이 조금 넓은 편이며(잎 길이 6~10cm, 폭 3~4cm) 잎자루가 보라색이다.

# 개물푸레나무

| 일본명 | 이누엔주犬槐, 엔주 |
|---|---|
| 학 명 | *Maackia amurensis* var. *buergeri* |
| 과 명 | 콩과(다릅나무속) 갈잎넓은잎나무(환공재) |
| 분 포 | 한국 전남 대둔산~함북 증산(자생) |
| | 일본 홋카이도, 혼슈(주로 주부 지역 이북) |
| 비 중 | 0.54~0.70 |

끈기가 있어 잘 갈라지지 않는, 내구성이 높은 목재이다. 심재는 황토색에 가까운 갈색이며 변재는 누런빛을 띤 흰색으로 확연히 차이가 난다. 일본산 목재로는 희귀한 색조를 지녔다. 일본에서 목재를 유통할 때는 대개 엔주라고 부른다. 중국산 개물푸레나무는 거의 유통되지 않는다.

# 희귀한 색조를 지닌 목재이지만 비슷한 이름이 많아 헷갈리기 쉽다

일본에서 개물푸레나무는 '이누엔주'로, 회화나무는 '엔주'로 불리는데 이 둘은 속이 다르지만 같은 콩과의 식물에다 이름이 비슷해 학명이나 목재명 등 여러 면에서 혼동하기 쉽다.

다릅나무속의 개물푸레나무는 일본 홋카이도에서 혼슈에 걸쳐 주로 산지에서 나고 자란다. 일본 목재 유통 과정에서 '엔주'로 불리는 목재는 대부분 개물푸레나무이다. 중국 원산의 회화나무속의 회화나무(*Styphnolobium japonicum*)는 가로수나 공원수로 자주 심는데 중심가에서도 흔히 볼 수 있어 일반인에게는 회화나무가 더 친숙할지도 모른다. 개물푸레나무와 회화나무는 서 있는 나무를 보고도 헷갈리는 경우가 많은데 나무껍질을 비교해보면 전문가가 아니어도 어느 정도 그 차이를 알 수 있다(*나무껍질 사진 설명 참조).

목재는 꽤 단단하고 끈기가 있어 잘 갈라지지 않는다. 좋은 윤이 나는 양질의 목재이다. 빼어난 색감과 광택이 산뽕나무와 비슷하다(산뽕나무가 더 단단하고 나이테의 폭이 넓다). 심재와 변재의 색 차이를 살린 도코노마의 기둥이 인기 있다. 그 밖에도 사시모노나 도구의 자루(자귀 등), 목조, 목공예품 등에 쓰인다.

◀ 자귀. 비교적 단단하고 끈기가 있는 특징을 살려 예전부터 자귀의 자루로 개물푸레나무가 자주 쓰였다. ❶ 높이 10~12m, 지름 20~30cm 정도의 나무. 높이 15m, 지름 60cm 전후까지 성장하는 나무도 있다. 7~8월 무렵, 엷은 노란색 꽃이 송이 핀다. ❷ 다 자란 회화나무의 나무껍질. 세로로 깊게 갈라져 줄이 생긴다. ❸ 다 자란 개물푸레나무의 나무껍질. 대체로 평평한 표면에 마름모꼴 무늬가 흩어져 있다. 늙은 나무에는 마름모끼리 이어져 생긴 얕은 갈라짐이 있다. ❹ 잎은 달걀형의 작은 잎(길이 4~8cm)이 7~15장 정도로 어긋나기를 하는 겹잎이다(홀수깃꼴겹잎). 잎 전체 길이는 20~30cm이다. 작은 잎은 잎 가장자리가 밋밋하고 잎끝이 조금 뾰족하다. 비슷하게 생긴 아까시나무 잎은 잎끝이 뾰족하지 않고 오목하다.

# 검양옻나무

| | |
|---|---|
| 일본명 | 하제노키黃櫨/櫨, 하제(※주로 목재명), 류큐하제, 로노키 |
| 학 명 | *Toxicodendron succedaneum*(이명: *Rhus succedanea*) |
| 과 명 | 옻나무과(옻나무속) 갈잎넓은잎나무(환공재) |
| 분 포 | 한국 전남, 제주도 |
| | 일본 혼슈(간토 지역 이서), 시코쿠, 규슈, 오키나와 |
| 비 중 | 0.72 |

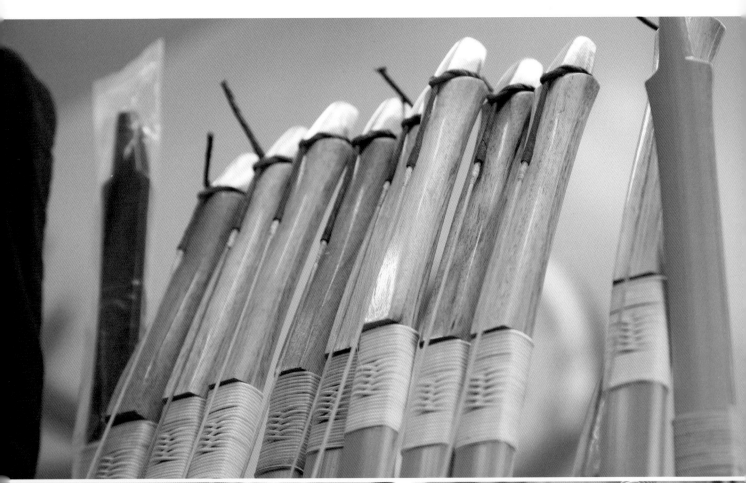

심재의 선명한 노란색이 인상적이다. 변재는 흰색이다. 나이테가 의외로 뚜렷하다. 건조하기 까다롭고 수축률이 높다. 갈라질 때도 있다. 희미하게 시큼한 냄새를 낸다. 활을 만드는 장인들은 최근에는 쓸 만한 검양옻나무 목재를 구하기가 하늘의 별 따기라고 말한다.

# 탄력 있는 노란색 목재와 밀랍 재질의 열매는 예전부터 특별한 곳에 사용되었다

원래 검양옻나무는 동남아시아나 중국에서 자라는 나무로 일본에는 무로마치 시대(1336~1573-옮긴이) 이후에 전파되었다고 알려져 있다(시기에 대해서는 다양한 설이 있다). 가까운 종인 산검양옻나무(T. sylvestre)는 일본에서 자생한다. 일본에서 '하제'라는 이름으로 유통되는 목재에는 검양옻나무와 산검양옻나무가 섞여 있을 때가 많다.

일반적으로 잘 알려지지는 않았지만 검양옻나무는 몇 가지 특별한 용도로 사용되는 유용한 종이다. 우선, 첫 번째는 열매를 찧어 만든 목랍이다. 에도 시대부터 따뜻한 지역에서는 검양옻나무를 심어 양초의 원료를 얻었다. 다이쇼 시대(1879~1926-옮긴이)부터 쇼와 시대(1926~1989-옮긴이) 초기까지가 목랍 생산이 가장 활발한 때였다. 양초뿐만 아니라 의료품이나 머릿기름 같은 화장품의 재료로도 쓰였다.

두 번째는 활의 재료이다. 검양옻나무의 목재는 비교적 단단하고 의외로 가벼우며 탄성이 좋고 반발력이 있다. 활을 만들 때는 대나무 목재 사이에 끼워서 사용한다. "검양옻나무는 휘어져도 금세 원래대로 되돌아간다. 다른 나무로는 그렇게 되지 않는다. 대나무가 힘껏 활을 튕기면 검양옻나무는 적당히 제동을 걸어준다"(활 도구점).

마지막 세 번째는 목재의 노란 색상을 살린 쪽매붙임 세공이나 상감의 재료이다. 옻나무나 소태나무와 마찬가지로 이 같은 세공에서 노란색을 표현할 때 사용된다.

◀ 검양옻나무는 예로부터 활의 재료로 사용되었다. 내죽과 외죽 사이 측면에 들어가는 바깥 심으로는 탄력 있는 검양옻나무가 제격이다. 활 양 끝의 창밑 부분에도 검양옻나무를 자주 쓴다. 위쪽 사진은 머리 부분의 창밑. ❶ 높이 5~10m, 지름 20~30cm의 큰키나무. 지름 60cm 전후까지 성장하는 나무도 있다. 5~6월에 자그마한 황록색 꽃이 가득 달린다. 9~10월 무렵 지름이 1cm쯤 되는 작고 편평하고 둥근 열매가 무르익는다. ❷ 잎은 작은 잎 4~8쌍 정도가 마주나기를 하는 겹잎이다(홀수깃꼴겹잎). 작은 잎은 가느다란 타원형으로 잎끝 쪽이 점차 좁아지며 끝은 뾰족하다. 잎 가장자리는 밋밋하다. 잎 앞면과 뒷면 모두 털이 없다. 가까운 종인 산검양옻나무의 잎에는 털이 있다. ❸ 어린나무의 나무껍질은 의외로 매끈하며 자잘한 무늬가 눈에 띈다. 이후 세로로 갈라짐이 생기고 늙은 나무(사진)가 되면 그물 모양으로 갈라져 간다.

# 계수나무

| | |
|---|---|
| 일본명 | 가쓰라桂, 고노키, 쇼유노키 |
| 학 명 | *Cercidiphyllum japonicum* |
| 과 명 | 계수나무과(계수나무속) 갈잎넓은잎나무(산공재) |
| 분 포 | 한국 중부 이남 |
| | 일본 홋카이도~규슈 |
| 비 중 | 0.50 |

나이테는 비교적 뚜렷하다. 넓은잎나무 중에서도 무른 편이라 가공하기 쉽다. 곧게 자라는 큰키나무이므로 커다란 판재를 얻을 수 있다. 나무마다 색 차이가 난다. 노르스름한 크림색이 있는가 하면 '붉은 계수나무'라는 뜻으로 '히가쓰라'로 불리는 목재의 심재처럼 붉은색도 있다. '아오가쓰라'로 불리는 목재는 대개 색이 옅다. 무늬결 판재는 바늘잎나무와 결이 비슷하다.

# 특유의 향과 하트 모양의 잎으로 고대부터 사람들의 마음을 사로잡은 나무

계수나무는 일본의 고유종으로 오래전부터 모두에게 친숙한 나무이다. 《고지키古事記》나 《만요슈萬葉集》 같은 일본 고서에 등장하기도 한다. 눈길을 사로잡는 귀여운 하트 모양의 잎과 좋은 향, 가을에 아름다운 노란빛으로 물든 잎 등 꾸준히 사랑받는 이유는 이처럼 다양하다. 일본에서 계수나무는 '향이 있는 나무'라는 의미로 '고노키'로 불리며 낙엽 향이 쇼유(일본간장—옮긴이)와 닮았다고 하여 '쇼유노키'라고 부르기도 한다. 계수나무를 일컫는 가장 흔한 이름인 '가쓰라'의 유래에 대해서도 설이 다양하다. 뜻 한자를 '가쓰라香出ら'로 써서 '향이 난다'로 풀이하거나 교토의 아오이마쓰리 같은 축제에서 계수나무 가지를 다리鬘(머리숱이 많아 보이게 덧넣은 딴머리. 이 역시 일본어로는 가쓰라라고 읽는다—옮긴이) 삼아 머리에 꽂던 풍습과 연관 짓기도 한다.

계수나무의 서 있는 나무는 그루가 나뉘어 거목으로 성장하므로 여느 나무와 달리 존재감이 있다. 비교적 곧게 뻗고 줄기도 굵게 자라므로 커다란 목재를 얻을 수 있다. 넓은잎나무치고는 무른 편이어서(녹나무나 칠엽수와 비슷하다) 가공하기가 쉽다. 목질은 균일하고 뒤틀림이 적다. 이런 특징 때문에 사용하기 편리한 목재로 귀하게 여겨졌다. 일반적인 바둑판과 장기판이나 칠기의 백골, 불상(일본 도호쿠 지역에 많다) 등에 쓰인다. 특히 예전부터 가마쿠라보리(옻칠 전에 조각이 들어가는 칠기의 한 종류—옮긴이)에는 주로 계수나무를 썼다.

◀ 높이 15~20m, 지름 50~60cm 정도의 큰키나무. 개중에는 높이 30m, 지름 2m 전후까지 자라는 나무도 있다. 뿌리 근처부터 여러 그루로 나뉘어 자랄 때가 많다. 3~5월 무렵 잎이 나오기 전에 꽃이 핀다. 빨간 꽃은 멀리서도 눈에 띈다. ❶ 가마쿠라보리 기법으로 제작한 둥근 쟁반. 가마쿠라보리의 재료로는 목질이 균일하고 갈라짐이 적어 손쉽게 조각할 수 있는 계수나무가 주로 쓰인다. ❷ 어린나무의 나무껍질은 표면이 비교적 매끄럽다. 다 자란 나무에는 세로로 얇고 긴 갈라짐이 있으며 때때로 벗겨지기도 한다. ❸ 귀여운 하트 모양의 잎은 숲속에서도 쉽게 눈에 띈다. 잎은 길이와 폭이 모두 3~8cm 정도이며 잎 가장자리가 물결 모양이다. 잎몸 밑부분은 약간 오목하다. 가을이면 잎이 노랗게 물들고 달콤한 홍차처럼 기분 좋은 향이 난다. 홑잎으로 마주나기를 한다.

009

# 고로쇠나무

| 일본명 | 이타야카에데板屋楓/板屋槭, 도키와카에데 |
|---|---|
| 학 명 | *Acer pictum* |
| 과 명 | 무환자나무과[단풍나무과](단풍나무속) 갈잎넓은잎나무(산공자 |
| 분 포 | 한국 전역 |
| | 일본 홋카이도~규슈 |
| 비 중 | 0.58~0.77 |

나뭇결이 섬세하고 표면은 매끄럽고 치밀하다. 매혹적인 분위기의 아름다운 무늬가 나타날 때도 있다. 나이테는 뚜렷하지 않다. 심재와 변재의 구분도 어렵다. 목재 색은 희끄무레한 크림색이다. 일본왕자작나무만큼은 아니지만 벚나무보다는 단단하다.

# 매끈한 목재 면, 아름다운 무늬, 단단함과 끈기까지 갖춘 쓰임새 많은 나무

단풍나무과의 나무는 여럿 있지만 목재로 유통되는 나무는 대부분 고로쇠나무로 섬세한 결에 겉면이 치밀하고 매끄러운 뛰어난 목재이다. 줄무늬나 새눈무늬bird's eye figure처럼 아름다운 무늬가 들어있을 때도 있다. 단단하고 끈기 있는 고급 목재로 정평이 나 오래전부터 다양한 용도로 사용되었다. 탁자 등의 가구나 스키 판 같은 운동기구, 피아노 건반을 튕길 때 현에 힘을 전달하는 중요 부품, 마룻바닥(한때는 볼링장의 바닥으로도 쓰였다) 등 쓰임새가 다양하다. 북미산 설탕단풍이 유통되지만 고로쇠나무는 그야말로 일본의 설탕단풍이라 할 만하다. 생나무를 베면 메이플 시럽 같은 달콤한 향이 난다.

많은 단풍나무류의 나무 중에서 고로쇠나무를 가려내려면 잎의 특징을 살피는 것이 좋다. 고로쇠나무 잎에는 4~6개 정도 갈래가 있고 잎 가장자리가 밋밋하다. 다른 단풍나무류는 잎 가장자리에 깔쭉깔쭉한 톱니가 있다. 잎 앞면에는 광택이 있으며 단풍나무류 가운데 잎이 가장 두껍다. 가을에는 빨간 단풍이 아닌 노란 단풍으로 물든다.

◀ 고로쇠나무로 만든 탁자(작품: 사카노 겐야). 상판으로 쓰인 목재에 아름다운 무늬가 나 있다. 90×45×높이 42cm. ❶ 나무껍질은 흰색에 가까운 회색이며 세로로 길쭉한 모양의 갈라짐이 있다. 해를 거듭할수록 갈라진 골은 점점 깊어진다. ❷ 잎에는 4~6개의 갈래가 있어 자연히 삼각형 모양의 갈래 조각이 5~7개 정도 생긴다. 갈래 끝은 뾰족하다. 잎 길이는 5~10cm이다. 잎 가장자리는 밋밋하며 톱니가 없다는 점이 특징이다. 다른 단풍나무류는 많든 적든 잎에 톱니가 있다. 홑잎으로 마주나기를 한다. ❸ 오래전에는 스키 판을 만들 때 고로쇠나무를 사용했다(홋카이도대학 산악관 소장품). ❹ 높이 20m, 지름 1m 정도까지 성장하는 큰키나무. 4~5월 무렵, 잎이 나기 전에 노란 꽃이 핀다. ❺ 10월경의 익은 열매에는 바람을 타고 날아갈 수 있는 날개가 달려 있다(날개 열매).

# 곰솔

| | |
|---|---|
| 일본명 | 구로마쓰黑松, 오마쓰雄松 |
| 학 명 | *Pinus thunbergii* |
| 과 명 | 소나무과(소나무속) 늘푸른바늘잎나무 |
| 분 포 | 한국 중남부의 섬, 해안가의 산지 |
| | 일본 혼슈, 시코쿠, 규슈 |
| 비 중 | 0.44~0.67 |

재질은 소나무와 거의 같지만 곰솔이 조금 더 단단하고 나뭇진이 많다. 이 때문에 목재에서 송진 냄새가 난다. 전체적으로 붉은빛이 도는 크림색이다. 나이테가 뚜렷하고 간혹 무늬결 판재에는 호랑이 눈 무늬가 나타나기도 한다.

# 백사청송은 바닷바람에도 견디는 곰솔의 저항력 때문에 탄생한 풍경이다

오래전부터 곰솔은 일본 각지에 해안선을 따라 방풍림이나 방사림으로 심어왔다. 바닷물과 바닷바람에 저항력이 있으며 모래에서도 자라는 강인함에 주목한 까닭이다. 세월이 흐르자 차츰 흰 모래와 푸른 소나무가 대비된 '백사청송白砂靑松'의 맑고 아름다운 풍경으로 모습을 바꾸어갔다. 미호의 소나무 숲(일본 시즈오카현)이나 니지의 소나무 숲(일본 사가현 가라쓰시) 등이 대표적인 명승지이다.

곰솔의 목재는 소나무보다 나뭇진(송진)이 많아서 물속에서도 내구성이 높다. 붉은빛을 띤 크림색 목재는 전체적으로 송진이 번져 물든 느낌이 난다. 송진을 많이 함유해 색과 광택이 좋은 목재를 특별히 일본에서는 고에마쓰('비옥한 소나무'라는 뜻─옮긴이)라고 부르며 귀중한 목재로 여긴다. 공예품이나 문지방, 마룻굽틀(현관 바닥과 만나는 마루 단 앞면에 설치하는 장식재), 도코노마의 재료 등으로 쓰인다.

곰솔의 서 있는 나무를 보고 소나무와 구별하려면 나무껍질의 색(검은빛인지 붉은빛인지)이나 잎의 감촉(곰솔은 세고 만지면 아프지만 소나무는 부드럽고 만져도 아프지 않다), 잎의 길이(곰솔이 더 길다), 가지 끝에 난 싹의 색(곰솔은 하얗다) 등을 살피면 된다.

◀ 높이 10~40m, 지름 50~80cm 정도의 큰키나무. 지름이 1.5m 이상인 나무도 있다. 해안가를 중심으로 자란다. 줄기는 구부러지기 쉽다. 4~5월에 꽃이 핀다. 솔방울열매(솔방울)는 길이가 5~7cm 정도이며 끝이 점점 좁아지는 달걀형이다. ❶ 나무껍질은 '검은 소나무'를 뜻하는 '구로마쓰'라는 일본 이름대로 검은빛이다. 그물 모양으로 갈라지면서 벗겨진다. 늙은 나무가 되면 깊게 갈라져 거북 등딱지 모양으로 변한다(소나무보다 깊게 갈라진다). ❷ 바늘 모양의 잎이 2개씩 다발을 이루어 짧은 가지에 달린다. 잎 길이는 10~15cm, 폭은 1.5~2mm 정도이다. 잎이 세고 잎끝은 뾰족해서 만지면 아프다. ❸ 곰솔 중 고에마쓰로 만든 찻잔 받침(작품: 크래프트 아리오카).

# 구골나무

| | |
|---|---|
| 일본명 | 히라기柊/疼木 |
| 학 명 | *Osmanthus heterophyllus* |
| 과 명 | 물푸레나무과(목서속) 늘푸른넓은잎나무(문양공재) |
| 분 포 | 한국 남쪽 해안 지대 |
| | 일본 혼슈(간토 지역 이서), 시코쿠, 규슈, 오키나와 |
| 비 중 | 0.93 |

심재와 변재의 경계가 명확하지 않고 전체적으로 노란빛을 띤 흰색이다. 나뭇결은 거의 곧으며 목재 면은 치밀하다. 지름이 굵지 않아 큰 목재는 얻을 수 없지만 무겁고 단단하고 강인하며 거의 변형되지 않는다.

# 잎에 난 큰 결각과 가시가 인상적이며 목재는 특별한 용도로 사용된다

잎 가장자리에 큼직한 결각이 있고 그 끝으로 뾰족한 가시가 달렸으며 표면에 광택이 있는 잎, 나무를 잘 아는 사람이 아니더라도 구골나무의 잎을 떠올리는 것은 어렵지 않다. 이런 모양의 잎은 어린나무와 다 자란 나무에서만 나타나며 늙은 나무가 되면 결각이 사라지고 잎 가장자리가 밋밋해진다. 성탄절 화환으로 자주 쓰이는 붉은 열매가 달린 나무는 유럽호랑가시나무(*Ilex aquifolium*)이다. 구골나무와 잎 모양도 비슷하고 일본에서는 모두 '히라기'라고 부르지만 유럽호랑가시나무는 감탕나무과에 속하는 전혀 다른 나무이다.

예로부터 일본에서는 구골나무 잎의 날카로운 가시가 사악한 기운을 물리치는 효과가 있다고 여겨졌고 그로 인해 여러 풍습이 생겨나는 가운데 자연히 잡귀를 쫓는 의식도 치러졌다. 잘 알려진 의식의 하나로는 계절이 바뀔 때 정어리 머리를 꽂은 구골나무의 가지를 문 앞에 걸어 나쁜 귀신을 막는 풍습이 있다.

목재는 비중이 0.9대로 무척 무겁고 단단하다. 목재 면이 치밀하고 끈기가 있어 잘 변형되지 않는다. 큰 목재는 얻을 수 없으므로 목질을 잘 살린 작은 도구를 만들 때 주로 사용된다. 예를 들어 구골나무의 목재가 주판알의 재료로 쓰이는 까닭은 눈에 덜 피로한 흰 색상을 가졌기 때문이다. 샤미센의 발목으로도 사용된다. "조루리(샤미센 반주에 맞춘 낭송 이야기—옮긴이)를 할 때 구골나무 발목으로 샤미센을 타면 음색이 녹아드는 듯 어우러진다"(샤미센 제작자).

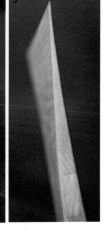

◀ 어린나무와 다 자란 나무의 잎 가장자리에는 커다란 결각이 있다(3~5쌍이 마주난다). 산 부분의 잎끝에는 날카로운 가시가 있어 만지면 아프다. 잎은 두껍고 앞면에는 광택이 난다. 홑잎으로 마주나기를 한다. ❶ 높이 3~8m, 지름 10~20cm 정도의 늘푸른나무. 높이 10m 이상, 지름 30cm 이상 가는 나무도 있다. 11~12월에 향이 좋은 작은 꽃이 달린다. 이듬해 6~7월 무렵 길이가 1.5cm 정도 되는 검자줏빛의 타원형 열매가 무르익는다. ❷ 나무껍질은 회백색이며 원형으로 조그만 무늬가 생긴 다음 금이 가듯 자잘하게 갈라진다. 늙은 나무는 껍질이 세로 방향이나 그물 모양으로 갈라지면서 벗겨진다. ❸ 늙은 나무는 잎 가장자리가 거의 밋밋하게 변한다. ❹~❺ 구골나무가 쓰인 샤미센 발목撥木(현을 타는 앞부분). 쥐는 부분은 가시나무류 목재. 앞에 놓인 것은 일본목련 소재의 발목 집. 현재는 플라스틱으로 만든 발목이 늘었다. 최근에 구골나무 목재는 거의 유통되지 않으므로 나무 소재의 발목은 대부분 가시나무류의 목재로 만든다.

# 굴거리나무

| 일본명 | 유즈리하譲葉/交譲木/楪, 유즈루하 |
|---|---|
| 학 명 | *Daphniphyllum macropodum* |
| 과 명 | 굴거리나무과(굴거리나무속) 늘푸른넓은잎나무(산공재) |
| 분 포 | 한국 전라, 충남(안면도), 제주도, 울릉도 |
| | 일본 혼슈(도호쿠 지역 남부 이남), 시코쿠, 규슈 |
| 비 중 | 0.55~0.70 |

나이테가 그리 뚜렷하지 않다. 목재 면이 치밀하다. 심재와 변재를 구별하기 힘들다. 전체적으로 회색빛을 띤 크림색이다. 단단하기는 적당하며 끈기가 있다. "목재의 분위기는 칠엽수와 닮았지만 칠엽수보다 단단하고 목재 면이 치밀하다"(목공 장인). 특별한 향은 없다.

# 조몬인이 돌도끼 자루로 사용했던 정월에 장식하는 상징적인 나무

이듬해 봄까지도 지지 않은 잎이 자리를 물려주듯 새로 난 어린잎과 바꿔 달린다. 일본에서는 이런 모습을 보고 굴거리나무를 유즈리하讓葉('자리를 물려주는 묵은 잎'을 의미―옮긴이)라고 부른다. 아이가 성장한 다음 부모가 물려준다는 의미로 자손 번영을 상징하는 기운 좋은 나무로 여겨져 정월 장식으로도 사용된다.

목질은 비교적 단단하고 끈기가 있다. 현재는 거의 유통되지 않지만 유적의 출토품 등을 통해 예전에는 활발하게 쓰이던 목재였음을 짐작할 수 있다. 일본 후쿠이현 도리하마카이즈카 유적(와카사만 근처의 미카타고 호수 부근)에서는 굴거리나무를 자루로 사용한 돌도끼가 출토되었다. 전기 조몬 시대(약 6000년 전)의 유적으로 통나무배나 노, 활, 그릇, 말뚝 등 다양한 목제품이 발굴되었다. 벌채용 돌도끼 자루에는 굴거리나무를 쓰고 가공용 돌도끼 자루에는 층층나무과의 곰의말채나무(Cornus macrophylla)를 사용한 비율이 높았다. 곰의말채나무는 비중이 0.6～0.7대로 굴거리나무와 거의 비슷하며 꽤 무겁고 단단한 목재이다. 통나무배에는 삼나무, 그릇에는 칠엽수 등 조몬인들은 가까운 곳에서 자라는 나무들을 각각의 용도에 맞춰 적재적소에 사용하였다.

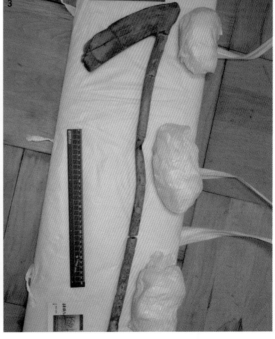

◀ 잎은 가느다란 타원형이며 잎끝은 약간 뾰족하다. 잎 길이는 10～20cm, 폭은 3～7cm 정도이다. 가지 끝에 모여 달리며 아래로 늘어질 때가 많다. 잎 가장자리는 매끈하며 약간 두껍다(가죽질). 양면 모두 털이 없고 뒷면은 하얗다. 잎자루는 길고 붉다. ❶ 나무껍질은 회색을 띤 갈색이다. 평평하고 매끈한 표면에 우둘투둘한 점이 흩어져 있다. ❷ 높이 5～10m, 지름 30～40cm 정도의 큰키나무. 일본의 따뜻한 산야에 자생한다. 암수딴그루로 5～6월에 작은 꽃이 달린다. 암꽃과 수꽃 모두 꽃잎이 없어 눈에 잘 띄지 않는다. 11～12월에 길이 1cm 미만의 타원형 열매(씨열매)가 무르익는다. ❸ 도리하마카이즈카 유적에서 출토한 돌도끼 자루(후쿠이현립 와카사 역사 박물관 소장품). 전기 조몬 시대(약 6000년 전)의 유물로 추측된다. 손에 잡는 부분은 굴거리나무의 가지이며 머리 쪽의 짤막한 부분은 줄기이다. 아마 줄기 부분에 돌을 묶고 휘둘렀을 것이다.

# 귤류

| | |
|---|---|
| 일본명 | 미칸蜜柑 |
| 학 명 | *Citrus* spp. |
| 과 명 | 운향과(귤속) 늘푸른넓은잎나무(산공재) |
| 분 포 | 한국 남부 지역, 제주도 |
| | 일본 혼슈(간토 지역 이서의 따뜻한 곳), 시코쿠, 규슈 |
| 비 중 | 0.80 |

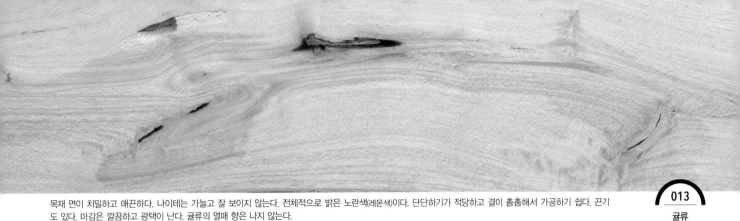

목재 면이 치밀하고 매끈하다. 나이테는 가늘고 잘 보이지 않는다. 전체적으로 밝은 노란색(레몬색)이다. 단단하기가 적당하고 결이 촘촘해서 가공하기 쉽다. 끈기도 있다. 마감은 깔끔하고 광택이 난다. 귤류의 열매 향은 나지 않는다.

# 열매와 목재 모두 선명한 노란색이며 매끈매끈한 목재 면이 아름답다

일본의 귤속 나무는 야생종인 타치바나를 비롯해 온주밀감, 유자나무, 폰칸, 황금하귤, 핫사쿠, 레몬 등 재배 품종이 무척 다양하다.
귤류라고 하면 우선 과일인 귤이 먼저 생각나지만 목재로서도 꽤 품질이 좋다고 한다. 가장 인상적인 점은 목재의 색상이 선명한 노란색이라는 사실이다. 온주밀감의 열매 껍질색이라기보다는 레몬 껍질색과 가까운 노란색이다(온주밀감과 색이 비슷한 목재는 소태나무).
목재 면이 무척 매끈매끈하며 목질은 치밀하다. 비중은 0.8로 높은 수치이지만 단단하기가 적당하고 끈기도 있다. 엇결이 나올 때가 많지만 절삭가공이나 갈이틀 가공에는 문제없다. 마감이 깔끔하고 광택이 있어 목재 면이 반질반질하다. '먹을 수 있는 열매가 열리는 나무'의 목재는 이 같은 특징을 보일 때가 많다. 목재에서 향은 나지 않지만 잎을 찢으면 귤류의 열매 향이 난다. 큰 목재는 얻을 수 없어 소품을 중심으로 나이프, 스푼 등의 커틀러리, 네쓰케, 수공예 작품 등을 만드는 용도로 사용된다. 쪽매붙임 세공이나 상감에서는 노란색을 표현하는 중요한 목재이다. 끌망치의 자루로 쓴 예도 있다.

◀ 온주밀감의 잎. 약간 긴 타원형이며 잎 길이는 8~15cm이다. 잎 가장자리에는 매우 촘촘하게 얕은 톱니가 난다(거의 밋밋해서 톱니가 없는 잎도 있다). 잎은 전체적으로 물결 모양이며 빳빳하다. 홑잎으로 어긋나기를 한다. (아래 사진) 온주밀감의 열매. 9~12월에 무르익는다. 품종에 따라 익는 시기가 다르며 극조생은 9~10월, 조생은 10~12월에 수확한다. ❶ 온주밀감의 나무껍질. 갈색 표면에 세로줄이 난다. ❷ 선명한 노란색이 예쁜 귤류 목재 소재의 스푼과 포크(작품: 공방 로쿠모쿠). ❸ 온주밀감溫州蜜柑. 중국 원저우溫州시와 같은 한자를 쓰지만 원산지는 일본 가고시마현으로 추정된다. 간토 지역 이서의 따뜻한 곳에서 많이 재배된다.

# 글렌가문비나무

| | |
|---|---|
| 일본명 | 아카에조마쓰赤蝦夷松, 야치신코 |
| 학 명 | *Picea glehnii* |
| 과 명 | 소나무과(가문비나무속) |
| | 늘푸른바늘잎나무 |
| 분 포 | 일본 홋카이도~하야치네산(이와테현) |
| 비 중 | 0.35~0.53 |

성장 속도가 느려 나뭇결이 치밀하다. 절삭가공에는 알맞지만 선반 가공은 어렵다. 나이테는 누르스름하며 나머지 부분은 하얗다. 전체적인 특징은 가문비나무와 비슷하다. 바늘잎나무 중 삼나무보다는 단단하며 나한송보다는 무르다.

# 붉은 나무껍질에서 따온 이름의 나무는 피아노 향판의 재료로 사랑 받는다

글렌가문비나무는 불그스레한 나무껍질 때문에 일본에서는 아카에조마쓰('붉은 가문비나무'라는 뜻—옮긴이)라는 이름이 붙었다. 일반적으로 가문비나무는 나무껍질이 검은빛이다. 글렌가문비나무는 가문비나무와 대부분 비슷하지만 껍질 색을 비롯하여 몇 가지 차이점이 있다. 잎을 예로 들자면 가문비나무의 잎은 편평하고 끝이 뾰족하다. 반면, 글렌가문비나무의 잎은 바늘 모양이지만 잎끝이 그다지 뾰족하지 않다. 솔방울은 글렌가문비나무가 조금 더 홀쭉하다.

천연림에서 자란 글렌가문비나무는 나뭇결이 한결 치밀할 때가 많다. 이는 이 나무가 다른 나무가 자라기 힘든 곳에서도 나고 자라기 때문이다. 악조건 속에서 성장하기까지는 많은 시간이 걸리지만 나이테는 그만큼 치밀해진다. 이러한 성장 과정을 거친 글렌가문비나무는 대부분 양질의 바늘잎나무(침엽수) 목재를 제공한다.

글렌가문비나무는 건축재 외에도 피아노나 바이올린의 향판 등을 만드는 재료로 쓰인다. 비탄성률(변형되기 어려운 정도인 영의 계수를 비중으로 나눈 값)과 음향 변환 효율이 높아 소리의 울림이 탁월하다. 피아노 향판의 재료로는 일반적으로 독일가문비나무나 가문비나무류를 사용하지만 일본 악기 제조사는 홋카이도산 글렌가문비나무를 특히 높이 평가한다.

◀ 나무껍질은 전체적으로 붉은빛을 띠며 비늘 모양으로 갈라지면서 떨어진다. 잎은 바늘 모양으로 길이는 0.5∼1.2cm 정도로 짧다. 자잘한 잎이 잔가지 주위에 잔뜩 달린다. 다 자란 나무는 잎끝이 그리 뾰족하지 않으나 어린나무의 잎끝은 뾰족할 때도 있다. 이와 달리 가문비나무의 나무껍질은 검은빛이며 잎이 편평하고 끝이 뾰족해 만지면 아프다. ❶ 높이 30∼40m, 지름 1∼1.5m까지 성장하는 큰키나무. 가지는 주로 가로로 뻗는다. 습기가 많은 초원과 가까운 곳은 물론 건조하기 쉬운 화산자갈지대나 사문암지대 등 다른 나무가 자라기 힘든 환경에서도 뿌리를 내린다. 암수딴그루로 5∼6월에 암꽃과 수꽃이 꽃을 피운다. ❷ 글렌가문비나무를 사용한 피아노 향판(촬영: 혼다 다다시). 진동 에너지를 소리 에너지로 바꾸는 비율(음향 변환 효율)이 높아 향판의 재료로 적합하다. 피아노 건반부의 재료로도 쓰인다.

# 금송

| | |
|---|---|
| 일본명 | 고야마키高野槇, 혼마키, 마키 |
| 학 명 | *Sciadopitys verticillata* |
| 과 명 | 낙우송과(금송속) 늘푸른바늘잎나무 |
| 분 포 | 한국 관상용으로 심는다 |
| | 일본 혼슈(후쿠시마현 이남), 시코쿠, 규슈 |
| 비 중 | 0.35~0.50 |

| | |
|---|---|
| 일본명 | 고야마키高野槇, 혼마키, 마키 |
| 학 명 | *Sciadopitys verticillata* |
| 과 명 | 낙우송과(금송속) 늘푸른바늘잎나무 |
| 분 포 | 한국 관상용으로 심는다 |
| | 일본 혼슈(후쿠시마현 이남), 시코쿠, 규슈 |

나이테의 폭이 좁고 나뭇결은 의외로 곧고 촘촘하다. 심재는 크림색이며 변재는 흰색이다. 과일처럼 특유의 산뜻한 향이 난다. 바늘잎나무 목재 중 평균적인 단단하기를 가졌으며 가공하기 쉽다. 내습성이 아주 뛰어나다.

## 주목할 만한 내수성을 지닌 1과 1속 1종의 희귀한 일본 고유종

금송은 일본 와카야마현의 고야산 근처에 특히 많이 자라는데 여기서 '고야마키'라는 일본 이름이 유래했다. 그 밖에 북한계선인 도호쿠 지역 남부, 오다이가하라산 일대, 시코쿠, 규슈 남동부 등지에서도 나고 자란다. 특히, 일본 기소 지역에서는 편백이나 화백 등과 함께 기소 5대 나무*의 하나이다. 얼핏 보기에는 다른 바늘잎나무와 차이가 없어 보이지만 1과 1속 1종의 희귀한 일본 고유종이다.

목재는 물과 습기에 아주 강한 빼어난 내수성과 내구성을 두루 갖추고 있어 고대부터 유용한 목재로 여겨졌다. 일본 야요이 시대(일본 농경 시대–옮긴이)의 유적에서 건축재로 쓰인 금송이 출토되었고 일본 역사서인 《니혼쇼키日本書紀》에도 스사노오노미코토(일본 신화에 등장하는 신 중 하나–옮긴이)가 관을 짜기에 좋은 나무로 금송을 언급했다는 기술이 남아있다. 그 사실을 뒷받침이라도 하듯 금송으로 만든 나무관이 곳곳의 유적에서 발굴되었다.

현재는 목재를 입수하기 어렵지만 지금도 목욕통이나 물통을 만드는 재료로 사용된다. 온천 지역의 숙박 시설에서는 편백을 쓴 목욕통이 많지만 목욕통의 재료로는 역시 금송이나 화백이 더 적합하다.

*기소 5대 나무: 에도 시대의 오와리 번藩에서 벌채를 금지한 기소 골짜기의 나무 5종. 편백, 화백, 금송, 일본측백나무, 나한백.

◀ 금송 소재의 목욕통(작품: 이토 게사오). ❶ 높이 20~30m, 지름 60~80cm 정도의 큰키나무. 개중에는 지름 1m 이상까지 성장하는 나무도 있다. 산등성이에 자랄 때가 많다. 줄기는 거의 곧게 뻗지만 성장은 더딘 편이다. 나무는 가지런한 고깔 모양이다. 4월 무렵에 꽃이 핀다. 솔방울열매(솔방울)는 타원형~원통형으로 가느다랗다(길이 8~12cm, 폭 3~4cm). ❷ 나무껍질은 적갈색이며 세로로 갈라져 얇게 벗겨진다. 도톰한 섬유질의 나무껍질은 누르면 살짝 들어간다. ❸ 폭이 있는 바늘 모양의 잎은 2개씩 붙어 난다. 잎 길이는 6~12cm, 폭은 3~4mm 정도이다. 잎 앞면에는 세로로 홈이 나 있고 뒷면에는 하얗게 홈이 난다. 잎끝은 살짝 파여 있어 만져도 아프지 않다. 이런 잎들이 모여 다발 모양으로 짧은 가지 끝에 달린다. ❹ 일본 덴리시 시모이케산 고분(고훈 시대, 4세기)에서 출토된 나무관(나라 현립 가시하라 고고학 연구소 부속 박물관 소장품).

# 나한송

| 일본명 | 이누마키犬槇, 마키, 구사마키, 자기(오키나와), 뤄한쑹羅漢松(중국명 |
|---|---|
| 학 명 | *Podocarpus macrophyllus* |
| 과 명 | 나한송과(나한송속) 늘푸른바늘잎나무 |
| 분 포 | 한국 남부 지역, 가거도 해안가(자생) |
| | 일본 혼슈(간토 지역 남부 이서), 시코쿠, 규슈, 오키나와 |
| 비 중 | 0.48~0.65 |

나뭇결이 빽빽하고 나이테가 선명하다. 심재와 변재의 경계는 뚜렷하지 않다. 전체적으로 흰색에 가까운 살구색이다(갈색 느낌의 분홍색도 간간이 섞여 있다). 생나무를 벨 때는 냄새를 풍기지만 건조를 마친 목재에서는 거의 냄새가 나지 않는다. 나선형으로 성장하기 때문에 비스듬히 갈라지기 쉬워 큰 목재를 얻기 힘들다.

# 나선형으로 성장하며 가늘디가는 타원형 잎을 가진 특징 많은 독특한 바늘잎나무

일본에서 마키라고 하면 지금은 나한송과 금송을 가리키지만 고대에는 삼나무를 비롯한 '빼어난 나무의 총칭'으로 참다운 나무라는 뜻을 담아 마키眞木라고 불렀다.

나한송은 따뜻한 해안가의 산지에서 나고 자라며 줄기가 조금씩 뒤틀리는 듯 성장해 나간다. 바늘형치고는 꽤 폭이 넓은 잎과 무겁고 단단한 목재를 가진 특징 때문에 독특한 바늘잎나무로 인식된다. 또 다른 일본 이름인 구사마키('냄새나는 나한송'을 의미―옮긴이)는 나한송의 생나무를 벨 때 냄새를 풍기는 데서 유래했다는 설도 있다.

목재는 물과 흰개미에 대해 각각 내수성과 내구성이 뛰어나다. 그런 특성을 살려 기둥이나 대들보 같은 건축재나 지붕판재, 목욕통 등으로 쓰인다. 일본 오키나와에서는 '자기' 혹은 '갸기'라고 불리며 오래전부터 품질 좋은 건축재나 산신三線(뱀 가죽으로 만든 오키나와 전통 악기―옮긴이)의 몸통을 만드는 재료로 소중히 여겨졌다. 바닷바람에도 강해서 해안선을 따라 산울타리나 방풍림으로 심을 때가 많다.

변종인 나한전羅漢槇(*P. macrophyllus var. maki*)은 높이가 10m 정도로 나한송과 비교하면 전체적으로 작은 편이다. 정원수로 자주 심는다.

◀ 오키나와의 오래된 민가의 기둥으로 쓰인 나한송. 이처럼 실외 건축재로도 잘 쓰인다. ❶ 나무껍질은 흰색에 가까운 회색이다. 세로로 가느다랗게 갈라진다. 뒤틀리듯 성장하므로 갈라짐도 휘어져 생길 때가 많다. ❷ 잎은 소나무류의 가는 바늘잎이 아니라 가느다란 타원형이다. 잎 길이는 10~18cm 정도이며 최대 폭은 1cm 전후이다. 잎 가장자리는 밋밋하며 잎끝은 조금 뾰족하나 만져도 아프지 않다. 가지에 나선형으로 잎이 붙는다. ❸ 산신의 몸통. 손잡이 부분에는 흑단이나 조록나무 등이 쓰이지만 몸통은 나한송으로 만든다. ❹ 높이 20m 이상, 지름 50cm~1m 이상으로 성장하는 큰키나무. 같은 속의 금송보다는 키가 작다. 암수딴그루로 5~6월에 암꽃과 수꽃이 핀다.

# 남천

| | |
|---|---|
| 일본명 | 난텐南天 |
| 학 명 | *Nandina domestica* |
| 과 명 | 매자나무과(남천속) 늘푸른넓은잎나무(산공재) |
| 분 포 | 한국 남부 지역 |
| | 일본 혼슈(이바라키현 이서), 시코쿠, 규슈, 중국 원산 |
| 비 중 | 0.48~0.72 |

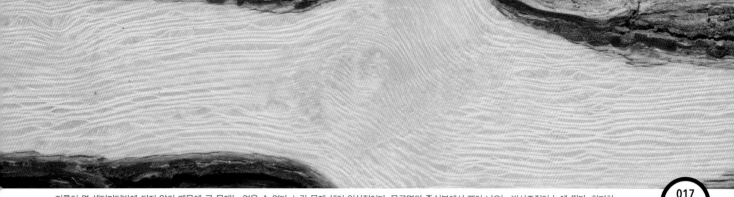

지름이 몇 센티미터밖에 되지 않기 때문에 큰 목재는 얻을 수 없다. 노란 목재 색이 인상적이다. 목구면의 중심부에서 뻗어 나오는 방사조직이 눈에 띈다. 희미하게 부드러운 향이 난다.

# 붉은 열매가 열리는 나쁜 기운을 물리치는 행운의 나무, 노란 목재가 아름답다

남천은 높이 2~3m, 지름이 몇 센티미터에 불과한 떨기나무이다. 일본 이름인 '난텐'은 '나쁜 기운을 바꾼다'는 뜻의 난전難轉과 일본어 발음이 같다. 이 때문에 남천은 오래전부터 행운의 나무로 여겨졌고 관상용으로 정원수나 분재로 많이 심게 되었다. 원래는 중국에서 약용 식물로 일본에 전파된 것으로 추측한다. 현재는 따뜻한 지역의 산지 등에서 나고 자란다.

남천이라고 하면 가을에 빨갛게 익는 조그마한 열매가 먼저 떠오른다(흰색이나 노란색 열매도 있다). 이 열매를 건조시키면 남천실이라고 하는 기침 등에 좋은 생약이 된다. 남천의 잎과 열매에는 알칼로이드 alkaloid 성분이 들어 있어 많은 양을 섭취하면 지각이 마비되는 등 해로운 측면도 있지만 적당량은 기침을 멎게 하는 데 효과적이다.

줄기가 굵은 나무(지름 10cm 전후)는 도코노마의 기둥으로 귀하게 쓰인다. 일본 도쿄부 가쓰시카구 시바마타에 위치한 제석천 다이쿄사의 손님맞이 전각에 설치된 '남천 도코노마 기둥'이 유명하다. 목재의 노란빛이 아름다워 차통이나 향합, 젓가락 등으로 쓰인다. 특히 젓가락은 남천 젓가락이 유명하며 식중독을 예방하는 효과가 있다고 한다. 하지만 실제 효과가 있는지는 의문이며 행운의 젓가락 정도로 여기는 것이 좋다.

◀ 10~11월에 지름 6~7mm의 동그란 열매가 빨갛게 익는다. 열매 속에는 보통 씨가 2개 들어 있다. 열매는 말려서 약용한다. 흰 열매도 있다. 열매로 만든 공 모양의 장식품인 '난텐다마'는 구조하치현(일본 기후현)의 특산품으로 유명하다. ❶ 높이 2~3m 정도의 떨기나무. 드물게 높이 5m, 지름 10cm 정도까지 자라는 나무도 있다. 5~6월에 흰 꽃이 가득 달린다. ❷ 나무껍질은 회색이며 세로로 갈라진다. ❸ 잎은 작은 잎이 여러 장 붙는 대형 겹잎이다(3회 홀수깃꼴겹잎). 작은 잎은 가느다란 마름모꼴이며 잎끝이 뾰족하다. 작은 잎의 길이는 3~8cm, 폭은 1~2.5cm이다. 잎 전체의 길이는 50여cm에 이른다. ❹ 남천 젓가락. 위쪽은 옻칠을 한 젓가락이다. 실용적인 면보다는 부적으로서의 의미가 강하다. 시판되는 남천 젓가락 중에는 남천이 아닌 다른 재료가 쓰일 때가 많다.

# 노간주나무

| | |
|---|---|
| 일본명 | 네즈미사시杜松/鼠刺, 네즈, 무로榁/樗 |
| 학 명 | *Juniperus rigida* |
| 과 명 | 측백나무과(향나무속) 늘푸른바늘잎나무 |
| 분 포 | 한국 전역 |
| | 일본 혼슈, 시코쿠, 규슈 |
| 비 중 | 0.55~0.65 |

심재와 변재가 의외로 뚜렷하다. 심재는 약간 붉은빛을 띠며 변재는 노란빛이 도는 흰색이다. 시간이 지날수록 조청 같은 투명한 황갈색으로 변해간다. 목재 면은 치밀하고 광택이 난다. 바늘잎나무치고는 무겁고 단단하며 내구성이 높다. 나뭇진이 많아 물과 습기에도 강하다. 일본의 목재상이나 창호점에서는 네즈 혹은 무로라고 부를 때가 많다.

# 날카로운 잎끝 때문에 붙은 이름, 목재는 바늘잎나무 중에서는 꽤 무겁고 단단한 편이다

노간주나무의 일본명은 무척 독특하다. 쥐를 찌른다는 뜻의 '네즈미사시'라는 이름은 노간주나무의 날카로운 바늘 모양 잎에서 착안했다고 한다. 잔가지를 꺾어 쥐구멍이나 통로 앞에 두면 뾰족한 잎끝 때문에 쥐가 지나다니지 못했다는 이야기도 전해 온다. 옛 일본에서는 노간주나무를 '무로'나 '무로노키'라고 불렀다. 《만요슈》의 오래된 시가에서도 도모노우라(일본 히로시마현 후쿠야마시)의 무로노키를 노래한 구절이 있다. 노간주나무는 산지의 산등성이나 메마른 땅에서 많이 볼 수 있으며(특히 소나무 숲) 세토시의 해안가 등 바다 가까이에서도 자란다.

바늘 같은 잎 모양 외에도 커다란 특징이 있다. 바로 잎이 3개씩 돌려나기를 하며 달린다는 점이다. 한데 난 3개의 잎이 각각 다른 쪽을 향한다. 이 같은 잎차례는 다른 바늘잎나무에서는 좀처럼 보기 드문 형태이다.

목재의 비중은 대략 0.5~0.6으로 바늘잎나무 중에서는 무겁고 단단한 편이다. 나뭇진을 많이 함유하고 있어 내구성과 보존성이 뛰어나다. 목재 면은 치밀하고 광택이 있다. 좋은 목재의 요건을 갖추고 있지만 많이 나는 나무는 아니어서 유통량은 그리 많지 않다. 예전에는 물에 강한 노간주나무를 건축용 토대나 뱃기구로 사용했다. 깨끗한 색감을 살려 도코노마의 기둥으로도 쓰인다.

◀ 도코노마의 기둥으로 쓰인 노간주나무. 판재는 현재 거의 유통되지 않지만 일본 전통 건축에서는 아취 있는 나무로 여겨져 통째로 쓰일 때도 있다. ❶ 높이 5~6m, 지름 20~25cm 정도의 작은키나무. 높이 10m, 지름 1m까지 성장하는 나무도 있다. 볕이 잘 드는 암석 지대나 메마른 땅에 자랄 때가 많다. 암수딴그루로 4~5월에 꽃이 핀다. 씨방울열매는 다음 해 혹은 다다음 해 가을에야 무르익는다. ❷ 나무껍질은 편백과 비슷하며 세로로 길게 갈라지면서 벗겨진다. 편백보다 약간 좁다랗게 갈라진다. ❸ 잎이 서고 잎끝이 날카로운 바늘 모양이라 만지면 아프다. 이 같은 잎 모양에서 네즈미사시라는 일본 이름이 유래했다. 잎 길이는 1~2.5cm 정도이다. 잎 3개가 같은 곳에서 세 방향으로 벌어진다(3개씩 돌려나기). 가까운 종인 갯노간주(J. conferta)의 잎차례도 같은 형태이지만 다른 바늘잎나무에서는 거의 찾아볼 수 없는 특징이다.

# 녹나무

| | |
|---|---|
| 일본명 | 구스노키楠/樟, 구스(＊주로 목재명) |
| 학 명 | *Cinnamomum camphora* |
| 과 명 | 녹나무과(녹나무속) 갈잎넓은잎나무(산공재) |
| 분 포 | 한국 남부 지역, 제주도(자생) |
| | 일본 혼슈(간토 지역 이남), 시코쿠, 규슈 |
| 비 중 | 0.52 |

제재 후 꽤 시간이 지나도 장뇌 향이 사라지지 않는다. 넓은잎나무 중에서는 비교적 무른 편이다(칠엽수와 비슷하다). 엇결이 많고 무늬가 나타날 때도 있어 의외로 가공하기 어렵다. 흰 바탕에 녹색 계통의 색이 섞여 복잡한 색을 만든다. "녹나무는 결이 깊은 곳이 많아 휘거나 비틀어지는 등 변형이 심하다. 기름기가 많아 잘 깎린 면이 반들반들하다"(사시모노 명인).

# 수백 년의 세월을 견딘 거목이 곳곳에 현존하며 강렬한 장뇌 향이 인상적인 나무

거목이라는 표현이 잘 어울리는 녹나무는 일본 간토 지역 이남에 위치한 조엽수림대의 곳곳에서 자란다. 나무 나이는 수백 년에서 수천 년 이상으로 추정되며 지름이 3~5m에 달하는 녹나무도 현존한다. 일본 아타미시의 기노미야 신사처럼 경내에 녹나무를 심어 신목神木으로 모시는 경우가 많다. 대부분의 나무에는 양치류의 일엽초가 붙어 자란다는 점이 특징이다.

녹나무라고 하면 우선 강렬한 장뇌 향이 떠오른다. 목재 등을 수증기에 증류하여 얻은 장뇌유는 방충제나 향료의 원료가 된다. 셀룰로이드celluloid의 원료이기도 했으므로 메이지 시대부터 유용한 나무로 여겨져 일본 각지에 활발하게 심기 시작했다.

목재는 큰 나무인 만큼 커다란 목재를 얻을 수 있으며 장뇌유를 함유한 덕분에 내구성이 뛰어나고 벌레에도 강하다는 특성을 살려 여러 용도로 사용된다. 신사와 사찰의 구조재나 일본 전통 건축물의 내장재(특히, 일본 도야마현 이나미정의 란마(채광, 통풍, 장식 등을 이유로 방과 방 사이 천장 부분에 설치한다―옮긴이)가 유명하다)부터 상자, 목탁, 불상 같은 목조의 재료나 가구재까지 쓰임새가 다양하다. 녹나무로 만든 목탁은 둥글고 부드러운 소리를 내므로 귀하게 취급되며 녹나무를 쓴 상자에는 벌레가 잘 붙지 않아 문서 보관용으로 적합하다.

◀ 높이 15~25m, 지름 70cm~1m 정도의 큰키나무. 나이가 많은 나무 중에는 높이 40m, 지름 5m의 거목도 존재한다. 5~6월 무렵 옅은 황록색의 자그마한 꽃이 핀다. ❶ 녹나무로 조각한 '약사여래좌상'(나라현 호린지 소장품, 촬영: 아스카엔). 아스카 시대(일본 역사 중 불교가 강성했던 시기, 552~645―옮긴이)에 조각된 불상 대부분은 녹나무로 만들어졌다. ❷ 나무껍질은 밝은 갈색이다. 짧은 죽간 모양으로 세로로 갈라진다. ❸ 잎은 달걀형~타원형이며 잎끝이 가느다랗게 튀어나와 있다. 잎 길이는 6~12cm, 폭은 3~6cm 정도이다. 홑잎으로 어긋나기를 한다. 잎 가장자리는 밋밋하며 아래위로 물결치는 듯한 모양이다. 잎의 앞면은 짙은 녹색이며 광택이 있다. 잎자루 근처부터 잎맥이 3개로 갈라진다(3출맥). 각 분기점에는 작게 부푼 혹이 생길 때가 많은데 그 속에 진드기가 산다고 해서 '진드기집'이라고 부른다. 같은 속인 생달나무의 잎은 가늘며 3출맥이지만 진드기집이 없다. ❹ 녹나무 투명 옻칠 탁자(작품: 아라키 간지).

# 느릅나무류

| | |
|---|---|
| 일본명 | 니레楡 |
| 학 명 | *Ulmus davidiana* var. *japonica*(느릅나무, 하루니레, 엘름elm, 아카다모)<br>*U. laciniata*(난티나무, 오효)<br>*U. parvifolia*(참느릅나무, 아키니레) |
| 과 명 | 느릅나무과(느릅나무속) 갈잎넓은잎나무(환공재) |
| 분 포 | 한국 느릅나무: 전역<br>난티나무: 중부 이북의 백두대간(강원도까지), 울릉도(자생)<br>참느릅나무: 중부 이남<br>일본 홋카이도, 혼슈, 시코쿠(일부), 규슈(일부) |
| 비 중 | 0.42~0.71(느릅나무) |

무늬결

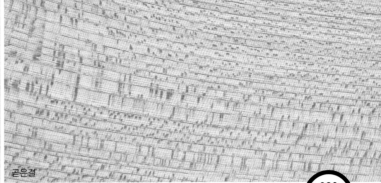

곧은결

심재와 변재가 명확히 구분된다. 심재는 약간 붉은빛을 띤 크림색이며 변재는 흰색이다. 목재 면에 광택은 없다. 들메나무와 단단하기가 비슷하고 끈기가 있지만 변형되기 쉽다. 절삭가공이나 갈이틀 가공을 하기 까다롭다. 무늬결에는 특유의 얼룩무늬가 나타날 때도 있다. 희미하게 구린 냄새가 난다.

# 변형되기 쉬우나 단단하고 끈기 있는 목재, 엘름이라는 이름으로도 잘 알려진 나무

느릅나무속의 나무로는 참느릅나무나 난티나무도 있지만 느릅나무류라고 하면 보통 느릅나무를 떠올린다. 느릅나무는 봄에 꽃을 피우므로 일본에서는 하루니레春榆라고 부르며 가을에 꽃이 피는 참느릅나무는 아키니레秋榆라고 한다. 일본에서 니레楡라는 이름으로 유통되는 목재는 대부분 느릅나무이며 난티나무가 섞여 있을 때도 있다. 목재업계에서는 느릅나무를 '아카다모'라고 부르기도 하는데 일본 이름이 '다모'인 들메나무와는 별개의 종이다.

목질은 의외로 단단하고 끈기가 있어 잘 갈라지지 않지만 변형되기 쉬운 불안정한 면도 있어 가공하기 어렵다. 나뭇결이 느티나무와 비슷해서 느티나무나 들메나무 등을 대신할 때도 있지만 목재의 평가는 그다지 높지 않다. 하지만 큰 나무로 자라므로 커다란 목재를 얻을 수 있어 테이블의 상판 등 가구재로 자주 사용된다.

일본 홋카이도 같은 산지에서 주로 자라는 난티나무는 잎이 특징적이다. 잎끝 부분에는 찢겨나간 듯한 결각이 있어 마치 뿔처럼 보인다. 숲속에서도 금방 눈에 띄는 잎 모양이지만 결각이 없는 잎도 있으므로 주의해야 한다. 난티나무의 나무껍질은 오래전부터 섬유의 재료로 활용되었다. 아이누인은 '아쓰시'라는 천을 짜기 위해 난티나무의 나무껍질을 삶아 볕에 말린 다음 얇게 찢어 실을 내었다.

◀ 느릅나무로 제작한 테이블(작품: 다니 신이치로) 상판은 240×82×두께 6.5cm. ❶ 느릅나무(사진 2, 3까지). 높이 20~25m, 지름 50~60cm 정도의 큰키나무. 높이 30m, 지름 1m 이상으로 성장하는 나무도 있다. 일본 각지에 자라지만 특히 홋카이도에는 큰 나무로 자란 느릅나무가 많고 영어 이름인 '엘름'도 흔히 사용한다. 3~5월에 새잎이 나기 전에 꽃이 핀다. 5~6월에 날개 달린 열매가 무르익는다. ❷ 나무껍질은 회색이며 세로로 촘촘하게 갈라진다. 해를 거듭하면서 비늘 모양으로 불규칙하게 벗겨져 간다. ❸ 잎은 좌우비대칭의 타원형으로 잎끝 쪽으로 좁아지며 끝이 뾰족하다. 잎 길이는 3~15cm, 폭은 2~8cm 정도이며 홑잎으로 어긋나기를 한다. 잎 가장자리에는 크고 작은 깔쭉깔쭉한 톱니가 있다(겹톱니). 잎 앞면에는 잔털이 있어 만지면 까슬까슬하다. ❹ 결각이 있는 난티나무의 잎. 독특한 모양 때문에 숲속에서도 금방 눈에 띈다. 결각이 없는 잎도 있다.

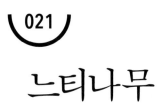

# 느티나무

| 일본명 | 게야키欅, 쓰키槻 |
| --- | --- |
| 학 명 | *Zelkova serrata* |
| 과 명 | 느릅나무과(느티나무속) 갈잎넓은잎나무(환공재) |
| 분 포 | 한국 경기, 충북, 경북, 전북 |
| | 일본 혼슈, 시코쿠, 규슈 |
| 비 중 | 0.47~0.84 |

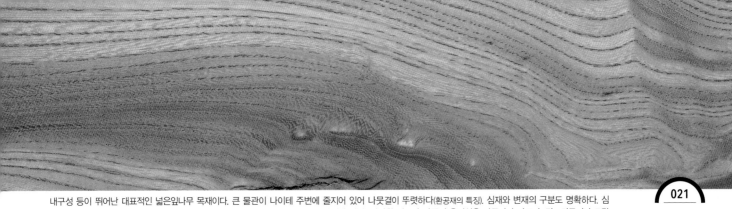

내구성 등이 뛰어난 대표적인 넓은잎나무 목재이다. 큰 물관이 나이테 주변에 줄지어 있어 나뭇결이 뚜렷하다(환공재의 특징). 심재와 변재의 구분도 명확하다. 심재는 오렌지색이며 변재는 아주 옅은 노란색이다. 느티나무 특유의 코 찌르는 냄새가 난다. 단단한 정도나 가공의 용이성은 나무마다 다르다. 겹고리무늬나 모란꽃 무늬가 나타난 목재는 일본 전통 공예품의 재료로 소중하게 쓰인다.

## 존재감 있는 모습, 양질의 목재로 이름 높은 넓은잎나무의 대명사

하늘로 쭉 뻗은 커다란 가지가 자아내는 아름다운 자태와 실용성과 미적 요소를 두루 갖춘 목재, 그야말로 느티나무는 일본의 넓은잎나무를 대표하는 나무이다. 홋카이도를 제외한 일본 각지의 산야나 언덕땅에서 자생하지만 옛날부터 신사, 사찰의 경내나 큰길가 등에 심기도 했다. 도쿄도 후추시의 오쿠니타마 신사 입구에 나란히 늘어선 느티나무의 기원은 가마쿠라 시대까지 거슬러 올라간다. 비늘 모양의 나무껍질과 부채꼴의 나무 형태가 독특해서 거리나 산야에서도 의외로 느티나무를 알아보기 쉽다. 열매와 꽃은 모두 작고 그다지 눈에 띄지 않는다.

목재는 뛰어난 내구성과 내습성 등으로 양질의 목재로 이름 나 있다. 다만, 단단하기와 같은 목질은 나무마다 차이가 난다. 나이테가 성기고 무거운 목재는 무척 단단하다. 반면에 나이테가 촘촘한 목재는 대부분 무르며 가공하기 쉬워 목각이나 갈이틀 가공에 적합하다. 겹고리무늬나 모란꽃 무늬가 나타난 목재도 많이 나오는데 이는 특별히 전통공예품 등에 쓰인다. 건축재로는 신사나 사찰 건축에 사용된다. 일본 교토의 기요미즈사 같은 절에는 느티나무를 쓴 건물이 많다. 그밖에도 장롱이나 좌탁 등의 가구, 다이코(일본 전통 북—옮긴이)와 같은 악기, 도구류의 자루 등 용도가 다채롭다.

◀ 높이 20〜25m, 지름 60〜70cm 정도의 나무가 대부분이나 높이 30m 이상, 지름 2m 이상으로 자라는 큰 나무도 있다. 가지는 부채꼴로 크고 넓게 벌어지는데 그 모습이 무척 단정하고 아름답다. 4〜5월 무렵 잎이 나는 시기에 함께 꽃이 핀다. ❶ KYOTO 체어(작품: 도쿠나가 도시오), 교토의 다이토쿠사 경내에서 자라던 800년 수령의 느티나무를 사용했다(앉는 부분은 다른 나무). ❷ 다 자란 나무의 나무껍질. ❸ 어린나무의 나무껍질. 어린나무는 회색이며 비교적 평평한 표면에 자잘한 점들이 흩어져 있다. 다 자란 나무에는 비늘 모양으로 무늬가 생긴다. 늙은 나무가 되면 껍질이 벗겨져 떨어진다. ❹ 잎은 타원형으로 잎끝이 길쭉하며 뾰족하다. 잎 길이는 3〜7cm, 폭은 1〜2.5cm이며 홑잎으로 어긋나기를 한다. 잎 앞면은 꺼끌꺼끌하다. 잎 가장자리에는 깔쭉깔쭉한 톱니가 있다. 톱니는 물결 모양이다. 비슷하게 생긴 푸조나무의 잎은 느티나무보다 톱니가 잘고 각지다.

# 도가사와라

| | |
|---|---|
| 일본명 | 도가사와라栂椹, 사와라토가, 마토가, 가와키 |
| 학 명 | *Pseudotsuga japonica* |
| 과 명 | 소나무과(미송속) |
| | 늘푸른바늘잎나무 |
| 분 포 | 일본 기이 반도의 오다이가하라 산계, 시코쿠의 야나세 지역 |
| 비 중 | 0.40~0.59 |

심재와 변재를 구별하기 쉽다. 심재는 옅은 빨간색이며 변재는 노르스름한 흰색이다. 솔송나무보다 물러서(화백보다는 단단하다) 절삭가공이 수월하다. 내구성은 그리 높지 않다.

# 가지 형태와 서 있는 자태가 아름다운 몇몇 지역에서만 자라는 희소한 나무

도가사와라는 일본 고유종으로 기이 반도의 오다이가하라 산계나 시코쿠의 야나세 지역에서만 자라는 희소한 나무이다. 멸종 위기 식물 목록에도 올라 있다. 솔송나무를 닮은 잎과 화백처럼 붉은빛이 도는 목재(심재 부분)를 지녔기에 일본에서는 도가사와라('도가'는 '솔송나무', '사와라'는 '화백'—옮긴이)라고 불린다. 내륙의 볕이 잘 드는 건조하고 가파른 산등성이에서 자라므로 가와키('메마른 곳의 나무'를 의미—옮긴이)나 가와키토가라고 부르기도 한다. 곧은 줄기와 가로로 쭉 뻗은 가지가 어우러져 힘 있고 시원스런 자태를 연출하며 높은 산등성이에서 존재감을 한껏 뽐낸다. 도가사와라는 일본전나무와 섞여 자랄 때가 많다.

희소한 만큼 목재는 거의 유통되지 않는다. 하지만 목재의 산지와 가까운 곳에서는 건축재나 도구재 등으로 도가사와라를 사용해왔다. 1903년에 발간된 《일본의 유용한 나무 효용 편》(편저자 모로토게 기타로)의 '도가사와라' 항목을 펼쳐보면 다음과 같은 기록이 있다. "철도 침목으로 가장 적합하며 건축재로도 쓰인다". 메이지 시대에는 침목으로 활용되었다는 점이 꽤나 흥미롭다.

미송속의 미송Douglas fir(*P. menziesii*)은 소나무류는 아니지만 베이마쓰('미국 소나무'라는 뜻—옮긴이)라는 이름으로 일본에 대량 수입되어 주택 건축재로 많이 사용된다. 단단해서 대들보 같은 구조재로도 자주 쓰인다.

◀ 높이 25~30m, 지름 60cm~1m 정도까지 성장한다. 곧게 자라므로 줄기 윗부분과 아랫부분의 굵기는 크게 다르지 않다. 가지는 거의 수평 방향으로 뻗는다. 볕이 잘 드는 건조한 산등성이에서 자란다. 암수한그루로 4월 무렵 꽃을 피운다. ❶ 도가사와라로 만든 30년이 넘는 주택의 두껍닫이(덧문을 넣어두는 곳, 일본 미에현 오다이정). 목재 산지 인근 지역에서는 건축재 등으로 활용한 예를 찾을 수 있다. ❷ 나무껍질은 갈색이며 나이테가 늘어 갈수록 비늘 모양으로 갈라져서 쉽게 벗겨진다. ❸ 잎은 선형으로 비교적 편평하다. 잎끝은 대부분 뭉툭하며 약간 파인 부분도 있다. 잎 길이는 2~3cm, 폭은 1~3mm 정도이다. 잎은 좌우로 벌어져 가지에 달린다. 솔송나무 잎과 닮았지만 도가사와라는 길고 짧은 잎이 번갈아 가지에 달린다. ❹ 도가사와라 소재의 벽면(도요타 미에 미야가와 산림 사무소). 원래는 모로토게 임업의 사무소로 사장실 벽면에 자사가 소유한 산림에서 벌채한 도가사와라를 사용하였다.

# 도도마쓰

| | |
|---|---|
| 일본명 | 도도마쓰椴松 |
| 학 명 | *Abies sachalinensis* |
| 과 명 | 소나무과(전나무속) |
| | 늘푸른바늘잎나무 |
| 분 포 | 일본 홋카이도 |
| 비 중 | 0.32~0.48 |

곧은 나뭇결에 나이테가 뚜렷하다. 심재와 변재는 구별되지 않으며 전체적으로 흰색에 가까운 크림색이다. 가볍고 물러서 절삭가공이나 대패 작업이 수월하다. 갈이틀 가공에는 적합하지 않다. 일본전나무와 마찬가지로 특별한 향은 나지 않는다.

# 홋카이도에서 가장 많이 자라는 대중적인 나무, 목재는 여러 용도로 쓰인다

도도마쓰는 가문비나무와 함께 일본 홋카이도를 대표하는 바늘잎나무이다. 활발히 심어온 덕분인지 홋카이도에 자라는 나무 중 가장 많은 비중을 차지한다. 일본 혼슈 이남에는 자생하지 않는다. 소나무과에 속하며 일본전나무와는 친척뻘이다.

목질이 무르고 나뭇결은 올곧다. 갈이틀 가공에는 알맞지 않지만 절삭가공이나 대패 작업은 하기 쉬운 편이다. 보존성은 그다지 좋지 않지만 홋카이도에서는 일반적으로 여러 용도로 사용해왔다. 건축재, 토목재, 기구재, 포장재를 비롯하여 물통, 목욕통에 이르기까지 목재의 특성과 다소 동떨어진 용도로도 널리 쓰인다. 성탄절 나무나 가도마쓰(일본 정월 풍습으로 문 앞에 놓아 신을 맞이하는 장식 소나무—옮긴이)로 사용되기도 하며 펄프나 칩의 재료로도 대량 소비된다.

도도마쓰는 홋카이도의 산지나 숲속에서 가문비나무 등의 바늘잎나무나 물참나무 등의 넓은잎나무와 함께 혼합림을 이룬다. 가문비나무와는 잎을 만져보면 금방 알 수 있을 만큼 구별하기 쉽다. 도도마쓰의 잎끝은 뭉툭해서 만져도 아프지 않지만 가문비나무는 잎끝이 뾰족해서 만지면 아프다. 도도마쓰의 솔방울열매(솔방울)는 위를 향해 가지에 달리며 씨앗이 흩어질 때 솔방울도 함께 낱낱이 부서지므로 온전한 모습으로 바닥에 떨어진 솔방울은 찾아볼 수 없다.

◀ 잎은 선형이며 잎 길이는 2~3cm 정도이다. 잎끝은 뭉툭하며 조금 파여 있어 만져도 아프지 않다. 나무껍질은 회백색이며 대체로 매끈하다. 늙은 나무가 되어도 껍질이 갈라지는 일은 거의 없다. 혹한의 겨울에는 세로로 길게 갈라지기도 한다. ❶ 높이 20~30m, 지름 50~80cm 정도의 큰키나무. 가지는 수평보다 약간 위로 경사져 뻗는다. 나무 형태는 삼각뿔에 가깝다. 암수한그루로 6월 무렵에 꽃이 핀다. ❷ 도도마쓰를 기둥(집성재)이나 바닥(15mm 두께), 테이블, 카운터(3겹 패널) 등에 사용한 카페('숲 틈새 카페' 삿포로시 주오구). ❸ 솔방울열매(솔방울)는 길이 5~10cm, 폭 2~3cm의 원통 모양이다. 위를 향해 가지에 달린다(가문비나무는 밑으로 늘어져 달린다). ❹ 도도마쓰를 가공한 칩으로 만든 덴소게 젓가락(머리를 비스듬히 깎아 앞뒤를 표시한 젓가락—옮긴이).

# 돌배나무

| | |
|---|---|
| 일본명 | 야마나시山梨, 니혼야마나시 |
| 학 명 | *Pyrus pyrifolia* |
| 과 명 | 장미과(배나무속) 갈잎넓은잎나무(산공재) |
| 분 포 | 한국 강원도 이남 |
| | 일본 혼슈, 시코쿠, 규슈 |
| 비 중 | 0.68~0.85 |

심재와 변재가 확실히 구별되지 않는다. 붉은빛이 감도는 색상이다. 나뭇결은 촘촘하고 목재 면이 치밀하다. 조금 무겁고 단단하며 뒤틀림이 적다. 내구성이 높고 잘 마모되지 않는다. 가공할 때 은은하게 달콤한 냄새가 난다. 건조 후에는 냄새가 없다.

# 나뭇결이 치밀하고 잘 마모되지 않아 먹틀을 만드는 기본 재료였다

돌배나무는 야생종으로 과일나무로 재배되는 여러 배나무의 기본종이다. 열매는 지름 2~3cm 정도로 둥근 모양이며 딱딱하고 떫어서 식용에는 알맞지 않다.

목질은 과일나무 특유의 치밀하고 매끄러운 목재 면을 가졌다. "나이테가 뚜렷하지 않고 적당한 단단하기에 감촉은 벚나무와 비슷하다. 매실나무만큼 단단하지는 않다"(목공 장인). 돌배나무는 목재의 특징을 살린 특별한 용도로 먹틀을 제작하는 데 사용된다.

먹에는 세밀한 그림이나 문구가 들어가므로 촘촘한 결에 단단하기가 적당하고 엇결이 적으며 조각한 부분이 튼튼하고 마감이 깨끗하다는 조건을 모두 충족해야 조각하기에 알맞은 먹틀의 소재로 인정받는다. 먹의 제조 과정 중 하나로 그을음과 아교를 섞은 반죽을 먹틀에 넣고 눌러두는데 이 때도 돌배나무의 역할이 크다. "물기를 잘 먹는 돌배나무는 먹의 수분을 흡수한다. 몇 번을 써도 먹틀이 변형되지 않는다. 잘 마모되지도 않아 두고두고 쓸 수 있다. 이런 점들이 먹틀로는 제격인 것이다"('먹의 자료관' 회원).

서양배나무(P. communis)의 목재는 유럽에서는 윈저 체어나 쳄발로의 잭jack(현을 튀기는 부분) 등의 재료로 사용된다.

◀ 돌배나무로 제작한 먹틀('먹의 자료관' 소장품). 그을음에 아교를 섞고 향료 등을 첨가한 반죽을 먹틀에 넣는다. 30분 정도 눌러두었다가 반죽을 꺼내 재가 든 통에 넣고 1~3달 정도 건조시킨다. 그런 다음 수개월에서 1년 정도 다시 자연 건조시키면 먹이 완성된다. ❶ 먹틀('먹의 자료관' 소장품). ❷ 높이 10~15m, 지름 30~60cm 정도의 큰키나무. 4~5월에 짧은 가지 끝에 5~10개의 흰 꽃(지름 3cm 전후)이 송이 모양으로 모여 달린다. 9~10월에 지름 2~3cm의 둥근 열매가 무르익는다. 재배종인 서양배나무와는 달리 딱딱하고 떫어서 식용에는 알맞지 않다. ❸ 나무껍질은 꽤 검은 편이며 세로 방향이나 비늘 모양으로 갈라진다. ❹ 잎은 달걀형으로 잎끝은 약간 뾰족하다. 잎 길이는 6~15cm, 폭은 4~6cm 정도이며 홑잎으로 어긋나기를 한다. 잎 가장자리에는 잔 톱니가 있다.

# 동백나무

| 일본명 | 쓰바키椿/海柘榴, 야부쓰바키, 야마쓰바키 |
| --- | --- |
| 학 명 | *Camellia japonica* |
| 과 명 | 차나무과(동백나무속) 늘푸른넓은잎나무(산공재) |
| 분 포 | 한국 충남, 전라, 경상, 제주도 |
| | 일본 혼슈, 이즈 제도, 시코쿠, 규슈, 오키나와 |
| 비 중 | 0.76~0.92 |

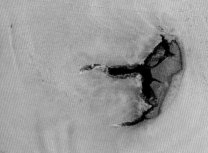

목재 면이 매끌매끌하며 나뭇결은 촘촘하고 치밀하다. 내구성도 높다. 심재와 변재의 경계가 없다. 나무마다 색 차이가 있어 희끄무레한 크림색부터 상아색, 붉은빛을 띤 색까지 나온다. 특별한 향은 나지 않는다. 절삭가공과 대패질이 어렵지만 갈이틀 가공은 수월한 편이다. 건조 시 갈라질 때가 많다. 큰 나무에서는 주름 무늬가 나오기도 한다.

# 질 좋은 불건성유를 얻을 수 있는 열매, 단단하고 매끌매끌한 목재

동백나무는 재배 품종이 셀 수 없을 정도로 다양하며 일본에서는 야생종을 야부쓰바키('덤불 동백나무'라는 뜻—옮긴이)나 야마쓰바키('산 동백나무'라는 뜻—옮긴이)로 부른다. 조엽수림의 대표적인 나무로 산지에서도 자라지만 일본 도호쿠 지역에서는 해안선을 따라 자랄 때가 많다.

큰 나무로 자라지는 않아서 커다란 목재는 얻지 못하지만 좀회양목처럼 좋은 목질을 지녔기에 다양한 용도로 사용된다. 비중 수치가 0.7을 넘는 꽤 무겁고 단단한 목재이다(좀회양목보다는 무르다). 목재 면은 매끌매끌하며 나뭇결이 아주 촘촘하고 치밀하다. 마감이 깔끔하며 광택도 난다. 주로 좀회양목으로 만드는 장기말이나 빗, 도장 등에 동백나무를 쓰기도 하는데 최고급 재료인 좀회양목보다는 한 단계 낮은 등급으로 여겨진다.

목재보다 널리 알려진 용도는 바로 동백기름이다. 동백나무의 씨를 짠 기름은 올리브유에 버금가는 질 좋은 불건성유로 식용유나 윤활유, 머릿기름 등으로 활용된다. 일본 이즈오섬은 동백기름의 산지로 유명하다.

일본 호쿠리쿠 지역에서 도호쿠 지역에 걸쳐 북쪽 해안가(눈이 많은 곳)에 분포한 유키쓰바키雪椿(C. rusticana)는 야생 동백나무의 변종으로 여겨지기도 하지만 다른 종이라는 견해가 일반적이다. 얇은 잎과 가장자리에 난 날카로운 톱니를 보고 야생 동백나무와 구분할 수 있다.

◀ 높이 5~10m, 지름 20~30cm 정도의 큰키나무. 높이 15m, 지름 50cm 전후까지 성장하는 나무도 있다. 산지에서 해안가에 이르기까지 폭넓게 분포한다. 2~4월 무렵 붉은색의 꽃이 핀다(드물게는 흰색이나 옅은 붉은색). ❶ 나무껍질은 대부분 매끈하며 잔주름 무늬가 있을 때도 있다. 지의류가 붙은 나무가 많고 껍질 색은 희끄무레한 회색, 회색빛이 도는 갈색 등으로 다양하다. ❷ 잎은 타원형이며 잎끝이 뾰족하다. 잎 길이는 6~12cm, 폭은 3~7cm 정도이다. 홑잎으로 어긋나기를 한다. 잎 앞면에는 광택이 있고 앞면과 뒷면 모두 털이 없다. 잎 가장자리에 잔 톱니가 난다. 잎은 두껍고 만졌을 때 단단하다. 동백나무의 일본 이름인 '쓰바키'는 아쓰바키厚葉('두꺼운 잎'을 의미—옮긴이)에서 유래했다는 설도 있다. ❸ 천연 동백나무에 새긴 도장.

# 동청목

| | |
|---|---|
| 일본명 | 소요고冬靑, 후쿠라시바, 후쿠라, 소메기 |
| 학 명 | *Ilex pedunculosa* |
| 과 명 | 감탕나무과(감탕나무속) |
| | 늘푸른넓은잎나무(산공재) |
| 분 포 | 일본 혼슈(간토 지역 이서), 시코쿠, 규슈 |
| 비 중 | 0.82 |

심재와 변재가 구별되지 않는다. 전체적으로 옅은 크림색이다. 나이테도 눈에 띄지 않는다. 목재 면이 치밀하다. 목질은 단단해서 내구성이 있으며 가공하기도 쉽다. 이러한 특징 때문에 반슈 주판의 주판알로 쓰이며 색상을 살려 상감에 사용되기도 한다.

# 잎이 바람에 스쳐 소리를 내는 광경을 담은 이름, 목재는 무겁고 단단하며 치밀하다

동청목은 서일본의 언덕이나 산지의 산등성이처럼 건조하고 척박한 땅에서 주로 볼 수 있다. 특히, 소나무 숲 근처에서 자랄 때가 많다. 높이가 10m를 넘는 나무도 있지만 대부분은 3m 정도의 떨기나무이다. 같은 속의 감탕나무와는 잎이나 목재의 분위기가 흡사하다. 동청목의 잎은 가늘고 잎끝이 뾰족하며 잎 가장자리에 물결 모양이 자주 나타나므로 이를 보고 구별할 수 있다.

동청목의 일본 이름인 소요고('스치는 소리'라는 뜻—옮긴이)는 바람에 스쳐 단단한 잎이 소리를 내는 모습에서 유래한 이름이다. 또 다른 명칭인 후쿠라시바('부푼 잎'을 의미—옮긴이)는 잎을 불에 쬐었을 때 잎 속의 수증기가 팽창하여 부푼 모습을 보고 붙인 이름이다. 일부 지역에서는 소메기('염색 나무'라는 뜻—옮긴이)라고도 부르는데 이는 잎이 붉은색 물감의 재료로 쓰인 데서 연유한 이름으로 볼 수 있다.

목재는 비중 수치가 0.8대로 비교적 무겁고 단단한 편이다. 큰 나무로 자라지 않아 커다란 목재는 얻을 수 없으며 주로 작은 도구를 만드는 용도로 사용한다. 특히, 일본 효고현 오노시 근처에서 생산되는 반슈 주판에는 하얗고 치밀한 목재 면에 끈기 있고 단단하며 가공하기 쉬운 목질의 동청목으로 만든 주판알이 자주 쓰인다. 반슈 주판 업계에서는 동청목 목재를 후쿠라소福良木라고 부른다.

◀ 잎은 타원형이며 잎끝이 뾰족하다. 잎 길이는 4~8cm, 폭은 2.5~3.5cm 정도이며 홑잎으로 어긋나기를 한다. 잎 가장자리는 밋밋하며(어린나무는 깔쭉깔쭉할 때도 있다) 물결 모양일 때가 많다. 잎 앞면은 짙은 녹색이고 뒷면은 황록색이다. 양쪽 모두 털은 없다. ❶ 높이 3m 정도의 떨기나무가 대부분이다. 개중에는 높이 10m, 지름 30cm 전후까지 성장하는 나무도 있다. 6~7월 무렵 하얗고 작은 꽃이 핀다. 10~11월에 지름 5~8mm 정도의 열매가 빨갛게 무르익는다. 긴 자루에 달린 열매가 아래로 늘어진다. ❷ 나무껍질은 회색으로 깊은 갈라짐이 없으며 평평하고 매끈하다. 세로로 가는 무늬가 난다. ❸ 동청목 목재는 단단하고 내구성이 있으며 목재 면이 치밀하고 가공하기도 쉬워서 주판알의 재료로 안성맞춤이다.

# 들메나무

| 일본명 | 야치다모谷地梻, 다모 |
|---|---|
| 학 명 | *Fraxinus mandshurica* var. *japonica* |
| 과 명 | 물푸레나무과(물푸레나무속) 갈잎넓은잎나무(환공재) |
| 분 포 | 한국 강원 백두대간~전북 덕유산 |
| | 일본 홋카이도, 혼슈(주부 지역 이북) |
| 비 중 | 0.43~0.74 |

곧고 균일하며 뚜렷한 나뭇결이 특징이다. 심재와 변재의 경계가 명확하다. 심재는 약간 칙칙한 크림색 또는 회색이다(비슷하게 생긴 주걱물푸레나무의 심재는 조금 밝은 편). 변재는 흰색에 가깝다. 무늬가 나오지 않는 목재는 잘 갈라지지 않는다. 주걱물푸레나무와 무척 닮아서(전문가도 구별하기 어려울 정도) 뒤섞여 유통될 때가 많다. 가공하기는 쉬운 편이지만 갈이틀 가공에서는 약간 저항감이 있다. 곧고 단단하며 끈기가 있어 옛날 홋카이도에서는 니신고텐이라는 건축물의 건축구조재로 자주 썼였다. 운동용품으로도 많이 사용된다. 희미하게 특유의 냄새가 난다.

# 잠깐 나왔다가 지는 잎과 곧게 뻗은 줄기는 같은 넓은잎나무 사이에서도 눈에 띈다

들메나무는 습지에서 자랄 때가 많아 일본에서는 야치다모('습지에서 자라는 들메나무'라는 의미─옮긴이)라고 불린다. 해안이나 습지 주변 등 비교적 비옥한 땅에서 자란다. 마찬가지로 습한 곳에서 자라는 오리나무는 환경이 열악한 척박한 땅에서도 살 수 있다. 하지만 들메나무는 그런 나쁜 조건에서는 뿌리를 내리지 못한다.

들메나무는 일본의 넓은잎나무 중 대표적으로 줄기가 곧은 나무이다. 가지는 무성하지 않은 대신 굵은 가지가 많다. 잎이 나고 지는 시기도 독특한데 봄에는 다른 나무보다 새잎이 늦게 나며 반대로 가을에는 일찍 낙엽이 진다. 5월이면 꽃이 피지만 그때까지도 잎은 벌어지지 않는다.

들메나무의 목재는 일본에서는 흔히 '다모'라고 불리며 좋은 목재로 여겨진다. 곧게 뻗어 자란 나무의 목구면은 원에 가까워서 제재 효율이 높다. 목질은 곧은 나뭇결에 단단하고 끈기가 있으며 탄성이 높다. 별 어려움 없이 건조할 수 있으며 가공하기 쉽다. 나이테 폭이 좁은 목재는 조금 무른 편이며 나이테 폭이 넓은 목재는 무겁고 단단하다. 무늬가 있고 없음에 따라서도 목질이 달라진다(*목재 사진 설명 참조). 가구재나 건축물의 내장재(난간이나 창틀), 집성재, 바닥재, 운동기구, 공예품 등 다양한 용도로 사용된다. 현재 일본산(주로 홋카이도산) 들메나무 목재의 비중은 점점 줄고 있다.

◀ 들메나무 목재로 만든 의자(작품: 이자키 마사하루). ❶ 높이 20~25m, 지름 60~70cm 정도의 큰키나무. 높이 30m 이상, 지름 1m 이상 가는 나무도 있다. 4~5월에 새잎이 나기 전에 꽃이 핀다. ❷ 가지에 아래로 늘어져 달리는 날개 있는 열매(날개 열매). ❸ 나무껍질은 밝은 회색이며 세로 방향이나 그물 모양으로 깊게 갈라진다. 늙은 나무가 되면 색이 점점 진해진다. ❹ 작은 잎 3~5쌍 정도가 마주나기를 하는 홀수깃꼴겹잎(맨 앞의 잎을 더해 모두 7~11장). 잎 전체의 길이는 30~40cm 정도이다. 작은 잎의 길이는 6~15cm, 폭은 2~5cm 정도로 잎끝으로 갈수록 급격히 좁아지며 끝이 뾰족하다. 작은 잎이 붙는 부분에는 가늘고 꼬불꼬불한 다갈색 털이 빽빽하게 나 있다. 비슷하게 생긴 주걱물푸레나무의 잎은 들메나무 잎보다 작은 잎이 조금 길고 잎이 붙는 부분에 털이 없다. ❺ 등산용품 피켈의 자루 부분에 들메나무 목재를 사용하였다(작품: 모리야 쇼이치, 홋카이도대학 산악관 소장품). 현재는 대부분 알루미늄으로 제작한다.

# 때죽나무

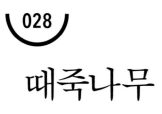

| | |
|---|---|
| 일본명 | 에고노키, 지샤노키(지치과의 송양나무와 일본명이 같다), 로쿠로기 |
| 학 명 | *Styrax japonica* |
| 과 명 | 때죽나무과(때죽나무속) 갈잎넓은잎나무(산공재) |
| 분 포 | 한국 경기, 강원, 충남, 전라, 제주도 |
| | 일본 홋카이도(남부), 혼슈, 시코쿠, 규슈, 오키나와 |
| 비 중 | 0.60~0.72 |

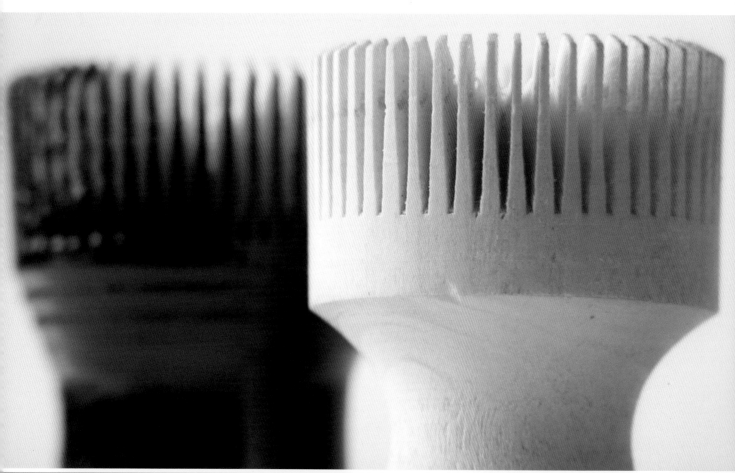

심재와 변재가 구별되지 않으며 전체적으로 노르스름한 흰색이다. 나이테도 뚜렷하지 않다. 목재 면은 치밀하며 단단하기가 적당하고 끈기가 강해 거의 갈라지는 일이 없다. "끈기가 매우 강해서 얇게 잘라도 부러지지 않는다. 바깥에서 1cm 정도까지가 특히 강하고 튼튼하다"(일본 지우산 점주).

# 끈기가 강하고 거의 갈라지지 않는 특징을 살려 특별한 용도로 쓰인다

높이가 10m에 채 못 미치는 때죽나무는 그다지 눈에 띄지 않는 나무이다. 일반인에게는 생소한 이름이며 시장에서 활발하게 유통되는 목재도 아니다. 하지만 단단하기가 적당하고 강인하며 끈기가 있어 오래전부터 다양한 용도로 쓰였다. 그중에서도 단연 돋보이는 쓰임새는 일본 전통 지우산紙雨傘의 중요 부품인 가사로쿠로이다.

가사로쿠로는 대나무 살을 이어주는 축 부분을 말하며 우산 꼭지와 우산을 접을 때 손이 닿는 곳에 하나씩 있다. 얇은 면을 촘촘히 남기고 잘라낸 다음, 실이 지나는 작은 구멍을 낸다. 우산을 접고 펼 때 가사로쿠로에 꽤 많은 힘이 실리므로 그것에 견뎌낼 정도로 단단한 목재가 아니면 곤란하다. 옛 장인들은 다양한 나무로 제작을 시도하던 끝에 때죽나무를 찾아냈다고 한다. 현재 일본에서 가사로쿠로를 만드는 장인이 있는 곳은 기후현에 단 한 곳만 남았다. 지름 5cm 정도의 곧게 자란 때죽나무를 1년 이상 건조한 후 가공한다.

다른 용도로는 튼튼하고 끈기가 있어 팽이나 죽방울 등 장난감을 만드는 재료로 사용한다. 선반 가공에 적합해서 갈이틀을 돌려 깎는 류큐칠기의 백골 재료로도 쓰인다.

나무껍질을 씹으면 목을 자극하는 물질이 나오는데 이 때문에 일본에서는 에고노키('얼얼한 나무'라는 뜻―옮긴이)라는 이름으로 불리기도 한다.

◀ 가사로쿠로. 우산을 접고 펼 때 중요한 역할을 한다. (아래 사진) 일본 전통 지우산을 펼친 모습(작품: 마루토후지사와 상점). ❶ 높이 5~8m, 지름 15~20cm의 작은키나무. 개중에는 높이 10m 이상, 지름 30cm 정도까지 성장하는 나무도 있다. 뿌리 근처부터 나뉘어 자라는 나무가 많다. 5~6월 무렵 하얀 꽃이 아래로 늘어지듯 핀다. ❷ 어린나무의 나무껍질. 색이 짙고 표면은 비교적 평평하다. ❸ 늙은 나무의 나무껍질. 얕게 갈라진다. ❹ 잎은 달걀형~타원형이며 잎끝은 가느다랗고 뾰족하다. 잎 길이는 4~8cm, 폭은 2~4cm이다. 잎 가장자리에 자잘한 톱니가 있는 잎과 톱니가 없는 잎이 있다. 홑잎으로 어긋나기를 한다.

# 류큐소나무

| | |
|---|---|
| 일본명 | 류큐마쓰琉球松, 오키나와마쓰沖繩松, 마치 |
| 학 명 | *Pinus luchuensis* |
| 과 명 | 소나무과(소나무속) |
| | 늘푸른바늘잎나무 |
| 분 포 | 일본 도카라 열도~오키나와 |
| 비 중 | 0.52* |

성장이 빨라서 나뭇결이 거칠다. 소나무류치고는 나뭇결이 진하지 않다. 전체적으로 희끄무레하다. 흰 바탕에 이따금 섞여 나오는 금색 줄이 아름답다. 바늘잎나무로는 비교적 단단한 편이며 송진은 적다. 가공하기 쉬우며 은은하게 소나무류 특유의 냄새가 난다.

# 다양한 용도로 사용되는 오키나와의 유용재, 조건이 나쁜 곳에서도 나고 자란다

류큐소나무는 오키나와에서는 어디서나 볼 수 있을 정도로 대중적이어서 오키나와의 나무로도 지정되었다. 웬만큼 심각한 조건만 아니라면 어떤 땅에서도 자랄 수 있다. 산사태가 났던 빈 땅에서도 볕이 잘 드는 곳에 재빨리 싹을 틔우는 선구종이기도 하다. 성장 속도가 매우 빠르며 줄기는 거의 곧게 뻗는다. 바람과 습기에 강해 방조·방풍림으로 심으며 녹지 조성용이나 가로수, 공원수 등으로도 폭넓게 활용된다.

목재는 바늘잎나무 중에서는 비교적 단단한 편이다. 탄성과 내구성이 뛰어나고 물과 습기에도 강하다. 다른 소나무류에 비해 나뭇결이 진하지 않아 수수해 보이며 가공하기도 쉽다. 임목축적량이 많아 목재는 손쉽게 구할 수 있다. 휘기 쉽고 자잘한 갈라짐이 생기며 흰개미에 약하다는 단점도 있지만 예로부터 오키나와 인근에서는 건축재나 토목재부터 가구재, 도구재까지 다양한 용도로 사용되었다. 대부분의 바늘잎나무는 조재와 만재의 단단하기가 크게 달라서 갈이틀 가공에는 알맞지 않지만 류큐소나무는 별다른 문제없이 깎을 수 있다. 펄프재로도 적합해서 대량으로 소비된다.

◀ 유투이 혹은 아카투이(이토만 어부 공방·자료관 소장품). 사바니(일본 오키나와의 전통 소형 어선) 바닥에 고인 바닷물을 퍼내는 도구이다. 목재는 류큐소나무 밑줄기 부분이다. 사바니 바닥의 곡면에 맞춰 유투이의 끝 부분도 완만한 곡선 모양으로 만든다. (아래 사진) 류큐소나무를 깎아 제작한 쟁반(작품: 나무 공방 즐거운 나무). 지름 30cm. ❶ 높이 20m, 지름 60cm 정도의 큰키나무. 높이가 30m에 달하는 나무도 있다. 어느 정도 성장하면 나무 형태가 편평한 우산 모양이 된다. 암수한그루로 3~4월에 꽃이 핀다. 솔방울열매(솔방울)는 달걀형이며 길이가 약 5cm, 지름이 2~3cm 정도 된다. ❷ 나무껍질은 붉은빛을 띠지만 소나무만큼 붉지는 않다. 비늘 모양이나 거북 등딱지 모양으로 갈라진다. 바늘잎은 두 가닥씩 2잎 모여나기(곰솔이나 소나무와 같다)를 한다. 잎은 전체 길이가 10~20cm 정도이며 가늘고 부드럽다.

# 류큐흑단

| | |
|---|---|
| 일본명 | 류큐코쿠탄琉球黑檀, 야에야마쿠로키八重山黑木, 야에야마코쿠탄八重山黑檀, 구로키, 구루치 |
| 학 명 | *Diospyros egbert-walkeri*(이명: *D. ferrea* var. *buxifolia*) |
| 과 명 | 감나무과(감나무속) |
| | 늘푸른넓은잎나무(산공재) |
| 분 포 | 일본 오키나와, 아마미오섬, 인도 원산 |
| 비 중 | 0.74~1.21 |

나이테가 뚜렷하게 보이지 않는다. 회색에 가까운 흰 바탕에 새까만 부분이 섞여 있다. 검은 부분에는 윤이 난다. (목마황木麻黃, 조록나무, 붉가시나무 등과 함께) 일본에서 자라는 나무 중 가장 무겁고 단단한 축에 속한다. 단단할 뿐만 아니라 엇결이 있을 때가 있어 가공하기 까다롭다. 희미하게 달콤한 향을 풍긴다.

# 가장 무겁고 단단한 목재 중 하나인 류큐흑단은 산신 목 부분에 쓰이는 최고급 재료이다

일본에도 흑단이 자란다고 하면 대부분 깜짝 놀란다(나무를 잘 아는 사람일수록 더 그렇다). 하지만 오키나와의 현지인에게 류큐흑단은 구루치, 구로키(노린재나무과의 사철검은재나무도 구로키로 불린다) 등의 다양한 이름으로 불리며 가로수나 공원수, 정원수로 친숙한 나무이다.

비중 수치가 1 전후로 일본에서 자라는 나무 중 가장 무겁고 단단한 편이다. 흑백으로 대비된 색이 목재 면에 뚜렷이 드러나지만 색에 따라 강도가 달라지는 일은 없다. 인도네시아산 필로산테라나 아프리카산 흑단보다도 단단한 편이다.

목재는 류큐왕조 시대부터 산신 목 부분의 최고급 재료로 여겨졌다. 단단하면서도 곧은 나뭇결과 치밀한 목재 면, 높은 내구성, 조화롭게 든 흰 색상, 음색의 아름다움 등을 그 이유로 꼽을 수 있겠다. 현재는 양질의 목재를 확보하기 어려워 대부분 필리핀산 흑단 등을 사용한다. 오키나와의 거리나 주택에 생울타리로 많이 심지만 거기서 좋은 목재가 나오는 일은 드물다. 단단하기가 거의 비슷한 조록나무(오키나와에서는 '유시기'라고 부른다)도 산신의 목 부분에 쓰이지만 최고급품은 될 수 없다.

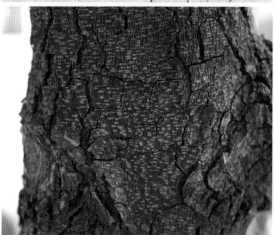

◀ 최고급 산신의 목 부분에 사용된다. ❶ 높이 8~10m의 늘푸른나무. 가지는 여러 갈래로 나뉘어 자란다. 오키나와 이남의 열대 아시아에서 아프리카 동부에 걸쳐 나고 자란다. 원래는 자생하지 않던 일본 아마미 지역에도 심어 자라고 있다. 오키나와에서는 가로수나 공원수로 흔히 볼 수 있다. 5~6월에 옅은 황록색의 작은 꽃이 달린다. 8~10월에 길이 1~2cm의 타원형 열매가 노란색에서 빨간색으로 변하면서 익어간다. ❷ 나무껍질은 검은색에 가깝다. 비교적 매끈한 표면에 자잘한 점 같은 무늬가 생긴다. ❸ 잎은 타원형이며 잎끝은 뾰족하지 않고 둥근 편이다. 잎 길이는 3~6cm 정도이며 홑잎으로 어긋나기를 한다. 양면 모두 털이 없다. 두꺼운 가죽질로 만지면 단단하다.

# 매실나무

| | |
|---|---|
| 일본명 | 우메梅, 무메 |
| 학 명 | *Prunus mume* |
| 과 명 | 장미과(벚나무속) 갈잎넓은잎나무(산공재) |
| 분 포 | 한국 경기, 충청, 전라, 경남 |
| | 일본 전역, 중국 원산 |
| 비 중 | 0.81 |

나이테는 비교적 명확하다. 목재 면이 치밀하며 마감이 깔끔하고 광택이 난다. 전체적으로 맑고 짙은 노란빛을 띤 복숭아색이다. 복숭아색 사이로 검고 길쭉한 무늬가 끼어들기도 한다. 가공할 때 달콤한 향이 난다.

# 일본인이 사랑하는 정취로 가득한 나무, 색감 좋은 목재는 단단하고 끈기가 있다

매실나무는 예로부터 일본인에게 친숙한 나무 중 하나이다. 일본의 옛 시가집《만요슈》가운데 매실나무를 노래한 시의 수를 헤아려보면 그 점을 잘 알 수 있다. 벚나무를 노래한 시가 40수이며 매실나무를 담은 시는 100수가 넘는다고 한다.

매실나무는 처음부터 일본에 자생하지는 않았으며 나라 시대(일본 역사에서 나라를 수도로 한 시대. 710~784—옮긴이) 이전에 전파된 것으로 추정한다. 매화를 감상하거나 매실을 얻기 위해 개량된 품종은 수백 종에 이른다. 이렇듯 매실나무라고 하면 애처로운 느낌의 하얀빛, 복숭앗빛 매화꽃이나 매실 절임과 매실주처럼 식용에 쓰이는 매실을 떠올리기 쉽지만 목재로도 쓰임새가 많은 나무이다.

과일나무 목재 특유의 매끄러운 목재 면과 진한 복숭앗빛 색조와 더불어 생각 외로 단단하다는 특징(졸참양목보다는 무르지만 고로쇠나무보다는 단단하다) 때문에 고급 다구나 염주, 주판알, 네쓰케(허리띠에 매달아 담배나 의약품을 휴대하는 일본 전통 장신구—옮긴이)와 같은 공예품의 재료로 쓰인다. 하지만 갈라지기 쉬운 탓에 판재는 얻기 힘들며 유통량도 적다. 가까운 종인 살구(P. armeniaca var. ansu)의 목재는 매실나무와 분위기가 비슷하지만 전체적으로 붉은빛이 도는 오렌지색 계통으로 다양한 색이 한데 어우러져 있다. 살구는 매실나무보다 조금 더 무르며 달콤한 향이 강하다. 두 목재를 섞어 놓고 가려내기란 전문가에게도 쉽지 않은 일이다.

◀ 매실나무로 만든 다선茶筅 통(작품: 가와무라 도시마사). 매실나무는 다구의 재료로 많이 사용된다. ❶ 나무껍질은 어두운색이다. 불규칙하게 세로로 갈라지며 표면이 거칠다. 늙은 나무에는 갈라짐이 선명하게 보인다. ❷ 매실나무는 작은키나무지만 높이 6~10m, 지름 60cm까지 성장하는 나무도 있다. 곧게 자라지 않고 구불구불 뻗어 나간다. 최근에는 자두곰보병 감염이 문제였다. 2~3월 무렵 잎이 나기 전에 꽃이 핀다. 6월 무렵 열매가 열린다. ❸ 잎은 달걀형이며 잎끝이 가느다랗게 삐쭉 나와 있다. 잎 가장자리에는 촘촘한 톱니가 있다. 잎 길이는 4~8cm, 폭은 3~5cm이다. 홑잎으로 어긋나기를 한다. 같은 속의 살구는 매실나무보다 잎의 폭이 넓고 전체적으로 둥글고 잎끝이 짤막하게 튀어나와 있다. ❹ 매실나무 목재로 만든 주판. 단단하고 뒤틀림이 적으며 나뭇결이 아름다워 주판알로 자주 쓰인다.

# 매화오리나무

| | |
|---|---|
| 일본명 | 료부令法, 하타쓰모리畑積/畑守/旗積 |
| 학 명 | *Clethra barbinervis* |
| 과 명 | 매화오리나무과(매화오리나무속) 갈잎넓은잎나무(산공재) |
| 분 포 | 한국 한라산 |
| | 일본 홋카이도(남부), 혼슈, 시코쿠, 규슈 |
| 비 중 | 0.74 |

심재와 변재를 구별하기가 의외로 어렵다. 전체적으로 흰색에 가까운 크림색이다. 나뭇결이 치밀하며 목재 면은 매끈하다. 조금 단단하고 잘 뒤틀리지 않는다. 가공하기 쉽고 마감이 깔끔해서 광택이 난다. 특별한 향은 나지 않는다. 상업 목적으로는 거의 유통되지 않는다.

## 나무껍질이 벗겨지면서 인상적인 흔적을 남기며 목재는 강인하고 매끈하다

진한 베이지색 나무껍질이 불규칙적으로 얇게 벗겨진 모습이 인상적이다. 원래의 나무껍질과 드러난 속껍질이 베이지색, 흰색, 암갈색 등으로 어우러져 얼룩무늬를 만든다. 표면은 매끈매끈하다. 배롱나무나 노각나무, 큰일본노각나무, 단풍버즘나무 등의 나무껍질도 비슷한 느낌이다. 이러한 나무와 구별하기 위해서는 잎을 관찰하면 된다. 매화오리나무는 잎 가장자리에 날카로운 톱니가 있다. 배롱나무에는 톱니가 없어 잎 가장자리가 밋밋하다. 노각나무나 큰일본노각나무의 톱니는 얕고 뭉툭하다. 단풍버즘나무는 잎이 크고 커다란 결각이 있다.

목재는 비중이 0.7대로 약간 무겁고 단단한 편이다. 목재 면이 매끈하고 윤이 나는 등 전체적인 질감은 동백나무와 닮았다. 판재로는 거의 사용하지 않지만 독특한 정취의 나무껍질을 살려 통째로 도코노마 기둥으로 쓰기도 한다. 강인함도 겸비하고 있어 의자 등받이나 도구(끌망치 등)의 자루 등으로도 쓰인다. 어린잎은 식용되며 예로부터 구황 식물로 알려져 있다.

◀ 마사코 의자. 목공 장인 마키노 분페이가 수필가 시라스 마사코의 의뢰를 받아 제작한 의자와 같은 디자인(현재, 마키노 씨의 자택에서 사용 중). 등받이나 다리 부분 등에 매화오리나무를 사용했다. 앉는 부분은 물참나무, 팔걸이는 밤나무. ❶ 높이 3~7m, 지름 5~25cm인 작은키나무. 뿌리 근처부터 나눠져 자랄 때가 많다. 6~8월에 작고 하얀 꽃들이 10~20cm 길이의 송이를 이루어 가지에 달린다(송이꽃차례). 10~11월에 지름이 3~4mm 정도인 편평한 공 모양의 열매(튀는 열매)가 무르익는다. ❷ 가운데 나무망치는 매화오리나무로 만들었다(작품: 마키노 분페이). ❸ 나무껍질은 매끈하며 얇게 벗겨진다. 벗겨진 부분을 만져 보면 반질반질하다. 살구색이나 갈색 등으로 얼룩무늬에 색이 있다. 배롱나무 등과 나무껍질이 비슷하다. ❹ 잎은 타원형이며 잎끝은 짧고 뾰족하다. 잎 길이는 6~15cm, 폭은 3~9cm 정도이다. 잎 가장자리에는 날카로운 톱니가 촘촘하게 나 있다. 잎 앞면에는 털이 없지만 뒷면의 잎맥 위에는 가는 털이 난다. 홑잎으로 어긋나기를 한다(자세히 보지 않으면 알기 어렵다).

# 멀구슬나무

| 일본명 | 센단栴檀, 아후치棟 |
|---|---|
| 학 명 | *Melia azedarach* |
| 과 명 | 멀구슬나무과(멀구슬나무속) 갈잎넓은잎나무(환공재) |
| 분 포 | 한국 전남, 경남, 제주도 |
| | 일본 혼슈(이즈 반도 이서), 시코쿠, 규슈, 오키나와 |
| 비 중 | 0.55~0.65 |

환공재의 특징대로 물관이 크고 나뭇결이 선명하다. 심재와 변재의 경계를 알기 쉽다. 심재는 붉은빛을 띤 갈색이며 하얀색 변재 부분은 무척 좁다. 단단하기가 적당해서 가공하기 쉽다. 무늬가 나올 때도 있다. 백단처럼 향이 나지는 않으며 특별히 향은 느껴지지 않는다.

## 따뜻한 해안가를 따라 자생하며 강렬한 붉은빛을 띤 목재가 인상적이다

일본에는 "센단栴檀은 떡잎부터 향기롭다"('될성부른 나무는 떡잎부터 알아본다'-옮긴이)라는 속담이 있다. 하지만 여기서 '센단'이란 멀구슬나무를 가리키는 말이 아니라 향목인 인도 원산의 백단白檀(단향과)을 일컫는 또 다른 이름이다. 멀구슬나무과의 멀구슬나무는 목재나 잎에서 아무런 냄새가 나지 않는다(꽃에서는 희미한 향이 난다).

목재의 심재 부분은 붉은빛이 도는 갈색으로 일본산 목재로는 상당히 강렬한 색상이다. 멀구슬나무보다 붉은색이 진한 참죽나무와 함께 쪽매붙임 세공이나 목상감에서 붉은 부분을 표현하는 데 사용된다(일본산이 아닌 붉은색이 진한 목재는 몇 가지 더 있다). 판재는 단단하기가 적당하고 가공하기 쉬워 가구재나 악기재로 쓰인다. 옻칠을 하면 느티나무와 흡사하므로 느티나무의 모방재로 쓰일 때도 있다. 일본 오키나와의 해안가에는 멀구슬나무가 줄지어 자라는데 이토만시의 어부들은 이 멀구슬나무로 베개를 뚜껑으로 한 '우미후조'라는 담뱃갑을 만들어 배를 탈 때 가지고 나간다.

잎은 겹잎으로 남천과 같은 2~3회 깃꼴겹잎이며 보기 드문 형태로 잎이 붙어나간다.

◀ 높이 7~15m, 지름 30~40cm 정도의 큰키나무. 높이 30m, 지름 1m 전후까지 자라는 나무도 있다. 주로 일본 시코쿠, 규슈, 오키나와의 해안가에서 자생한다. 성장이 빨라 규슈 등에서는 속성수速成樹로 조림을 시험 중이다. 5~6월 무렵 작고 옅은 보라색 꽃이 핀다. ❶ 멀구슬나무 소재의 사시모노식 상자. ❷ 멀구슬나무로 만든 우미후조(이토만 어부 공방·자료관 소장품). 오키나와현 이토만시의 어부가 사용했던 방수성 높은 담뱃갑. 동전을 넣어두거나 베개로 사용하기도 한다. 바닷물 속에서도 가라앉지 않는다. ❸ 어린나무의 나무껍질(왼쪽)은 옅은 갈색이며 표면에 밝은 색 잔무늬가 난다. 다 자란 나무(오른쪽)의 나무껍질은 회색이며 세로로 길게 갈라져 간다. ❹ 잎은 일본 나무 중에서는 드문 2~3회 깃꼴겹잎이다. 작은 잎이 대칭으로 날개처럼 마주나기를 하는 깃꼴겹잎이 2~3회 반복된다. 작은 잎은 잎끝이 좁아지는 타원 모양이다. 잎 가장자리에는 거친 결각이 있다. 잎 길이는 3~6cm 정도이다.

# 모밀잣밤나무류

| 일본명 | 시椎 |
|---|---|
| 학 명 | *Castanopsis sieboldii*(구실잣밤나무, 스다지, 이타지, 나가지)<br>*C. cuspidata*(모밀잣밤나무, 고지, 쓰부라지) |
| 과 명 | 참나무과(모밀잣밤나무속) 늘푸른넓은잎나무(방사공재) |
| 분 포 | 한국 구실잣밤나무: 전남, 경남, 제주도<br>　　　모밀잣밤나무: 남부 지역, 남쪽 섬(제주도, 남해도, 거제도, 완도, 흑산도<br>일본 혼슈(구실잣밤나무는 후쿠시마현·니가타현 이남,<br>　　　모밀잣밤나무는 이즈 반도 이남), 시코쿠, 규슈, 오키나와 |
| 비 중 | 구실잣밤나무 0.50~0.78, 모밀잣밤나무 0.52 |

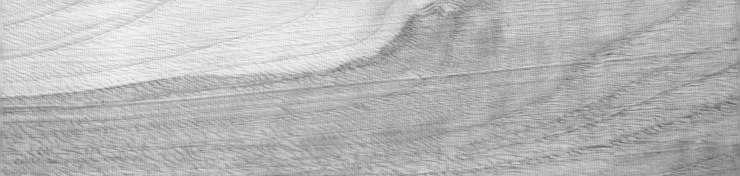

구실잣밤나무 목재. 목구면에 나이테가 확실하게 드러나며 그 윤곽이 물결 모양을 이룰 때가 많다. 수축률이 높아 건조 시 뒤틀리거나 갈라지기 쉽다. 내구성은 그다지 높지 않다. 이 때문에 목재로는 활약할 곳이 적다. 향은 특별히 나지 않는다.

# 변형되기 쉬워서 땔감이나 숯감 혹은 표고버섯의 재배 원목으로 쓰인다

구실잣밤나무와 모밀잣밤나무, 참나무과 리토카르푸스속의 돌참나무(마테바시馬刀葉椎, *Lithocarpus edulis*)의 일본 이름에는 모두 '모밀잣밤나무 추椎(일본 발음은 앞의 음가에 따라 '시'나 '지'—옮긴이)' 자가 쓰이지만 실제로 추목椎木이라는 나무는 없다. 구실잣밤나무와 모밀잣밤나무를 뭉뚱그려 가리키는 총칭일 뿐이다. 이 둘은 일본의 조엽수림에서 자라는 대표적인 나무이다. 이즈 제도의 미쿠라섬에 자리한 구실잣밤나무(지름 4m 이상, 추정 나무 나이 800년)처럼 긴 세월을 살아온 거목이 몇 그루나 현존한다.

구실잣밤나무는 잎과 열매가 모밀잣밤나무보다 크고 잎이 두껍다. 나무껍질은 세로로 갈라진다. 도토리(굳은 열매)는 가느다랗다. 모밀잣밤나무는 나무껍질이 거의 갈라지지 않고 도토리는 거의 원형이다.

일본 목재 유통 단계에서는 구실잣밤나무와 모밀잣밤나무를 통틀어 '시'라고 부를 때가 많다. 그렇지만 판재로 제재하여 건축재나 가구재로 사용하는 일은 거의 없다. 그 까닭은 단단하기는 하지만 건조 중에 심하게 갈라지거나 뒤틀리며, 목재 면이 거친 데다 내구성이 낮고 색상도 그다지 아름답지 않기 때문이다. 그래서 오래전부터 땔감이나 숯감으로 대량으로 쓰이거나 표고버섯의 재배 원목으로 사용된다. 드물기는 하지만 도구의 자루나 도코노마의 기둥으로 쓸 때도 있다.

◀ 구실잣밤나무. 높이 20m, 지름 60cm~1m 정도의 큰키나무. 높이 25m, 지름 4m 전후의 거목도 현존한다. 5~6월에 꽃이 피며 충매화(곤충이 꽃가루를 날라주는 꽃) 특유의 강렬한 향을 풍긴다. ❶ 모밀잣밤나무류의 얕은 골이 진 통나무를 사용한 도코노마 기둥(다케나카 목공 도구 박물관의 다실). 간혹 껍질째 기둥으로 쓰기도 하지만 골이 파인 나무를 쓰는 일은 드물다. ❷ 구실잣밤나무의 나무껍질. 세로로 깊고 뚜렷하게 갈라져 모자이크 모양이 된다. 모밀잣밤나무는 갈라짐이 거의 없다. ❸ 구실잣밤나무의 잎. 타원형으로 잎끝이 가느다랗게 나와 있고 끝은 뾰족하다. 잎 가장자리가 모두 밋밋한 잎과 잎끝 절반 정도만 물결 모양의 톱니가 난 잎이 있다. 잎 길이는 10cm 전후이며 폭은 3~4cm이다. 홑잎으로 어긋나기를 한다. 광택이 있어 은백색이나 금색으로 보이기도 한다.

# 목련

| | |
|---|---|
| 일본명 | 고부시辛夷, 야마아라라기, 고부시하지카미 |
| 학 명 | *Magnolia kobus* |
| 과 명 | 목련과(목련속) 갈잎넓은잎나무(산공재) |
| 분 포 | 한국 전역, 제주도(숲속에서 자생) |
| | 일본 홋카이도~규슈 |
| 비 중 | 0.45~0.63 |

무늬결                          곧은결

전체적으로 크림색을 띠며 심재와 변재를 구별하기 어렵다. 산공재로 같은 속인 일본목련과 분위기가 비슷하지만 그보다 조금 더 단단하고 가공성은 조금 떨어진다.

# 이른 봄에 좋은 향을 풍기는 하얀 꽃이 인상적이며 목재는 일본목련과 닮았다

목련이라고 하면 이른 봄에 피는 하얀 목련 꽃이 먼저 떠오른다. 나무 주위로 목련 꽃이 풍기는 달콤한 향이 감돈다. 벚나무류(왕벚나무)보다 일찍 꽃이 피며 잎도 벌어지기 전에 꽃을 피우는 모습이 인상적이다. 6장의 꽃잎으로 이루어진 꽃 아래로 자그마한 어린잎이 붙는다. 같은 속의 버들목련(M. salicifolia)은 서 있는 나무는 비슷하지만 꽃 아래에 잎이 붙지는 않는다. 일본 홋카이도에서 혼슈 북부에 걸쳐 나는 기타코부시北辛夷(M. kobus var. borealis)는 목련의 변종으로 여겨지기도 한다.

올록볼록한 열매 모양이 마치 쥔 주먹처럼 보였기에 일본에서는 목련을 고부시('주먹'이란 뜻—옮긴이)라고 부른다. 열매는 쪽꼬투리열매(씨앗이 여러 개 담긴 주머니 모양의 열매)로 한데 모여 달린다(이 모습에서 올록볼록한 쥔 주먹이 연상된다). 가을에 열매가 익으면 주머니가 벌어지면서 하얀 실처럼 생긴 자루에 매달린 새빨간 씨앗이 모습을 드러낸다.

목련의 목재는 얼핏 보기에는 일본목련과 비슷하지만 색상이나 가공성 등에서 일본목련보다는 낮게 평가된다. 하지만 목련의 섬세한 나무껍질을 그대로 살린 통나무는 어딘가 정취가 있어 다실의 도코노마 기둥으로 쓰일 때가 많다.

◀ 잎은 끝 쪽이 넓은 달걀형이며 잎 길이는 6∼13cm, 폭은 3∼6cm 정도이다. 홑잎으로 어긋나기를 한다. 잎의 앞면은 녹색이며 털이 없고 뒷면은 옅은 녹색에 잎맥 위로 털이 조금 나 있다. ❶ 높이 8∼10m, 지름 20∼30cm 정도가 대부분이지만 높이 15∼20m, 지름 70cm 정도까지 성장하는 나무도 있다. 3∼4월에 큼직한 흰색 꽃이 핀다. ❷ 다실에 사용한 목련 목재(다케나카 목공 도구 박물관의 다실 구조 모형). ❸ 나무껍질은 회색이며 표면은 의외로 매끄럽다. 늙은 나무에는 얕은 갈라짐이 생긴다.

# 물참나무

| | |
|---|---|
| 일본명 | 미즈나라水楢, 오나라 |
| 학 명 | *Quercus crispula* |
| 과 명 | 참나무과(참나무속) 갈잎넓은잎나무(환공재) |
| 분 포 | 한국 지리산 산중턱 및 산등성이, 제주도 |
| | 일본 홋카이도~규슈 |
| 비 중 | 0.45~0.90 |

무늬결

곧은결

나이테가 또렷하게 보인다. 심재와 변재는 명료하게 구별된다. 심재는 붉은빛이 도는 크림색이며 변재는 흰색에 가깝다. 목구면에는 방사조직이 있으며 곧은결 판재에서는 이 조직이 호랑이 등의 줄무늬처럼 보인다. 이를 호랑이 줄무늬라고 한다. 나이테의 폭에 따라 목재의 단단하기나 무게가 달라지며 비중 수치도 크게 차이 난다. 나이테 폭이 넓은 목재는 무겁고 단단하며 비중이 높다. 폭이 좁은 목재는 대개 비중 수치도 낮다. 물참나무 특유의 냄새가 희미하게 난다.

# 숲속에서도 당당히 치솟은 일본 넓은잎나무의 대표, 목재도 그칠 줄 모르는 인기를 뽐낸다

물참나무는 일본의 넓은잎나무를 대표하는 나무이다. 숲속에서는 존재감 있는 나무이며 목재로서도 양질의 재료로 소중하게 다뤄진다. 일본에서는 참나무과 참나무속의 나무 중 갈잎나무는 참나무류, 늘푸른나무는 가시나무류로 구분하기도 한다. 물참나무는 일본에서 자라는 참나무류 가운데 가장 큰 나무로 성장한다. 양지나무이므로 볕이 좋은 산지에 주로 분포하며 특히 홋카이도에서 많이 자란다. 같은 속의 졸참나무나 떡갈나무와 모습이 닮았지만 잎 등을 관찰하면 구분할 수 있다.

일본에서 '나라'라는 이름으로 유통되는 목재는 대부분 물참나무이다(일부는 졸참나무). 아름답고 차분한 나뭇결과 색상을 가졌으며 단단하기가 적당하고 가공하기 좋아 양질의 목재로 평판이 높다. 하지만 1950년대 이전까지는 일본에서 소비되기보다는 저가의 인치재(인치 단위로 제재한 목재)로 당시 평가가 좋던 유럽이나 미국으로 수출하는 목재가 대부분이었다. 홋카이도의 오타루항을 통해 수출되었기에 가구 제조사에서는 '오타루 오크'라고 부르기도 했다. 최근에는 가구나 합판재로 폭넓게 활용된다. 다만, 일본산 물참나무 목재는 많이 줄었고 유럽이나 북미, 중국 등지에서 들여오는 비중이 늘어나고 있다.

◀ 물참나무 목재로 만든 조각의자인 '매듭의자'(작품: 구보타 가구). 등받이 제외 42cm. ❶ 높이 20~30m, 지름 70cm~1m 정도의 큰키나무. 홋카이도에서는 평야에서 주로 자라며 혼슈 이남에서는 산지에서 자란다. 5~6월에 잎이 나는 시기에 함께 꽃이 핀다. 9~10월 무렵 길이가 2~3cm 정도인 타원형의 굳은 열매(도토리)가 여문다. 열매의 아래쪽은 비늘 모양의 둥근 깍정이로 싸여 있다. ❷ 나무껍질은 세로로 불규칙하게 갈라지며 세월이 흐를수록 골이 깊어진다. ❸ 잎은 타원형이며 잎 가장자리에 커다란 톱니가 있다. 잎끝과 가까운 쪽에서 최대 폭이 나온다. 잎 길이는 6~20cm, 폭은 5~10cm 정도이며 홑잎으로 어긋나기를 한다. 졸참나무의 잎과도 닮았지만 물참나무는 잎 가장자리의 톱니가 성기고 크며 잎자루가 아주 짧다. 같은 속의 떡갈나무는 잎의 길이가 30cm 정도로 크며 잎 가장자리에는 둥근 물결 모양의 톱니가 나 있다.

# 박달나무

| | |
|---|---|
| 일본명 | 오노오레칸바斧折樺, 오노오레, 미네바리 |
| 학 명 | *Betula schmidtii* |
| 과 명 | 자작나무과(자작나무속) 갈잎넓은잎나무(산공재) |
| 분 포 | 한국 전역(전라는 제외) |
| | 일본 혼슈(주부 지역 이북, 북쪽 해안가는 제외) |
| 비 중 | 0.94 |

목재 면이 일본왕자작나무처럼 치밀하다. 심재와 변재는 비교적 명확하게 구별된다. 심재는 붉은빛을 띤 크림색이다. 자작나무류 중 가장 단단하고 뒤틀림이 적다.

# 일부 지역에서만 자라는 도끼를 부러뜨릴 정도로 단단한 나무

박달나무는 목재가 매우 단단하며 비중이 1에 가깝다. 비중 수치로만 봐도 가시나무류나 조록나무와 함께 일본산 목재 중에서는 가장 단단한 축에 속한다. 이름에서도 그 특징이 드러나는데 일본 이름인 오노오레칸바는 '도끼를 부러뜨린 자작나무(총칭)'라는 뜻이다.

목재는 단단하고 틀어짐이 적다는 특징을 살려 말 썰매나 도구의 자루, 빗(기소 지역의 전통 빗인 오로쿠구시 등)을 만드는 데 쓰인다. 1940~50년대에는 박달나무를 사용한 마림바(미야카와 마림바)가 일본에서 큰 인기를 끌었고 최근까지도 유명 악기 제조사에서 제작되는 마림바에는 박달나무를 쓴다고 한다. 일본 효고현에서 생산되는 반슈 주판의 주판알로도 쓰이는데 이는 박달나무 목재가 단단할 뿐만 아니라 눈에 편안한 색과 결을 지녔기 때문이다. 날을 잘 세워 깎으면 선반 가공에도 적합하다. "날을 잘 갈아 두어도 다른 목재보다 빨리 마모되어 쉽게 날이 무뎌진다"(목공 장인).

일본 혼슈 주부 지역부터 도호쿠 지역에 걸쳐 표고 500~1,500m의 산지에서 자란다(북쪽 해안가는 제외). 자라는 범위가 좁아 좀처럼 눈에 띄지 않는다.

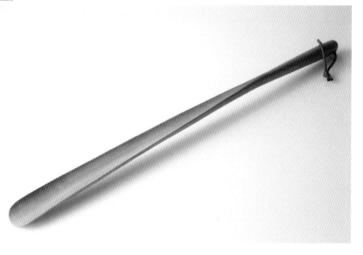

◀ 나무껍질은 어두운색이다. 어린나무는 표면이 비교적 평평하며 가로로 짧고 하얀 줄이 난다. 다 자란 나무와 늙은 나무를 보면 비늘이나 거북 등딱지 모양의 두꺼운 껍질이 일렁이는 듯한 느낌이 든다. ❶ 높이 15m, 지름 60~70cm까지 성장하는 큰키나무. 일본 혼슈 주부 지역~도호쿠 지역의 태평양 연안부터 내륙에 걸쳐 바위가 많은 산지(표고 500~1,500m)에서 자란다. 5월 무렵 잎이 나는 시기에 꽃을 피운다. ❷ 잎은 달걀형으로 잎끝이 뾰족하다. 잎 길이는 4~8cm, 폭은 2~4cm 정도이다. 잎 가장자리에는 촘촘한 톱니가 있다. 자작나무속 나무 중에서는 톱니가 제일 촘촘하다. 홑잎으로 어긋나기를 한다. ❸ 박달나무로 만든 구둣주걱(작품: 플럼 공방).

# 반들고무나무

| 일본명 | 가주마루榕樹, 가지마루 |
|---|---|
| 학 명 | *Ficus microcarpa* |
| 과 명 | 뽕나무과(무화과나무속) |
| | 늘푸른넓은잎나무(산공재) |
| 분 포 | 일본 야쿠섬, 남서 제도(오키나와 등) |
| 비 중 | 0.44~0.76 |

심재와 변재가 구분되지 않는다. 전체적으로 크림색이며 암갈색의 가느다란 줄이나 무늬가 있다. 재질은 무른 편이다. 쉽게 갈라져서 벌레가 들기 쉬워 관리하기 어려운 목재이다. 향은 특별히 나지 않는다.

# 기지무나가 깃든다고 하는 오키나와에서는 친근하고 대중적인 나무

세월을 거듭한 반들고무나무에 다가서면 무척 복잡하고 기이한 형상과 마주하게 된다. 줄기와 가지에서 내려온 공기뿌리는 지면에 닿으면 급속히 굵어져 받침뿌리로 변한다. 이들이 얼기설기 뒤엉키면서 어디가 줄기이고 어디가 뿌리인지 분간할 수 없는 모양새로 자라난다.

오키나와에는 아이 모습을 하고 장난치기를 좋아하는 '기지무나'라는 정령에 대한 전설이 있다. 기지무나는 오래된 반들고무나무에 깃든다고 전해오는데 그 말이 사실로 여겨질 만큼 신령스러운 분위기가 감돈다. 반들고무나무가 자라는 지역의 사람들에게는 어릴 적부터 자주 접하게 되는 친근한 나무이다.

가까운 종인 화려용華麗榕(F. superba var. japonica)과 닮았지만 잎을 보면 쉽게 구분할 수 있다. 화려용의 잎은 긴 타원형이며 잎몸의 길이가 15~20cm, 잎자루는 3~6cm 정도로 길다. 반들고무나무 잎은 타원형으로 잎몸 길이가 최대 10cm, 잎자루는 1~2cm로 짧다.

목재는 무르고(바늘잎나무의 소나무와 견주며 넓은잎나무의 옻나무와도 비슷하다) 가공하기 쉽다. 다만, 날을 잘 갈아 쓰지 않으면 잘린 면이 거칠어지기 쉽다. 류큐칠기의 백골 재료 등으로 쓰인다.

◀ 받침뿌리와 줄기나 가지에서 내려온 공기뿌리가 뒤엉켜 복잡하고 기이한 형상을 만든다. ❶ 반들고무나무 목재를 갈이틀로 가공한 후 투명 옻칠로 마감한 차통(오키나와현 공예 진흥 센터 소장품). 지름 6cm, 높이 6cm. ❷ 나무껍질은 회색이다. 표면은 까칠까칠하지만 비교적 매끄러운 편이다. ❸ 잎은 타원형으로 잎끝이 짤막하게 튀어나왔지만 뾰족하지는 않다. 잎 길이는 4~10cm, 폭은 2~5cm 정도이다. 잎 가장자리는 톱니가 없이 밋밋하다. 잎을 만져보면 여느 늘푸른나무의 잎처럼 두툼하다. 홑잎으로 어긋나기를 한다. ❹ 높이 10~20m까지 성장하는 큰키나무. 일본의 오키나와나 아마미 지역에서는 가로수나 방풍림으로 심으며 공원이나 학교 등에서도 흔히 볼 수 있다. 겉모습만으로는 꽃이 폈는지 알 수 없다. '꽃 주머니'라고 하는 옅은 녹색의 작고 둥근 주머니 속에서 꽃을 피운다.

# 밤나무

| | |
|---|---|
| 일본명 | 구리栗, 시바구리, 야마구리 |
| 학 명 | *Castanea crenata* |
| 과 명 | 참나무과(밤나무속) 갈잎넓은잎나무(환공재) |
| 분 포 | 한국 전역 |
| | 일본 홋카이도(남부)~규슈 |
| 비 중 | 0.60 |

무늬결       곧은결

목재 면은 전형적인 환공재의 특징을 보인다. 나이테 경계 근처에 큰 물관이 줄지어 있어 나이테가 뚜렷하게 보인다. 황토색 심재와 흰색 변재는 구분이 명확하다. 단단하기는 보통이며 물에 내구성이 있다. 끈기가 있고 거의 변형되거나 갈라지지 않는다. 들메나무와 나뭇결이 비슷하지만 밤나무의 나뭇결이 조금 더 선명하다. 달콤하고 씁쓸한 향이 은은하게 난다.

# 뛰어난 내구성과 보존성을 가진 목재로 조몬 시대부터 활약해왔다

밤나무라고 하면 삐쭉삐쭉한 밤송이로 둘러싸인 열매가 먼저 떠오른다. 밤 열매는 태곳적부터 전 세계 사람들의 귀중한 식재료였다. 일본 곳곳에서도 활발하게 재배된다. 일본에서 가장 유명한 품종은 단바 지역을 기원으로 하는 단바구리이다. 재배종과 구별하기 위해 야생종은 시바구리('잡스런 밤나무'라는 뜻—옮긴이)나 야마구리('산에서 나는 밤나무'라는 뜻—옮긴이)라고 부른다.

목재 또한 고대부터 많이 사용되었다. 단단하기가 좋고(벚나무나 개물푸레나무와 비슷하다) 물에 대한 내구성과 보존성이 매우 높고 벌레에도 강하며 끈기가 있어 뒤틀림이나 갈라짐이 적기 때문이다. 높은 타닌tannin 함유량이 뛰어난 내구성의 비밀이다.

일본 조몬 시대의 유적에서도 건축물의 토대로 사용했던 밤나무의 흔적이 발견되었다(산나이마루산 유적 등). 방부제 처리를 하지 않아도 끄떡없어 대량으로 쓰이는 철도의 침목이나 토목재로도 더할 나위 없었다. 공예품에도 자주 쓰이는데 힘 있는 나뭇결을 살린 작품이 많다. 투명 옻칠로 마감하면 무척 잘 어울린다.

서 있는 나무는 참나무과 참나무속의 상수리나무나 굴참나무와 닮았지만 잎과 나무껍질 등을 비교하면 구별할 수 있다(*잎과 나무껍질의 사진 설명을 참조).

◀ 높이 15~20m, 지름 30~40cm 정도의 큰키나무. 지름 1m 이상으로 성장하는 나무도 있다. 6~7월에 핀 꽃에서는 특유의 냄새가 난다. ❶ 다 자란 나무의 나무껍질은 세로로 깊게 갈라진다. 어린나무는 비교적 평평한 표면에 마름모꼴의 작은 점들이 흩어져 있다. 비슷한 굴참나무의 나무껍질은 코르크 재질로 탄력이 있고 누르면 살짝 들어간다. ❷ 잎은 가느다란 타원형이며 잎끝이 뾰족하다. 잎 길이는 8~15cm, 폭은 3~4cm 정도이다. 홑잎으로 어긋나기를 한다. 잎 가장자리에는 잎맥이 끝나는 부분에 짧은 톱니가 있다. 잎 앞면은 진한 녹색으로 광택이 있고 뒷면은 옅은 녹색이다. 밤나무를 닮은 상수리나무와는 톱니로 구별한다. 밤나무의 톱니는 끝까지 녹색이지만 상수리나무의 톱니 끝은 다른 부분보다 색이 연하며 잎 모양이 가늘다. ❸ 자귀로 깎은 흔적을 남긴 밤나무로 제작한 문. 이처럼 일부러 흔적을 남기는 가공 기법을 '나구리'라고 한다. ❹ 밤나무를 깎아 만든 와가탄본(밤나무의 생나무로 만든 그릇—옮긴이) 방식의 깊은 그릇(작품: 쓰쿠다 신고).

# 배롱나무

| | |
|---|---|
| 일본명 | 사루스베리猿滑り, 햐쿠지쓰코百日紅 |
| 학 명 | *Lagerstroemia indica* |
| 과 명 | 부처꽃과(배롱나무속) 갈잎넓은잎나무(산공재) |
| 분 포 | 한국 충청, 전라, 경상 |
| | 일본 전역(홋카이도에는 드문 편), 중국 원산 |
| 비 중 | 0.85 |

커다란 목재는 얻지 못하지만 꽤 좋은 목재이다. 목재 면이 치밀하고 나무 표면과 마찬가지로 매끈매끈하다. 심재와 변재의 경계는 뚜렷하지 않다. 전체적으로 노란빛을 띤 크림색이다. 단단하고 끈기 있지만 잘 손질한 날을 사용하면 절삭 및 갈이틀 가공도 문제없다. "최근에 갈이틀로 주로 층층나무를 깎던 한 장인이 배롱나무를 깎아보더니 이렇게 단단한 나무는 처음이라며 무척 놀랐다"(평소에 늘 배롱나무를 다루는 장난감 장인).

## 나무껍질도 목재 면도 매끈매끈, 가련한 꽃은 100일 동안 지지 않는다

배롱나무의 가장 큰 특징은 나무 표면이 매끈하다는 점이다. 원숭이가 미끄러질 정도였는데 일본에서는 그 광경을 떠올리듯 배롱나무를 사루스베리(원숭이가 미끄러진다는 뜻-옮긴이)라고 부른다. 배롱나무를 백일홍百日紅이라고도 하는데 100일 동안이나 빨간 꽃이 지지 않는다는 의미이다. 실제로는 7~10월에 걸쳐 빨간색, 복숭아색, 흰색 등 화려한 색의 꽃이 핀다. 원래는 중국 원산이며 에도 시대에 전파되었다고 전해진다. 아름다운 꽃이 장기간 피므로 일본 각지의 사원 등에 정원수로 심으면서 차츰 퍼져 나갔다.

목재는 비중 수치에서도 알 수 있듯이 꽤 단단한 편이다. 끈기가 있고 나무 표면과 마찬가지로 목재 면이 매끈하며 내구성도 뛰어나다. 대량으로 유통되는 목재는 아니지만 일부에서는 양질의 목재로 취급된다. 마구 다뤄지는 장난감이 그 좋은 예이다. 튼튼하고 끈기가 강한 점을 살려 이세장난감(일본 미에현)에서 제작되는 팽이나 죽방울의 재료로 쓰인다. 나무껍질을 그대로 살려 다실의 기둥으로 삼기도 한다. 배롱나무 표면의 색상과 얼룩은 일본의 전통적인 공간과도 무척 잘 어울린다.

◀ 나무껍질이 얇게 벗겨지면서 표면이 매끈매끈해진다. 전체적으로 흐린 노란색이며 엷은 얼룩 모양이 있다. 노각나무, 매화오리나무, 큰일본노각나무 등의 나무껍질과도 분위기가 비슷하다. 남방배롱나무의 나무껍질에는 얼룩 모양이 도드라진다. ❶ 높이 3~7m, 지름 10여cm 정도의 떨기나무. 높이 10m, 지름 30cm 정도까지 성장하는 나무도 있다. 휘어 자란 나무가 많다. ❷ 잎은 동그스름한 타원형이며 잎끝이 뾰족한 잎과 그리 뾰족하지 않은 잎으로 나뉜다. 잎 길이는 3~6cm, 폭은 2~3cm 정도이다. 홑잎으로 어긋나기(가지 좌우를 번갈아가며 한쪽에 잎이 2장씩 달리는 상산형 잎차례)를 하거나 마주나기를 한다. 잎 가장자리는 밋밋하다. ❸ 같은 속의 남방배롱나무(L. subcostata). 야쿠섬이나 다네가섬 등 주로 섬에서 자라므로 일본에서는 시마사루스베리('섬 배롱나무'를 의미-옮긴이)라고 부른다. 배롱나무보다 크게 자란다. ❹ 배롱나무를 갈이틀로 깎아 만든 이세장난감의 요요와 팽이(작품: 하타이 공방). 표면이 매끈해서 실로 요요를 돌리기에 알맞다.

# 벗나무

| 일본명 | 야마자쿠라山櫻 |
| --- | --- |
| 학 명 | *Cerasus jamasakura*(이명: *Prunus jamasakura*) |
| 과 명 | 장미과(벗나무속) 갈잎넓은잎나무(산공재) |
| 분 포 | 한국 전역 |
| | 일본 혼슈(미야기현·니가타현 이남), 시코쿠, 규슈 |
| 비 중 | 0.62 |

목재 면이 치밀하고 매끄럽다. 나이테는 뚜렷하지 않다. 심재의 색은 노란색, 녹색, 옅은 분홍색이 곳곳에서 다채롭게 어우러진다. 시간이 지날수록 조청처럼 투명한 황갈색으로 변해간다. 목질은 단단하기가 좋고 끈기가 있다. 잘 변형되지 않으며 가공하기도 쉽다. 표면은 깨끗하게 마감된다. 달콤한 향이 난다. 자작나무류와 색 등이 닮았기에 자작나무류의 목재가 벚나무류의 목재로 유통될 때가 많다.

## 붉은빛이 도는 꽃을 피우는 천연 벚나무의 목재는 우키요에의 판목이나 과자의 틀로 쓰인다

벚나무류에는 자연히 생겨난 천연종과 왕벚나무처럼 교배로 만들어진 원예 품종(통틀어서 '사토자쿠라'라고 부른다)이 있다. 벚나무는 일본에 자생하는 천연종으로 볕이 잘 드는 땅에서 나고 자란다. 가까운 종인 산벚나무(C. sargentii)는 일본 홋카이도에서 주로 나고 자라며 일본에서는 '오야마자쿠라'나 '에조야마자쿠라'라고 부른다.

왕벚나무와 벚나무는 꽃이 필 때 잎의 생태에 커다란 차이가 있다. 왕벚나무는 잎이 나기 전에 꽃이 피며 벚나무는 잎이 나올 때 함께 꽃이 핀다. 벚나무 꽃에 감도는 옅은 붉은빛과 어린잎이 내는 연둣빛이 어우러져 아름다운 장면을 만들지만 왕벚나무가 보이는 벚꽃놀이 풍경과는 사뭇 다르다.

목재는 단단하기가 적당하고 끈기 있으며 잘 뒤틀리지 않고 목재 면이 매끈하다. 이러한 특징을 살려 가구를 비롯해 다양한 용도로 사용된다. 그중에서도 우키요에나 경문 등에 쓰이는 판목이나 일본 전통 과자의 틀 등의 재료로 중요하게 사용된다. 우키요에 판화는 한 그림을 완성하기 위해 몇 번씩이나 다른 색의 판을 겹쳐 찍는데 이 때 조금이라도 어긋나거나 틀어진다면 작품을 망치고 만다. 따라서 우키요에의 판목은 반복해서 찍어도 조각 면이 상하지 않아야 하는데 벚나무 목재는 이 같은 섬세한 작업에도 대응할 수 있는 최적의 재료로 여겨진다.

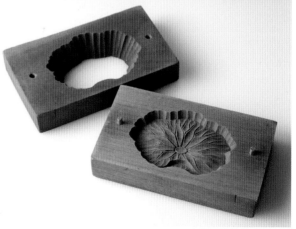

◀ 벚나무 소재의 우키요에 판목(작품: 오쿠라 한베 3대째). 한 장의 그림을 완성하기 위해 색별로 조각한 적판, 청판 등을 한곳에 정확하게 겹쳐 찍어야 한다. ❶ 높이 15~20m, 지름 50~60cm 정도의 큰키나무. 3~4월에 새잎이 벌어질 때쯤 붉은빛을 띤 꽃이 함께 핀다(왕벚나무는 잎이 나기 전에 꽃이 핀다). 5~6월에 지름 1cm가 채 되지 않는 둥근 열매(씨열매)가 검자줏빛으로 무르익는다. ❷ 나무껍질도 붉은빛을 띠며 표면에는 가로로 줄무늬가 생긴다. 늙은 나무는 검게 변한다. ❸ 잎은 달걀형~타원형이며 잎끝이 가느다랗게 삐쭉 나와 있다. 잎 길이는 8~12cm, 폭은 3~5cm 정도이며 홑잎으로 어긋나기를 한다. 잎 가장자리에는 자잘하고 날카로운 톱니가 있다. 양면 모두 털이 없으며 뒷면은 흰색이다(왕벚나무는 벚나무만큼 희지 않다). ❹ 일본 전통 과자를 찍는 틀의 재료로도 벚나무가 사용된다.

# 보리수나무류

| 일본명 | 구미茱萸 |
| --- | --- |
| 학 명 | *Elaeagnus pungens*(풍겐스보리장나무, 나와시로구미苗代茱萸)<br>*E. umbellata*(보리수나무, 아키구미) |
| 과 명 | 보리수나무과(보리수나무속) * 모두 산공재<br>풍겐스보리장나무, 보리장나무(쓰루구미): 늘푸른넓은잎나무<br>보리수나무, 뜰보리수(나쓰구미): 갈잎넓은잎나무 |
| 분 포 | 풍겐스보리장나무: 일본 혼슈(중남부), 시코쿠, 규슈<br>보리수나무: 한국 강원, 경기, 충북, 경상, 전라, 제주도<br>일본 홋카이도(남부), 혼슈, 시코쿠, 규슈 |
| 비 중 | 0.75* |

보리수나무의 제재목. 나뭇결이 촘촘하고 목재 면이 치밀하다. 엷은 노란빛을 띤 크림색이다. 끈기가 강하고 감촉이 좋아 끌이나 끌망치 같은 도구의 자루로 쓰인다. 커다란 목재는 얻지 못한다.

# 끌의 자루로 쓰이는 끈기 강하고 감촉 좋은 목재

보리수나무과 보리수나무속의 나무는 아시아, 유럽 등지에 수십 종이 자란다. 일본에도 몇 종이 자라는데 열매를 맺는 시기나 잎의 생태 등은 각각 다르다. 풍겐스보리장나무나 보리장나무 등은 주로 따뜻한 혼슈 주부 지역 이서에 분포하는 늘푸른나무이며, 보리수나무나 뜰보리수는 홋카이도 남부 이남에서 자라는 갈잎나무이다. 보리수나무는 일본에서 아키구미('가을 보리수나무'라는 뜻—옮긴이)라고 부르는데 이름대로 가을(9~10월)이면 동그란 열매가 빨갛게 익는다. 나쓰구미('여름 보리수나무'라는 뜻—옮긴이)라고 불리는 뜰보리수는 초여름(5~6월)에 타원형의 열매를 맺는다.

잘 알려진 목재는 아니지만 끌이나 끌망치 등 도구의 자루로 사용된다. 특히, 날붙이의 생산지로 유명한 일본 효고현 하리마정에서 제작된 끌에는 보리수나무류가 자주 쓰인다. 날붙이를 취급하는 사람들 사이에서는 보리수나무류를 쓴 자루의 평판이 높다. 그 이유로는 단단하기가 적당하고 끈기가 강하다는 점과 목재 면이 치밀해서 감촉이 좋다는 점, 노란빛이 도는 크림색의 색상이 좋다는 점 등을 들 수 있다. 목재를 날로 깎을 때 손에 전해지는 충격을 누그러뜨리는 효과도 있다고 한다. 다양한 종의 보리수나무류를 구분하지 않고 목재로 가공하기 때문에 특정 나무 이름으로 목재를 칭하는 경우는 없다.

◀ 자루 부분에 보리수나무류의 목재를 쓴 끌(다케나카 목공 도구 박물관 소장품). ❶ 풍겐스보리장나무. 높이 2~3m의 늘푸른작은키나무. 5월 무렵 못자리(일본어로 '우나시로'—옮긴이)를 마련할 때쯤 열매가 열리므로 일본에서는 우나시로구미라고 불린다. 10~11월에 엷은 노란색의 자그마한 꽃이 핀다. 보리수나무는 4~5월에 꽃이 피고 9~10월에 열매가 익는다. ❷ 풍겐스보리장나무의 나무껍질. 작은 점들이 흩어져 난다. 늙은 나무가 되면 가로로 갈라지며 벗겨진다. ❸ 풍겐스보리장나무의 잎. 가느다란 타원형으로 잎 길이는 5~10cm 정도이며 홑잎으로 어긋나기를 한다. 잎끝이 약간 튀어나온 잎과 거의 튀어나오지 않은 잎이 있다. 잎 가장자리는 물결꼴이다. 잎의 촉감은 단단하고 잎 앞면은 옅은 녹색으로 광택이 있다. ❹ 잎 뒷면은 은색이며 광택이 없다.

# 복목

| | |
|---|---|
| 일본명 | 후쿠기福木, 후쿠지, 푸쿠귀, 가지키(아마미 지역에서의 명칭) |
| 학 명 | *Garcinia subelliptica* |
| 과 명 | 클루시아과(복목속) |
| | 늘푸른넓은잎나무(산공재) |
| 분 포 | 일본 오키나와, 아마미 군도, 필리핀 원산 |
| 비 중 | 0.70 |

섬세한 나뭇결과 목재의 옅은 노란색이 특징적이다. 비중 수치는 0.70으로 꽤 단단하며 내구성이 높다. 건조하기 어렵고 쉽게 변형되며 갈라지기도 한다. 벌레가 끼기 쉽다. 나뭇결이 치밀해서 갈이틀 가공이 수월하며 매끈하게 마감된다. 소품 등을 만들기에 적합하다.

## 방풍림이나 방화림 역할을 하는 가로수, 열매는 큰박쥐류가 특히 좋아한다

오키나와에서 복목은 방풍·방조·방화림이나 가로수로 많이 심기 때문에 어디에서나 손쉽게 볼 수 있다. 나란히 심어두면 무성해진 두꺼운 잎이 녹색 장벽이 되어 바람이나 불을 막는 역할을 한다. 곧은 뿌리가 땅 밑 깊숙이 뻗어 거센 바람에도 끄떡없고 건물을 상하게 하는 일도 거의 없다. 줄기가 곧아서 가로수로도 적당하다. 이 같은 이유로 마을의 민가에서는 마당에 복목을 심기도 했다. 일본 오키나와현 모토부정에 위치한 비세 마을은 복목 가로수길이 유명한 관광 명소이다. 이처럼 복목은 오키나와의 현지인에게는 친근한 나무이다. 여름과 가을에 걸쳐 노랗게 익은 열매는 큰박쥐류의 먹이가 된다. 바닥에 떨어져 썩은 열매에서는 심한 악취가 난다.

목재는 건조하기 까다롭고 쉽게 변형되며 벌레도 많이 끼지만 가공하기는 그리 어렵지 않다. 단단하기가 적당하고 내구성도 있다. 성장이 느린 만큼 나뭇결이 치밀하다. 한때, 오키나와에 목재가 부족했던 시기에는 최상급 목재는 아니었어도 건축재로 쓰기 위해 많은 나무가 벌채되었다. 나무껍질에서 추출한 노란색 물감은 빈가타(오키나와의 전통 염색 기법)에 쓰인다.

◀ 높이 7~20m, 지름 50~80cm까지 성장하는 늘푸른큰키나무. 줄기는 거의 곧게 뻗으며 성장은 느린 편이다. 오키나와 곳곳의 마당이나 길가에 심는다. 5~6월에 노란빛이 도는 흰색의 작은 꽃을 피운다. ❶ 8~10월 무렵 지름 3~5mm의 열매(씨열매)가 노랗게 익는다. 열매의 중심에는 커다란 씨가 몇 개쯤 들어있다. 식용으로는 알맞지 않지만 큰박쥐류는 즐겨 먹는다. ❷ 나무껍질은 회색이며 평평하고 매끄러운 표면에 자잘한 무늬가 생긴다. ❸ 잎은 타원형으로 잎끝이 뭉툭하고 안쪽으로 조금 파여 있다. 잎 길이는 8~15cm 정도이며 잎 가장자리는 밋밋하다. 주맥이 아주 선명하다. 두껍고 튼실한 잎 앞면에는 광택이 있으며 양면 모두 털이 없다. 홑잎으로 마주나기를 한다. ❹ 복목 소재의 젓가락과 투명 옻칠로 마감한 포크. 위쪽의 두 점은 스푼용으로 마름질한 목재(작품: 공방 누리톤).

# 붉가시나무

| | |
|---|---|
| 일본명 | 아카가시赤樫, 오가시, 오바가시 |
| 학 명 | *Quercus acuta* |
| 과 명 | 참나무과(참나무속) 늘푸른넓은잎나무(방사공재) |
| 분 포 | 한국 전남, 경북, 제주도 |
| | 일본 혼슈(니가타현·후쿠시마현 이남), 시코쿠, 규슈 |
| 비 중 | 0.80~1.05 |

이름대로 목재는 붉은빛을 띤다. "가시나무와는 색으로 구별한다"(목재상). 나이테는 그다지 뚜렷하지 않고 심재와 변재의 구별도 어렵다. 희끄무레한 얼룩이 눈에 띈다. 매우 단단하며 끈기가 있다. 향은 거의 나지 않는다.

# 발군의 단단함과 무게를 살려 갖은 용도로 쓰이는 유용한 목재

여러 종의 가시나무류가 일본에서 자라지만 붉가시나무는 가시나무와 함께 그들의 대표격으로 목재가 붉어 이 같은 이름이 붙었다.

가시나무류의 목재는 대개 단단하고 무거운 것이 특징이다. 일본에서는 가시나무류의 나무 이름에 나무 목木 변에 단단할 견堅을 합친 떡갈나무 견欅 자를 쓰는데 여기서도 목재의 성격이 잘 드러난다. 붉가시나무는 가시나무보다 단단하고 비중이 1 전후로 높아 일본 목재 중에서는 가장 단단하고 무거운 편이다(류큐흑단, 조록나무와도 견준다). 물에 강하고 뒤틀림도 적다. 이러한 특징 때문에 고대부터 다양한 용도로 사용되었다. 그 예로는 조몬 시대의 돌도끼 자루, 야요이 시대의 괭이나 가래 같은 농기구, 딱따기, 목도, 주판 테와 주판알, 배의 부재료, 수레바퀴, 대팻집 등이 있다. 단단해서 가공이 어렵고 건조 중에 변화가 많은 편이다. 좋은 목재는 주로 미나미큐슈의 산지에서 나오는데 개가시나무가 섞여 있을 때도 있다.

붉가시나무는 일본에서 오가시('큰 가시나무'라는 뜻―옮긴이)로 불릴 만큼 가시나무류 나무 중 가장 크게 자란다. 높이가 20m를 넘는 나무도 있다. 좁고 길쭉한 타원형 잎은 가장자리가 밋밋한데 이는 다른 가시나무류에서는 찾아볼 수 없는 특징이다(다른 가시나무류는 정도만 조금씩 다를 뿐 잎 가장자리에 톱니가 있다).

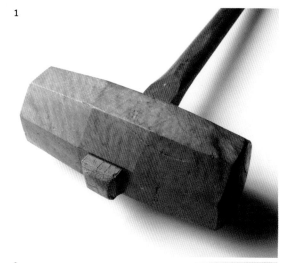

◀ 가시나무류 중 가장 높게 자란다. 높이 20~25m, 지름 1m까지도 성장한다. 5~6월에 꽃을 피운다. ❶ 붉가시나무로 만든 큰 메(말뚝 등을 박는 망치)(다케나카 목공 도구 박물관 소장품). ❷ 붉가시나무로 만든 곧날대패. 목재를 자른 면에 대팻집 밑을 대고 다듬는다. 대팻날은 90도로 세워 사용한다. 묵직하고 뒤틀림이 적은 가시나무류는 대팻집 재료로 알맞다(다케나카 목공 도구 박물관 소장품). ❸ 다 자란 나무의 나무껍질. 어린나무일 때는 회색이지만 늙은 나무가 되면 점차 짙은 녹색에 가까워지며(약간 불그스레한 부분도 있다) 비늘 모양으로 벗겨져 떨어진다. ❹ 길이 7~20cm, 최대 폭 5cm 정도로 잎은 큰 편이다(가시나무의 잎은 작은 편). 잎끝은 가늘고 길쭉하며 뾰족하다. 홑잎으로 어긋나기를 한다. 가시나무류 가운데 유독 잎 가장자리가 밋밋하다. 모양이 흡사한 쓰쿠바네가시(Q. sessilifolia)의 잎은 조금 작은 편이며 잎끝 근처 가장자리에 잔 톱니가 있다.

# 비스코피아 야바니카

| 일본명 | 아카기赤木, 아칸, 아하기 |
|---|---|
| 학 명 | *Bischofia javanica* |
| 과 명 | 여우주머니과[대극과](비스코피아속) |
| | 늘푸른[반늘푸른]넓은잎나무(산공재) |
| 분 포 | 일본 오키나와, 오가사와라 제도(외래종) |
| 비 중 | 0.70~0.80 |

나뭇결이 잘 보이지 않는다. 목재에 감도는 붉은빛이 인상적이다. 건조할 때는 꽤 변형이 심하지만 건조 후 가공하기는 쉽다. 표면이 매끈하며 마감이 깔끔하다. 은은한 향을 느낄 수 있다. 오키나와 외에는 목재를 유통하는 곳이 거의 없다.

## 나무껍질과 열매, 목재까지 모두 붉은 나무

오키나와를 대표하는 나무인 비스코피아 야바니카는 목재와 수액이 지닌 진한 적갈색이 무척 인상적이다. 서 있는 나무의 나무껍질도 붉은빛을 띤다. 일본에서 아카기('붉은 나무'라는 뜻―옮긴이)로 불리는 까닭도 아마 그 강렬한 색상 때문일 것이다(그 밖에도 다양한 향명이 있다). 가을에도 역시 둥근 열매가 붉게 익어 들새의 먹이가 된다. 오키나와의 길가나 공원, 학교 등 주변에서 흔히 접할 수 있는 현지인에게는 친근하고 정겨운 나무이다. 그런 반면에 오가사와라 제도에서는 외래종인 비스코피아 야바니카의 확산을 막는 활동이 진행 중이다.

목재는 수축이 심해 건조하기가 까다롭다. 그럼에도 목재의 붉은빛을 살린 목공 작품은 꾸준히 제작되고 있다. 오키나와에 사는 목공 장인 야기 마사히로는 비스코피아 야바니카로 책상 등의 가구를 제작한다. 벌채 즉시 통나무째 1년간 물에 담갔다 건조하면 갈라지지 않는다고 귀띔하며 이 같은 말도 덧붙였다. "그런 과정을 거치고 난 후에는 거의 변형되지 않는다. 목재가 단단하지만 대패질은 수월한 편이다. 엇결이 적은 탓도 있다. 도쿄에서 전시회를 열 때면 방문객이 목재를 붉게 칠했느냐고 묻곤 하는데 비스코피아 야바니카 본연의 색이라고 답하면 무척 놀란다."

◀ 높이 10~15m까지 성장하는 큰키나무. 가을에는 포도송이처럼 동그란 열매(지름 1cm 전후)가 알알이 열린다. 2~5월 무렵에 녹황색의 자그마한 꽃이 핀다. ❶ 나무껍질에 붉은빛이 돈다. 어린나무의 표면은 매끈하지만 자랄수록 얕은 골이 지며 벗겨지기 쉽다. 나무껍질에서 적갈색 감을 추출해 오키나와의 전통 직물인 민사에 색을 입힌다. ❷ 잎자루 끝에 작은 잎이 3장 붙는다(세겹잎). 작은 잎은 달걀형~타원형이며 길이는 8~15cm 정도이다. 잎 가장자리에 그리 날카롭지 않은 톱니가 있다. 잎끝은 뾰족하며 어긋나기를 한다. 일본에서 가장 큰 나방인 요나구니산의 유충은 비스코피아 야바니카의 어린잎을 특히 좋아한다. ❸ 비스코피아 야바니카로 만든 책상(작품: 야기 마시히로). 오일로 마감.

# 비자나무

| | |
|---|---|
| 일본명 | 가야榧, 혼가야 |
| 학 명 | *Torreya nucifera* |
| 과 명 | 주목과(비자나무속) 늘푸른바늘잎나무 |
| 분 포 | 한국 전북 내장산 이남 |
| | 일본 혼슈(미야기현 이남), 시코쿠, 규슈(야쿠섬까지) |
| 비 중 | 0.53 |

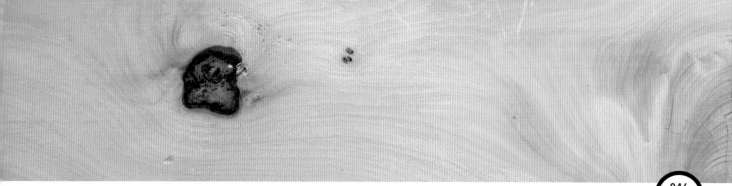

나뭇결이 곧고 목재 면이 치밀하다. 성장이 더디므로 나이테는 대체로 폭이 좁다. 절삭가공이나 대패 작업이 수월하다. 갈이틀을 이용한 선반 가공에서는 잘 갈아 둔 날을 사용하지 않으면 잘린 면이 깨끗하게 마감되지 않는다. 물이나 흰개미에 강하며 탄력이 있다. 노란 색조가 눈길을 끈다. 특유의 달콤한 향이 나는데 캐러 멜 향이나 시나몬 향과 비슷하다는 등 저마다 감상은 다양하다.

## 탄력 좋은 목재를 내는 곧게 쭉 뻗은 거목

비자나무는 시간을 들여 곧게 성장하는 거목이므로 커다란 목재를 얻을 수 있다. 나뭇결은 대개 곧바르며 바늘잎나무 중에서는 꽤 단단한 편이다. 물과 흰개미에 강하며 내구성이 높고 탄력 있다. 절삭가공에도 알맞아 좋은 목재의 조건을 두루 갖춘 셈이다. 특히, 일본 미나미큐슈의 효가 지역에서 자란 효가 비자나무는 최고급 바둑판과 장기판의 재료로 유명하다. 수천만 원에서 1억 원을 호가하는 효가 비자나무 바둑판이 시중에서 판매된다. 그 까닭으로 바둑판에 적합한 탄력 있고 곧은 나뭇결을 주로 꼽지만 효가 비자나무의 매력적인 색상도 빼놓을 수 없다. "바둑판에 돌을 놓으면 고무 같은 탄력이 느껴진다. 손가락이 아플 일도 없다. 기름기가 있어 바둑 줄도 오래간다(먹선이 잘 사라지지 않는다)"(바둑판 장인).

오래전부터 사용해 온 용도로는 불상이 있다. 특히, 헤이안 시대(현재의 교토를 수도로 삼았던 일본의 한 시대. 794~1185—옮긴이)에서 가마쿠라 시대(일본 봉건주의의 기초가 확립된 시기. 1185~1333—옮긴이)에 걸쳐 간토 지역에서 조각된 불상에는 많은 양의 비자나무와 편백이 쓰였다.

비자나무와 닮은 큰개비자나무(개비자나무과 개비자나무속, *Cephalotaxus harringtonia*)는 과가 다른 별개의 종이다. 이 둘은 나무의 높이나 잎의 감촉으로 구별할 수 있다(큰개비자나무는 높이가 더 낮고 비자나무 잎은 만지면 아프다).

◀ 높이 20m, 지름 50~90cm 정도의 큰키나무. 개중에는 높이 25m 이상, 지름 2m 전후까지 성장하는 나무도 있다. 대부분 곧게 자란다. 암수딴그루로 4~5월 무렵 암꽃과 수꽃이 핀다. ❶ 효가 비자나무로 만든 바둑판. 정사각형처럼 보이지만 세로가 3cm 정도 더 길다. 세로 약 45cm, 가로 약 42cm. ❷ 나무껍질은 세로로 얇게 갈라지며 늙은 나무의 껍질은 좁다란 직사각형 모양으로 벗겨진다. ❸ 잎은 선형이며 평평하다. 잎 길이는 2~3cm, 폭은 2~3mm 정도이다. 녹색 잎자루에 잎이 날개 모양으로 나란히 붙어 있다. 잎끝이 뾰족해서 만지면 아프다. 비자나무와 닮은 큰개비자나무나 주목의 잎은 잎끝이 뾰족하지만 부드러운 편이어서 만져도 아프지 않다. 씨는 녹색 헛씨껍질에 싸여 있다. 꽃이 핀 이듬해 가을에 열매가 익으면 헛씨껍질이 벗겨지며 씨가 드러난다.

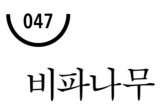

# 비파나무

| | |
|---|---|
| 일본명 | 비와批杷, 히와 |
| 학 명 | *Eriobotrya japonica* |
| 과 명 | 장미과(비파나무속) 늘푸른넓은잎나무(산공재) |
| 분 포 | 한국 남해안, 제주도 |
| | 일본 혼슈(간토 지역 이서), 시코쿠, 규슈, 일설로는 중국이 원산 |
| 비 중 | 0.86 |

심재와 변재는 거의 구별되지 않는다. 전체적으로 노란빛이 도는 크림색이다. 나이테도 뚜렷하지 않다. 목재 면은 매끈하고 광택이 난다(과일나무 목재의 특징). 단단하지만 나뭇결이 치밀해서 가공이 어렵지 않다. 끈기가 있고 충격에도 강하다. 건조 후에는 한층 단단해진다. 특별한 향은 없다.

# 단단하고 강인하며 충격에 강한 목재, 과일나무로는 드물게 겨울에 꽃이 핀다

비파나무는 일본 간토 지역에서 규슈에 걸친 따뜻한 곳에서 과일나무로 활발하게 재배된다. 중국 원산으로 오래전에 일본으로 전파되었다거나 고대부터 일본에서 자생했다는 등 설은 다양하다. 현재 재배되는 비파나무는 에도 시대 말에 중국에서 넘어온 것으로 일본 재래종보다 열매가 크다('모기茂木', '다나카田中' 등의 품종).

비파나무는 과일나무로는 드물게 11월부터 이듬해 2월까지 추운 시기에 꽃이 핀다. 꽃이 핀 다음 열리는 어린 열매는 영하 3도 이하로 기온이 떨어지면 고사할 확률이 높다. 씨앗을 남기려고 수개월 동안 나누어 꽃을 피운다.

목재는 비중 수치로 알 수 있듯이 매우 단단하다. 종압축강도나 종인장강도의 수치도 높다. 단단할 뿐만 아니라 강인하고 끈기가 있어 충격에도 강하다. 이러한 목질을 살려 목도나 나기나타(일본식 언월도─옮긴이), 지팡이 등에 사용된다. "단단하다고는 해도 가시나무류나 조록나무에 비하면 가볍고 무르다. 그래서 여성용 목도로 사용한다. 힘껏 내리치면 피부는 멀쩡하더라도 뼈에 금이 간다고 한다"(무도구점). 목재 면이 치밀하고 매끈하므로 빗이나 도장으로도 쓰인다.

◀ 비파나무로 만든 목도. 최근에는 쓸 만한 비파나무가 적어 비파나무로 만든 목도도 줄었다. 스누케로 불리는 조록나무의 심재나 가시나무류로 만든 목도가 대부분이다. ❶ 높이 5~10m, 지름 30cm 정도의 늘푸른나무. 11~2월, 늦가을에서 겨울 사이에 좋은 향이 나는 희고 작은 꽃이 가득 달리고 5~6월 무렵 열매가 무르익는다. ❷ 나무껍질은 회색을 띤 갈색이며 표면에 주름처럼 생긴 모양이 있다. 늙은 나무가 되면 얇게 갈라진다. ❸ 잎 길이가 15~20cm나 되는 크고 가느다란 타원형 잎이다. 잎끝이 뾰족할 때가 많다. 잎 가장자리에는 중간부터 잎끝까지 거친 톱니가 있다. 잎이 두꺼워서 잎맥 근처의 골이 깊고 만졌을 때 빳빳하고 단단한 느낌이 든다. 잎 앞면은 짙은 녹색이며 뒷면에는 꼬불꼬불하고 가는 갈색 털이 빽빽하게 나 있다. 홑잎으로 어긋나기를 한다.

048

# 산뽕나무

| | |
|---|---|
| 일본명 | 야마구와山桑, 구와 |
| 학 명 | *Morus australis*(이명: *M. bombycis*) |
| 과 명 | 뽕나무과(뽕나무속) 갈잎넓은잎나무(환공재) |
| 분 포 | 한국 전역 |
| | 일본 홋카이도, 혼슈, 이즈 제도, 시코쿠, 규슈 |
| 비 중 | 0.52~0.75 |

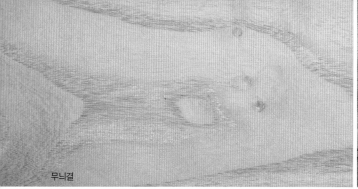
무늬결

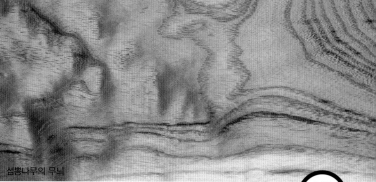
섬뽕나무의 무늬

심재와 변재의 구별이 명료하다. 심재는 가공할 때는 녹갈색을 띠며 시간이 흐를수록 갈색에서 짙은 밤색으로 변해간다. 변재는 황백색이다. 나이테도 뚜렷하다. 아름다운 무늬가 나올 때가 많다. 목질은 약간 무겁고 단단하며 강인하다. 내구성도 높다. 절삭가공이나 갈이틀 가공은 둘 다 조금씩 까다로운 편이다. 희미하게 약재 냄새가 난다.

# 색이 좋고 아름다운 무늬가 있는 목재, 특히 미쿠라섬의 섬뽕나무는 명목 중의 명목

일본에는 뽕나무과 뽕나무속의 나무가 여러 종 있지만 일반적으로 뽕나무라고 하면 산야에서 자생하는 산뽕나무를 가리킨다. 산뽕나무는 양잠용으로 재배되기도 하지만 이 용도로는 중국 원산의 뽕나무(M. alba)를 더 많이 심는다.

산뽕나무의 목재는 비교적 단단하고 무거우며 강인하다. 아름다운 무늬(겹고리무늬, 모란꽃 무늬 등)가 자주 나타나며 색상도 좋다. 내구성이나 보존성도 높다. 가공하기 까다로운 면도 있지만 이 같은 장점을 살려 다양한 용도로 사용된다. 공예품, 도코노마 기둥이나 마룻귀틀 같은 건축장식재, 다구, 악기(비파 등), 가구, 불단 등이 좋은 예이다.

일본 이즈 제도의 미쿠라섬이나 미야케섬에서 생산되는 뽕나무 목재는 섬뽕나무로 아주 진귀하게 여겨진다. 특히, 미쿠라섬의 섬뽕나무는 무늬나 색상이 아름다워 장식장이나 하코모노 등의 에도 사시모노에서는 최고의 재료로 꼽는다. "느티나무나 황벽나무도 사용하지만 미야케섬의 섬뽕나무가 끈기가 좋고 윤이 나며 깨끗하게 마감된다. 은박이 들었다. 미야케섬의 섬뽕나무와도 다르다"(에도 사시모노 명인). "은박이 들었다"는 목공 장인들 사이에서 빛을 받으면 반짝반짝 빛나는 나뭇결을 일컫는 말이다.

◀ 서랍이 있는 사시모노(작품: 기무라 다다시). 35×28×높이 44cm. 목재는 미쿠라섬의 섬뽕나무(현재는 무척 구하기 어렵다). ❶ 높이 5~15m, 지름 30~60cm 정도의 큰키나무. 암수딴 그루(드물게는 암수한그루)로 4~5월에 암꽃과 수꽃이 핀다(그리 눈에 띄지 않는다). 6~8월에 타원형의 조그만 열매(집합과)가 붉은빛에서 검자줏빛으로 익어간다. 열매는 산미가 있는 단맛으로 식용되기도 한다. ❷ 나무껍질은 회색을 띤 갈색이며 평평하고 매끈한 표면에 점 같은 잔무늬가 생긴다. ❸ 잎은 결각이 있는 잎과 없는 잎이 있다. 어린나무의 잎에는 큰 결각이 2~3군데 있을 때가 많다. 다 자란 나무는 잎밑 부분이 넓은 타원형~달걀형이 되며 결각이 없는 잎이 늘어난다. 잎 길이는 6~20cm, 폭은 5~12cm 정도이며 잎 가장자리에는 거친 톱니가 있다. ❹ 섬뽕나무 소재의 작은 함(작품: 기무라 다다시).

# 삼나무

| | |
|---|---|
| 일본명 | 스기 杉 |
| 학 명 | *Cryptomeria japonica* |
| 과 명 | 측백나무과[낙우송과](삼나무속) 늘푸른바늘잎나무 |
| 분 포 | 한국 경남, 전남 이남, 제주도 |
| | 일본 홋카이도(남부), 혼슈, 시코쿠, 규슈(야쿠섬까지) |
| 비 중 | 0.30~0.45 |

심재와 변재의 경계를 파악하기 쉽다. 심재는 노란빛을 띤 적갈색이다. 변재는 하얗다. 나뭇결은 거의 곧고 뚜렷하다. 죽순이나 조릿대 모양의 무늬가 나타나기도 한다. 절삭가공과 대패 작업은 수월하지만 갈이틀 가공은 하기 어렵다. 삼나무 특유의 향이 난다.

# 건축재를 중심으로 폭넓게 사용되는 일본 바늘잎나무를 대표하는 나무

삼나무는 일본인에게 친숙한 바늘잎나무의 대표적인 존재로 오래전부터 일본 각지에서 활발하게 심었다. 유명한 산지의 지명을 붙여 아키타 삼나무, 덴류 삼나무, 기타야마 삼나무, 요시노 삼나무, 오와세 삼나무, 지즈 삼나무, 오비 삼나무, 야쿠 삼나무 등으로 부르기도 한다. 기후와 토양, 기르는 방법 등이 지역마다 모두 달라 나뭇결이나 색상 같은 목질에서도 차이가 생긴다. 천연림과 인공림의 차이는 현저하지만 현재 천연림에서 자란 삼나무는 찾아보기 어렵다.

목재는 무르고 나뭇결이 곧아서 가공하기 쉽다. 건조도 어렵지 않아서 다루기 편하다. 큰 나무로 성장하므로 커다란 목재를 얻을 수 있다. 이러한 특징 때문에 유용한 목재로 여겨지며 다양한 용도로 쓰였다. 특히 건축재로는 기둥, 천장, 인방(기둥과 기둥 사이, 문 위를 가로지르는 나무―옮긴이), 도코노마의 기둥이나 깔판, 건구재 등 셀 수 없을 정도로 많은 곳에 사용된다. 그 밖에도 일본주, 일본된장, 일본간장 등을 담는 나무통이나 마게왓파에서 집성재에 이르기까지 예를 들자면 끝이 없다.

서 있는 나무는 거의 곧바로 자라며 나무갓은 고깔 모양에 가깝다. 붉은빛을 띠고 세로로 갈라진 나무껍질, 끝이 뾰족한 잎 등 주요 특징을 알아두면 숲속에서도 삼나무를 쉽게 찾을 수 있다.

◀ 삼나무 판재로 시공한 천장. ❶ 높이 30~40m, 지름 1~2m 정도의 큰키나무. 높이 50m 이상으로 성장하는 나무도 있다. 야쿠 삼나무 중에는 지름이 5m를 넘는 나무도 있다. 줄기는 거의 곧게 뻗는다. 3~4월에 암꽃과 수꽃이 꽃을 피운다. 10~11월 무렵 지름 2cm 전후의 씨방울열매가 무르익는다. ❷ 나무껍질은 붉은빛을 띤 갈색이다. 세로로 가늘게 갈라지며 띠 모양으로 벗겨진다. ❸ 잎은 조금 구부러진 바늘 모양이며 잎끝이 뾰족해서 만지면 아프다. 잎 길이는 1~2cm 정도이며 나선형으로 가지에 붙는다. ❹ 기타야마 삼나무의 통나무를 매끈하게 다듬어 도코노마의 기둥으로 사용했다(촬영 장소: 구 야스다 구스오 저택 정원). ❺ 아키타 삼나무로 만든 마게왓파식 도시락 통. 두께 3~4mm 정도의 판재를 뜨거운 수증기에 쬐여가며 둥글게 구부린다. 서로 겹쳐진 이음매 부분을 벚나무의 나무껍질로 고정하였다.

# 상사수

| 일본명 | 소시주相思樹, 소시기, 쇼시기, 다이완야나기, 다이완아카시○ |
|---|---|
| 학 명 | *Acacia confusa* |
| 과 명 | 콩과(아카시아속) |
| | 늘푸른넓은잎나무(산공재) |
| 분 포 | 일본 오키나와, 오가사와라 제도, 필리핀·대만 원산 |
| 비 중 | 0.75 |

심재와 변재의 경계가 뚜렷하다. 심재는 암갈색이며 변재는 크림색이다. 목질은 단단하고 유분이 적다. 섬유질의 목재여서 목재 면은 매끄럽지 않다. 탄내처럼 어딘가 쓴 냄새가 희미하게 난다.

050
상사수

## 잎처럼 보이는 것이 잎이 아닌 신기한 나무, 암갈색 목재도 독특하다

서로를 그리워한다는 뜻이 담긴 상사수, 로맨틱한 이름만으로도 마음이 끌리는 나무이다. 나무 이름은 중국 춘추시대(기원전 8세기~기원전 5세기) 남녀 간의 애틋한 사랑을 담은 고사에서 유래한다. 원래는 필리핀이나 중국이 원산지이며 메이지 시대 말기(1900년대 초)에 대만에서 일본 오키나와로 전파되면서 심기 시작했다. 마을 근처에 방풍림으로 심거나 풋거름으로 사용하기 위해서였다. 상사수의 가지와 잎은 풋거름으로 가치가 높다. 현재는 오키나와 곳곳에서 가로수나 공원수로 흔히 접할 수 있으며 야산에서도 볼 수 있다. 뿌리에 공기 중의 질소를 붙잡는 뿌리혹균을 가져서 메마른 땅을 비옥하게 바꾸기 위해 심기도 한다.

상사수에서 잎처럼 생긴 가늘고 긴 부분은 잎이 아니라 실은 잎자루이다. 잎은 깃꼴겹잎이지만 싹이 나고 얼마 되지 않아 지고 마는 아주 별난 나무이다.

목재는 비중이 0.75인 만큼 무겁고 단단하다. 절삭가공이나 대패 작업에 어려움이 있지만 독특한 암갈색의 목재는 테이블이나 의자 등의 가구재로 사용된다. 갈이틀 가공을 할 때는 가끔씩 엇결이 나오지만 그 밖에 별다른 흠은 없어 저항감이 크지는 않다. 목재는 아주 드물게 유통될 뿐이다.

◀ 높이 6~15m 정도의 늘푸른넓은잎나무. 오키나와에서는 방풍림이나 가로수로 주로 심는다. 줄기나 잎에서 좋은 향이 난다. 4~5월 무렵 구형의 노란 꽃이 가득 달린다. 7~8월이면 꼬투리열매가 갈색으로 익어간다. ❶ 나무껍질은 회색이며 세로로 얕은 갈라짐이 생긴다. ❷ 상사수로 만든 오키나와 수금(작품: 테루루 노래하는 나무 공방). ❸ 마치 잎처럼 보이는 편평한 잎자루. 진짜 잎은 싹이 난 다음 어린 가지에서 잠깐 동안만 볼 수 있다. 잎자루는 버드나무류의 잎처럼 가느다라며 길이는 6~11cm, 폭은 5~8mm 정도로 어긋나기를 한다.

# 새우나무

| 일본명 | 아사다淺田, 하네카와, 미노카부리 |
|---|---|
| 학 명 | *Ostrya japonica* |
| 과 명 | 자작나무과(새우나무속) 갈잎넓은잎나무(산공재) |
| 분 포 | 한국 전남 남해안 일대, 제주도 |
| | 일본 홋카이도(중남부)~규슈(기리시마산 이북) |
| 비 중 | 0.64~0.87 |

나뭇결이 치밀하고 목재 표면은 반질반질하다. 마감이 깔끔하고 광택이 난다. 나이테는 확실하게 보이지 않으나 심재(붉은빛이 도는 옅은 암갈색)와 변재(복숭앗빛이 도는 회갈색)의 경계는 뚜렷하다. "일본왕자작나무와 구별하기 어렵다. 일본왕자작나무도 핑크빛을 띠지만 새우나무의 목재가 조금 더 색이 진하다"(목재상). 질감은 일본벚자작나무와 비슷하다. 향은 특별히 나지 않는다. 새우나무라는 이름이 잘 알려지지 않아 목재 유통 시에는 흔히 '빛나무'라고 부를 때가 많다.

# 단단하기가 적당하고 윤이 나는 좋은 목재, 나무껍질은 밑쪽부터 뜬다

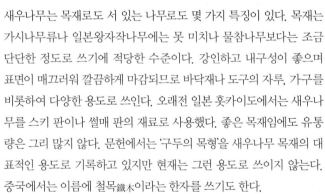

새우나무는 목재로도 서 있는 나무로도 몇 가지 특징이 있다. 목재는 가시나무류나 일본왕자작나무에는 못 미치나 물참나무보다는 조금 단단한 정도로 쓰기에 적당한 수준이다. 강인하고 내구성이 좋으며 표면이 매끄러워 깔끔하게 마감되므로 바닥재나 도구의 자루, 가구를 비롯하여 다양한 용도로 쓰인다. 오래전 일본 홋카이도에서는 새우나무를 스키 판이나 썰매 판의 재료로 사용했다. 좋은 목재임에도 유통량은 그리 많지 않다. 문헌에서는 '구두의 목형'을 새우나무 목재의 대표적인 용도로 기록하고 있지만 현재는 그런 용도로 쓰이지 않는다. 중국에서는 이름에 철목鐵木이라는 한자를 쓰기도 한다.

다 자란 나무에서는 길쭉한 사각 모양의 나무껍질이 밑에서부터 벗겨져 들고 일어난 모습을 쉽게 관찰할 수 있다. 일본에서 하네카와('뜬 껍질'이라는 뜻—옮긴이)로 불리는 까닭을 짐작할 수 있는 대목이다. 이러한 나무껍질 덕분에 잎이 진 겨울철에도 새우나무임을 알 수 있다. 잎 가장자리에 난 촘촘한 톱니가 서어나무류의 잎과 비슷하지만 나무껍질은 확연히 다르다. 서어나무류의 나무껍질은 매끈하므로 거의 확실하게 구분할 수 있다.

◀ 높이 15~20m, 지름 60~80cm 정도의 큰키나무. 개중에는 높이 30m, 지름 1m 이상까지 자라는 나무도 있다. 4~5월 무렵 잎이 벌어짐과 동시에 꽃이 핀다. ❶ 나무껍질은 잎이 져도 새우나무임을 알 수 있을 만큼 특징이 뚜렷하다. 밑쪽부터 뜨기 시작해 직사각형 모양으로 세로로 길게 찢어진다. 봤을 때 부스스하다는 느낌을 받는다. ❷ 잎 모양은 약간 긴 타원형으로 갈수록 좁아지며 잎끝은 뾰족하다. 잎 가장자리에는 촘촘한 톱니가 있다. 잎 길이는 6~12cm, 폭은 3~6cm이다. 잎 앞면의 잎맥 부분이 조금 파여 있다. 홑잎으로 어긋나기를 한다. 서어나무류의 잎과 비슷하지만 서어나무류의 잎이 조금 더 작은 편이며 잎끝의 좁다란 부분이 길다. ❸ 새우나무로 만든 스툴. 지름 34.5cm, 높이 40cm. ❹ 단단하기가 적당하고 매끄럽다는 장점을 살려 고급 바닥재로 쓰인다(홋카이도 가미카와 합동청사).

# 서어나무류

| | |
|---|---|
| 일본명 | 시데四手, 아가시데赤四手, 별명: 곤네, 소로 |
| 학 명 | *Carpinus laxiflora*(서어나무, 아카시데赤四手, 고소네, 소로 |
| 과 명 | 자작나무과(서어나무속) 갈잎넓은잎나무(산공재) |
| 분 포 | 서어나무: 한국 강원 이남 |
| | 일본 홋카이도~규슈 |
| 비 중 | 0.70~0.82(서어나무) |

심재와 변재를 구별하기 어렵다. 전체적으로 크림색을 띤 수수한 흰색이다. 목구면에는 중심에서 내뻗친 선이 몇 가닥 나 있다. 단단하고 끈기가 있지만 건조하기 까다롭고 뒤틀리기 쉽다. 절삭 및 선반 가공에는 알맞지 않다. 향은 특별히 나지 않는다.

# 매끄러운 목재 면이 개성적이나 결이 바르지 않아 대패로 마감할 때 애를 먹는다

서어나무류는 전 세계에 수십 종이 있지만 일본에는 서어나무, 개서어나무, 일본서어나무, 까치박달, 소사나무의 5종이 자란다. 이 중 소사나무는 떨기나무로 목재로 사용되는 일이 거의 없다. 다른 4종은 목질이 비슷해서 이들을 아울러 '시데'라는 이름으로 일본 목재 시장에서 유통된다.

4종의 목재는 모두 비중 수치가 0.7 전후로 약간 무겁고 단단하며 끈기가 있다. 다만, 수축률이 높아 건조하기가 까다롭다. 목섬유가 복잡하게 얽혀 있어 가공하기도 힘들다. 그리 굵은 나무는 아니어서 커다란 판재는 얻을 수 없다. 이런 특징 때문에 목재로서의 평가는 높지 않다. "결이 바르지 않고 엇결도 때때로 나온다. 마감할 때 대패 작업이 녹록치 않은 나무다"(창호점). 좋지 않은 평에도 불구하고 매끈한 나무 표면을 살려 껍질째 도코노마의 기둥으로 쓰거나 단단하고 끈기 있는 특징을 살려 도구의 자루 등으로 사용되어 왔다.

숲속을 걷다가 멀리서 나무껍질만 보고도 서어나무류임을 알 수 있을 만큼 특징이 뚜렷하다. 서어나무류의 나무껍질은 희끄무레한 회색이며 매끌매끌하고 깔끔하다. 특히, 서어나무와 개서어나무의 나무 표면에 난 편안함을 주는 완만한 세로줄이 인상적이다. 어딘지 예술 작품을 감상하는 느낌마저 든다.

◀ 서어나무의 나무껍질은 희끄무레한 회색이다. 독특한 매끄러움을 가진 나무 표면에는 세로로 힘줄이 나 있다. 늙은 나무가 되면 굴곡이 도드라진다. ❶ 서어나무류의 목재를 여러 장 이어 만든 테이블 상판. ❷ 서어나무, 높이 10~15m, 지름 30cm 정도의 큰키나무. 지름 60cm 전후까지 성장하는 큰 나무도 있다. 4~5월에 잎이 나는 시기에 함께 꽃이 핀다. ❸ 서어나무의 잎은 달걀형~타원형이며 잎끝이 가느다랗게 튀어나와 있다. 잎 길이는 4~8cm, 폭은 2~3.5cm 정도이다. 홑잎으로 어긋나기를 한다. 잎 가장자리에는 불규칙한 톱니가 있다. 비슷하게 생긴 개서어나무와의 차이점은 서어나무의 잎이 약간 더 작고 잎 앞면에 털이 없다는 점이다. 개서어나무의 잎은 잎끝이 짧막하고 잎 앞면에 흰 털이 나 있다.

# 소나무

| | |
|---|---|
| 일본명 | 아카마쓰赤松, 메마쓰雌松 |
| 학 명 | *Pinus densiflora* |
| 과 명 | 소나무과 (소나무속) 늘푸른바늘잎나무 |
| 분 포 | 한국 전국 산지 |
| | 일본 홋카이도(남부)~규슈 |
| 비 중 | 0.42~0.62 |

나이테가 비교적 선명하게 보인다. 심재(붉은빛이 감도는 크림색)와 변재(황백색)의 구분은 명확하지 않다. 심재는 물속에서도 보존성이 강해 건축물의 박이기둥으로도 쓰인다. 절삭 및 대패 작업이 수월하다. 바늘잎나무 가운데 삼나무보다 단단하며 곰솔보다는 조금 무르다.

# 예로부터 한국인과 일본인에게 익숙한 나무, 대들보 같은 건축재로 쓰인다

소나무는 우리나라는 물론 일본에서도 무척 친숙한 나무이다. 예로부터 목재로서의 실용적인 면뿐만 아니라 회화나 와카와 하이쿠 같은 일본 고유 시의 소재로 쓰이는 등 문화적인 면에서도 대중과 가까운 존재였다.

소나무과의 나무는 전 세계에 100여 종이 있지만 일본에서는 소나무와 곰솔이 대표적이다. 목재 유통 단계에서는 이 둘을 구별하지 않고 통틀어 '소나무'로 취급하는 경우가 많지만 식물학상으로는 서로 차이가 크다. 일본에서는 소나무를 아카마쓰('붉은 소나무'라는 뜻―옮긴이)라고 부르는데 그 이름대로 나무껍질이 붉다. 잎은 가늘고 부드러워 만져도 아프지 않다. 곰솔은 나무껍질이 검고 잎이 더 굵고 세다. 이런 특징 때문에 일본에서는 소나무를 메마쓰('암소나무'라는 뜻―옮긴이), 곰솔을 오마쓰('수소나무'라는 뜻―옮긴이)라고 부르기도 한다. 둘 다 척박한 땅에서도 자라지만 소나무는 내륙에, 곰솔은 해안에 자랄 때가 많다.

목재는 바늘잎나무 중에서는 단단한 편이어서 건축재(특히, 대들보) 등으로 쓰인다. 나무껍질과 나뭇진은 한약재로도 사용된다. 예전에는 소나무 숲에서 송이버섯을 채집할 수 있었지만 최근에는 그렇지 않은 곳이 많고 수확량도 줄었다.

◀ 높이 25〜35m, 지름 1〜1.5m까지 자라는 큰키나무. 줄기가 휘어 자란 나무가 많다. 척박한 환경에서도 자라지만 바닷바람과 모래 지형에는 알맞지 않아 해안에는 거의 자라지 않는다. 4〜5월 무렵 누런 수꽃과 붉은 암꽃을 피운다. 이듬해 가을에야 고깔 달걀형의 솔방울열매(솔방울)가 여문다. ❶ 나무껍질은 붉은빛을 띤다. 늙은 나무의 껍질은 사진처럼 거북 등딱지 모양이다. ❷ 고택의 대들보로 사용한 소나무. 휘어 자란 나무 그대로 대들보로 쓸 때가 많다. ❸ 껍질을 남긴 소나무를 사용한 도코노마 기둥. ❹ 바늘 모양의 잎이 2개를 한 쌍으로 가지에 달린다. 잎 길이는 7〜12cm 정도로 만지면 부드럽다. 곰솔 잎은 더 길고 굵고 세며 잎끝이 뾰족하다.

# 소태나무

| | |
|---|---|
| 일본명 | 니가키苦木 |
| 학 명 | *Picrasma quassioides* |
| 과 명 | 소태나무과(소태나무속) 갈잎넓은잎나무(환공재) |
| 분 포 | 한국 전역 |
| | 일본 전역 |
| 비 중 | 0.55~0.70 |

나뭇결이 촘촘하며 나이테가 뚜렷하다. 심재는 온화하고 깔끔한 느낌의 노란색이며 변재는 약간 노르스름한 흰색이다. 단단하기가 적당하며 가공하기 쉽다. 건조할 때 변형이 적다. 건조된 목재에서는 거의 냄새가 나지 않지만 가공할 때는 쓴 내가 난다.

# 잎이나 나무껍질 등에서 나는 쓴 맛과 깔끔한 노란색 목재가 특징적인 나무

소태나무의 서 있는 나무는 그리 눈에 띄는 인상은 아니다. 하지만 소태나무는 커다란 특징이 두 가지 있는데 첫 번째로는 목재의 색이 노랗다는 점을 들 수 있으며 다른 한 가지로는 나무껍질이나 잎, 가공 중인 목재 등 나무 곳곳에서 쓴 맛이 난다는 점을 들 수 있다. 특히, 일본 이름인 니가키(쓴 나무'라는 뜻—옮긴이)에는 소태나무의 쓴 맛이 잘 반영되어 있다. 중국 이름은 고련수苦楝樹이다. 학명의 'Picrasma'는 라틴어로 쓴 맛을 뜻하는 말을 어원으로 삼는다. 이처럼 소태나무가 쓰다는 사실은 여러 나라에 잘 알려져 있다. 소태나무가 쓴 이유는 쓴 맛을 내는 물질인 콰신quassin을 함유하고 있기 때문이다. 이 성분을 추출하면 위장약 등으로도 활용할 수 있다.

노란빛을 내는 목재에는 옻나무나 검양옻나무, 남천 등이 있다. 나무마다 노란색의 느낌은 각각 다르다. 소태나무의 심재가 온화한 느낌을 주는 살짝 옅은 귤색이라면 옻나무의 심재는 레몬색에 가깝다. 이러한 색상을 살려 쪽매붙임 세공이나 상감에서 노란색으로 표현되는 부분의 재료로 쓰인다.

잎과 꽃이 황벽나무와 엇비슷하나 가려낼 수는 있다. 소태나무의 잎 가장자리에 난 톱니는 황벽나무보다 도드라진다. 소태나무의 나무껍질은 평평하고 매끈하지만 황벽나무는 코르크 재질로 울룩불룩하며 나무껍질을 벗기면 속껍질이 노랗다.

3

◀ 높이 10~15m, 지름 30~40cm 정도의 큰키나무. 암수딴그루로 4~5월에 황록색의 작은 꽃이 가득 달린다. 9월 무렵 타원형의 작은 열매가 무르익는다. ❶ 나무껍질은 대체로 평평하지만 곳곳에 점점이 무늬가 생긴다. 늙은 나무가 되면 껍질이 세로로 갈라진다. 나무껍질은 약재나 물감으로 사용되며 얇게 깎아 혀를 대면 쓴 맛이 난다. ❷ 작은 잎 4~6쌍 정도가 마주나기를 하는 겹잎(홀수깃꼴겹잎)으로 겹잎끼리는 어긋나기를 한다. 작은 잎은 약간 가느다란 타원형으로 잎끝으로 갈수록 좁아지며 끝은 뾰족하다. 잎 가장자리에는 자잘한 톱니가 있다. 잎을 베어 물면 강한 쓴 맛을 느낄 수 있다. ❸ 쪽매붙임 세공 기법으로 제작한 잔 받침과 작은 상자(작품: 오타 못코). 노란 부분은 소태나무, 붉은 부분은 참죽나무.

# 솔송나무

| | |
|---|---|
| 일본명 | 쓰가栂, 도가 |
| 학 명 | *Tsuga sieboldii* |
| 과 명 | 소나무과(솔송나무속) 늘푸른바늘잎나무 |
| 분 포 | 한국 전역, 울릉도(자생) |
| | 일본 혼슈(후쿠시마현 이남), 시코쿠, 규슈(야쿠섬 포함) |
| 비 중 | 0.45~0.60 |

심재와 변재를 구별하기 어렵다. 전체적으로 붉은빛이 도는 살구색이다. 성장이 더뎌 나이테의 간격이 좁다. 나이테가 명확하게 보인다. 나뭇결은 대체로 곧바르지만 마디가 있거나 압축이상을 보이기도 한다. 절삭가공은 하기 어렵다. 희미하게 냄새가 난다. 현재는 구하기 어려운 목재이다.

## 고급스럽고 뛰어난 목재는 도가부신이라 불리는 저택을 짓는 데 쓰였다

솔송나무는 일본 후쿠시마현 이남의 언덕과 산지에서 자란다. 특히, 산등성이나 산허리 등 건조한 곳에 많다. 솔송나무와 닮은 일본전나무는 솔송나무와 함께 자라기도 하지만 대부분 산골짜기처럼 습한 곳에 분포한다.

솔송나무는 천천히 성장하므로 나이테의 간격이 좁고 나뭇결이 촘촘하다. 덕분에 바늘잎나무치고는 꽤 단단한 편이다. 양질의 곧은결 목재는 나뭇결이 곧고 광택이 있어 고급 건축재로 사용된다. 일본 간사이 지역에서는 솔송나무를 주로 '도가'라고 불렀는데 특히 교토 등지에서 도가 목재를 높이 평가했다. 간사이 부근에서 부유층이 사는 저택을 지을 때면 기둥과 인방, 윗미닫이틀, 도코노마의 기둥 등에 으레 솔송나무가 쓰였으며 이러한 건물을 '도가부신'이라고 불렀다. 목수나 창호 장인들 사이에서는 유분이 적어 바스러지기 쉬운 목재로 알려졌고 문제없이 깎기 위해서는 대팻날을 잘 갈아두어야만 했다.

현재 일본에서 건축재로 '쓰가'라고 하면 이엽솔송나무Western hemlock(*T. heterophylla*) 목재를 가리킬 때가 많다. 바늘잎나무 중에서는 비교적 단단한 편이며(삼나무보다 단단하고 솔송나무보다 무르다) 가공하기 수월하다. 방부 처리한 이엽솔송나무 목재는 주택의 토대로 많이 쓰인다.

◀ 1919년에 지어진 구 야스다 구스오 저택(일본 도쿄부 분쿄구)의 복도. 솔송나무 목재를 사용하였다. ❶ 높이 20~25m, 지름 50~80cm 정도의 큰키나무, 지름이 1m를 넘는 나무도 있다. 언덕이나 산지의 산등성이나 산허리에서 자란다. 4월 무렵 꽃이 핀다. 10월경 길이 2~3cm의 타원형 솔방울열매가 여물어 가지에 매달리듯 늘어진다. ❷ 나무껍질은 회색빛이 도는 갈색이다. 세로로 길고 거칠게 갈라진다. ❸ 잎은 편평한 선형으로 잎끝이 조금 파여 있다. 잎 길이는 1~2cm, 폭은 1.5~3mm 정도이다. 길고 짧은 잎이 번갈아 잎자루에 붙는다. 잎 뒷면에는 흰 숨구멍줄이 두 가닥 나 있다. 일본전나무와 잎이 닮았지만 솔송나무는 잎이 조금 더 짧고 잎 길이가 들쑥날쑥하다. 일본전나무는 잎끝이 뾰족하다. ❹ 솔송나무로 제작한 인방(촬영 장소: 구 야스다 구스오 저택 정원).

# 시우리자쿠라

| 일본명 | 시우리자쿠라, 슈리자쿠라朱理櫻, 시오리자쿠라, 미야마이누자쿠라 |
|---|---|
| 학 명 | *Padus ssiori*(이명: *Prunus ssiori*) |
| 과 명 | 장미과(벚나무속) |
| | 갈잎넓은잎나무(산공재) |
| 분 포 | 일본 홋카이도, 혼슈(주부 지역 이북), 오키섬(극히 드물다) |
| 비 중 | 0.67 |

벚나무류는 대개 나이테가 뚜렷하지 않지만 시우리자쿠라는 비교적 확실하게 보인다. 심재와 변재를 구별하기 쉽다. 심재는 칙칙한 색이며 녹색 계통의 줄이 나 있다. 변재는 크림색이다. 단단하기가 좋고 끈기 있고 가공하기 쉬워서 가구재 등으로 사용된다. 생나무에는 희미한 향이 난다. 목재에는 향이 없다.

# 거의 똑바로 줄기가 뻗는 나무, 단단하기가 좋은 목재로 평가가 높다

시우리자쿠라는 스치듯 보아도 은은한 붉은빛이 감도는 목재 색이 인상에 남는다. 벚나무보다 흐릿한 붉은빛이 고급스런 분위기를 자아낸다. 목질은 단단하기가 좋고 치밀하며 끈기가 있다. 가공하기도 쉬우며 마감이 깔끔해서 광택이 난다. 변형이 적고 줄기가 곧게 성장하므로 양질의 목재로 평가도 높다. 용도는 벚나무와 마찬가지로 가구재 등으로 주로 사용된다. 일본 홋카이도에서 벚나무로 유통되는 목재의 상당 부분은 시우리자쿠라이다.

일본 목재 관계자들 사이에서는 대부분 '슈리자쿠라'라고 부른다. '슈리'에 주리朱理라는 뜻 한자를 써서 나뭇결이 붉다는 의미를 담았는지도 모른다. 일본에서의 또 다른 이름인 '미야마이누자쿠라'는 실은 깊은 산에서 자라는 섬개벚나무(*P. buergeriana*)를 의미한다(이 둘은 식물학적으로 가깝다). 일본에서의 주된 이름인 '시우리자쿠라'는 아이누족(독자적인 언어와 문화를 가진 일본 북방의 소수 민족—옮긴이)의 말 중 '맛이 쓰다'를 뜻하는 '시우'와 '나무'를 나타내는 '니'를 어원으로 보는 견해가 유력하다. 나무껍질과 검게 익은 열매가 낸 쓴 맛에서 유래한 이름으로 추측된다.

가까운 종인 일본귀룽나무(*P. grayana*)나 섬개벚나무와는 잎으로 구별할 수 있다.

◀ 잎은 타원형~달걀형이며 잎끝이 가늘어지면서 끝은 뾰족하다. 잎의 길이는 7~16cm, 폭은 3~7cm 정도이다. 홑잎으로 어긋나기를 한다. 잎 가장자리에는 자잘한 톱니가 있다. 잎자루와 붙는 잎밑 부분이 하트 모양이다. 잎몸과 가까운 쪽의 잎자루 위에는 사마귀처럼 생긴 꿀샘이 2개 나 있다. 비슷하게 생긴 일본귀룽나무 잎은 잎자루와 붙는 잎밑 부분이 둥글고 꿀샘이 잎밑에 난다. 섬개벚나무의 잎은 잎끝 근처에서 폭이 넓어지며 잎자루와 붙는 잎밑의 모양이 삼각형이다. ❶ 시우리자쿠라로 만든 테이블과 의자(작품: 소바지마 히로미, 촬영 장소: '하늘빛 언덕' 나가노현 고모로시). 테이블 80×80×높이 65cm. ❷ 높이 10~15m, 지름 30~40cm 정도의 큰키나무. 지름 60cm 전후로 성장하는 나무도 있다. 홋카이도 산지에 많다. ❸ 나무껍질은 세로로 가늘게 갈라진다. 늙은 나무가 되면 얇게 벗겨진다. ❹ 5~6월 무렵 송이꽃차례(병 속을 닦는 솔 같은 모양)로 작고 하얀 꽃이 달린다. 일반적으로 생각하는 벚나무류의 꽃과는 다르다.

# 아까시나무

| 일본명 | 니세아카시아, 하리엔주針槐 |
|---|---|
| 학 명 | *Robinia pseudoacacia* |
| 과 명 | 콩과(아까시나무속) 갈잎넓은잎나무(환공재) |
| 분 포 | 한국 전역 |
| | 일본 전역, 북미 원산 |
| 비 중 | 0.77 |

심재와 변재의 경계를 알기 쉽다. 심재는 녹갈색이며 변재는 황백색이다. 목질은 단단하고 끈기가 있어 내구성이 높다. 절삭 및 갈이틀 가공이 까다로운 편이다. 석회가 들었거나 가는 모래 같은 것이 물관에 낀 목재도 있어 종종 날을 상하게 한다. 향은 그다지 없는 편이다.

# 성장이 빠르고 거친 땅에서도 자라는 외래종, 날이 쉽게 상하는 까다로운 목재

아까시나무는 북미 원산의 외래종으로 일본에는 메이지 시대에 처음 전파되어 가로수나 공원수로 각지에 심었다. 1871년 삿포로농업학교에 아까시나무를 심은 기록을 시작으로 몇 해 뒤에는 히비야공원에도 심어졌다. 성장이 빠른 점은 가로수로 알맞지만 가지가 뻗는 속도도 그만큼 빨라 정기적으로 가지를 쳐줘야 한다. 뿌리가 얕은 탓에 거센 바람에 쓰러지는 일도 허다하다. 이 때문에 최근에는 가로수로는 잘 심지 않는다.

요 몇 년 사이 일본에서는 계속 늘어나는 아까시나무가 문제시되었다. 아까시나무는 건조한 곳 등 조건이 열악한 환경에서도 잘 자라며 뿌리혹균을 가지고 있어 공기 중의 질소를 붙잡아 토양을 개선시킨다. 처음에는 이러한 특징을 살려 거친 땅이나 해안 지대를 녹지로 바꾸기 위해 아까시나무를 심었지만 이들이 번식하여 일본 재래종의 영역을 위협하기에 이르렀다.

목재는 단단하고 강하며 끈기 있고 내구성도 뛰어나다. 하지만 가공하기 어려운 면도 있어 목재로는 잘 유통되지 않는다. 다만, 아카시나무의 향기 좋은 꽃에서 나온 꿀만은 훌륭하다. 아까시나무는 질 좋은 벌꿀을 얻을 수 있는 밀원식물이다.

아까시나무는 콩과 아카시아속의 아카시아류(Acacia spp.)와는 속이 다르다. 일본에서는 아까시나무를 하리엔주('바늘 회화나무'라는 뜻—옮긴이)라고도 부르는데 이는 아까시나무의 잎이 개물푸레나무와 닮았기 때문이다.

◀ 5~6월에 작고 흰 꽃이 가득 달린다. 향이 좋아 꿀벌이 잔뜩 몰려든다. (아래 사진) 어린나무의 나무껍질에는 가시가 있지만 자라면서 가시가 없어지고 세로로 불규칙하게 깊은 갈라짐이 생긴다. 껍질은 두껍고 약간 푹신하다. ❶ 높이 10~20m, 지름 30~40cm 정도의 큰키나무. 지름이 1m에 이르는 나무도 있다. ❷ 1980년대에 마쓰모토 민예가구의 창립자인 이케다 산시로가 고안한 회의용 스툴(촬영 협조: 마쓰모토 민예가구). 등받이를 테이블로 사용하는 등 세 방향으로 앉을 수 있다. 가구재로는 잘 쓰이지 않는 아까시나무로 의자를 제작해 호평 속에 판매되었지만 날을 상하게 하는 목질 때문에 10년 정도를 기점으로 제작을 중단했다. ❸ 작은 잎이 3~10쌍으로 나는 홀수깃꼴겹잎이다(끝에 달린 1장을 합해 잎 전체의 작은 잎 수는 7~21장). 작은 잎은 마주나기를 하며 겹잎은 어긋나기를 한다. 작은 잎은 달걀형이고 길이는 2~5cm 정도이며 가장자리는 밋밋하다. 개물푸레나무의 잎과 닮았지만 아까시나무의 잎은 조금 더 동글고 잎끝이 조금 파여 있다.

# 058

# 양버들

| 일본명 | 포플러poplar, 세요하코야나기西洋箱柳, 이타리아쿠로포플러, 이타리아야마나라시 |
|---|---|
| 학 명 | *Populus nigra* var. *italica* |
| 과 명 | 버드나무과(사시나무속) 갈잎넓은잎나무(산공재) |
| 분 포 | 한국 전역 |
| | 일본 홋카이도 등, 원산지는 유럽이나 서아시아 등으로 설이 다양 |
| 비 중 | 0.45 |

노란빛이 감도는 크림색으로 나이테가 명확히 보이지 않는다. 목질이 가볍고 물러 절삭가공은 문제없지만 갈이틀 가공은 까다롭다. 내구성은 그다지 없다. 무늬가 나타나기도 하는데 그런 목재는 가격이 높다. 특별한 향은 없다. 북미산 백합나무yellow-poplar(*Liriodendron tulipifera*)는 목련과로 양버들과는 다른 종이다. 양버들 목재에 섞여 유통될 때가 많다.

# 독특한 나무 형태와 아름다운 가로수로 유명하며 유럽·미국에서는 가구·악기재로 사용한다

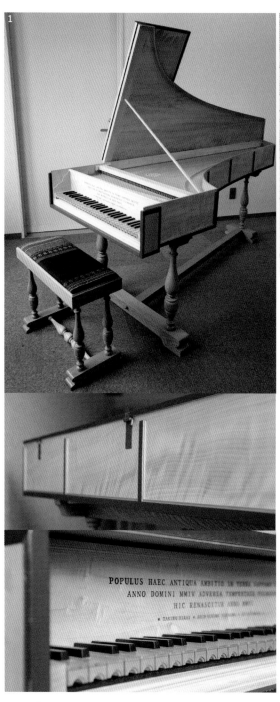

포플러는 학명의 '*Populus*'가 그 어원으로 원래는 버드나무과 사시나무속의 모든 나무를 일컫는 명칭이다. 일본에서 자생하는 사시나무속의 나무로는 황철나무(*P. maximowiczii*), 일본사시나무(*P. sieboldii*) 등이 있다.

좁은 의미로 포플러는 흔히 양버들을 가리킨다. 일본 홋카이도대학의 포플러 가로수길의 나무 또한 양버들이다. 외래종으로 메이지 시대에 방풍림으로 홋카이도에 전파되었다. 곧게 자라며, 가지는 하늘을 향해 뻗는다. 이 때문에 나무 형태는 가늘고 길쭉하며 멀리서 봤을 때는 꼭 먼지떨이처럼 보인다. 성장은 빠르지만 수명이 짧다. 시간이 지남에 따라 줄기에 동굴이 생기기 쉽고 뿌리가 넓게 뻗지 않으므로 늙은 나무는 강풍에 쉽게 쓰러진다. 2004년 18호 태풍 송다가 홋카이도를 지날 때도 홋카이도대학의 양버들이 몇 그루나 쓰러졌다.

목재는 다른 버드나무류와 마찬가지로 가볍고 무르다. 단단하기나 내구성 및 보존성은 그리 높지 않다. 성냥개비나 칩재 등에 주로 쓰이며 유럽과 미국에서는 오래전부터 가구재나 바이올린 등의 악기재로 양버들을 사용해왔다.

◀ 높이 15~25m, 지름 1m 정도의 큰키나무. 높이 40m까지 성장하는 나무도 있다. 줄기는 거의 곧게 자라며 가지가 위를 향해 뻗는 나무 형태가 독특하다. 4~5월에 꽃이 핀다. 5~6월에 열매가 익고 그즈음 곧은 털이 달린 씨가 바람에 흩날린다. ❶ 태풍 18호(2004년 9월)가 일으킨 강풍으로 쓰러진 홋카이도대학의 양버들을 재료로 사용한 쳄발로(작품: 요코타 세조, 홋카이도대학 종합박물관 소장품). 옆널과 밑판, 상판 등에 양버들을 썼다. 다리와 악보대는 태풍으로 쓰러진 느릅나무, 건반은 좀회양목이나 흑단 등. 유럽에서는 양버들을 쳄발로의 재료로 자주 사용한다. ❷ 나무껍질은 회색이며 조금 깊고 불규칙하게 갈라진다. ❸ 잎은 곡선이 있는 삼각형~마름모 모양이다. 잎몸의 길이는 5~9cm 정도이다. 잎자루도 3~7cm 정도로 길며 횡단면이 편평하다. 잎 가장자리에는 성기게 톱니가 나 있다. 홑잎으로 어긋나기를 한다.

# 오리나무

| 일본명 | 한노키榛木/榿木, 야치한노키, 하리노키 |
|---|---|
| 학 명 | *Alnus japonica* |
| 과 명 | 자작나무과(오리나무속) 갈잎넓은잎나무(산공재) |
| 분 포 | 한국 전역(주로 경기, 강원) |
| | 일본 홋카이도, 혼슈, 시코쿠, 규슈(북부) |
| 비 중 | 0.47~0.59 |

심재와 변재를 구별하기 어렵고 전체적으로 오렌지색 느낌의 분홍색이다. 나이테는 명확하게 보이지 않는다. 목재 면은 치밀하다. 얼룩이 나올 때도 있다. 특히, 바닥재 등에서 집합방사조직에 의한 얼룩이 자주 나타난다. 절삭가공이나 대패 작업은 크게 어렵지 않다. 갈이틀 가공에서는 깎기는 쉽지만 집중해서 작업하지 않으면 깔끔하게 마감되지 않는다. 특별한 향은 나지 않는다.

# 거친 땅이나 습지 등 조건이 나쁜 곳에서도 잘 자라는 나무

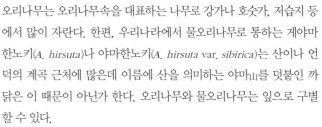

오리나무속의 나무는 일본에 10여 종이 자란다. 어느 종이건 거친 땅이나 습지처럼 열악한 환경에서도 나고 자란다. 이는 오리나무속의 나무가 자작나무과에 속하면서도 주로 콩과 식물이 가지는 뿌리혹균을 뿌리에 형성된 뿌리혹 안에서 공생시키기 때문이다. 뿌리혹균은 공기 중의 질소를 붙들어 스스로 토양을 개선시킨다.

오리나무는 오리나무속을 대표하는 나무로 강가나 호숫가, 저습지 등에서 많이 자란다. 한편, 우리나라에서 물오리나무로 통하는 게야마한노키(A. hirsuta)나 야마한노키(A. hirsuta var. sibirica)는 산이나 언덕의 계곡 근처에 많은데 이름에 산을 의미하는 야마山를 덧붙인 까닭이 이 때문이 아닌가 한다. 오리나무와 물오리나무는 잎으로 구별할 수 있다.

오리나무로 불리는 목재 속에는 오리나무와 물오리나무가 뒤섞여 유통될 때가 많다. 목질은 그런대로 단단한 편이나 약간 무르다고도 볼 수 있으며 목재 면이 치밀하다. 절삭가공도 문제없다. 성장이 빠르고 악조건에서도 자라는 나무로 눈에 띄는 단점은 없지만 특별한 장점도 없어 목재의 유통량은 그리 많지 않다. 같은 속인 북미 원산의 붉은오리나무Alder Red(A. rubra)는 일본에 수입되어 건축재나 합판의 심 부분으로 사용된다.

◀ 오리나무는 습한 곳을 좋아해서 강가나 호숫가 등에서 많이 자란다. 높이 10~20m, 지름 40~60cm 정도의 큰키나무. 홋카이도처럼 추운 곳에서는 3~4월에, 따뜻한 곳에서는 11월 무렵에 꽃이 핀다. 잎이 나기 전에 꽃이 핀다. ❶ 오리나무를 사용한 학교 마룻바닥(일본 홋카이도 데시카가 중학교). ❷ 나무껍질은 회갈색이며 세로로 불규칙하게 갈라진다. 늙은 나무가 되면 갈라짐이 차츰 깊어지다가 벗겨진다. ❸ 오리나무의 잎. 가느다란 타원형으로 잎끝이 뾰족하다. 잎 가장자리에는 불규칙적인 얕은 톱니가 있다(눈에 잘 띄지 않는다). 잎 길이는 5~13cm 정도이며 홑잎으로 어긋나기를 한다. ❹ 물오리나무의 잎. 원형에 가깝다. 잎 가장자리에는 크고 작은 산 모양의 톱니가 불규칙적으로 나 있다. 잎 앞면의 지맥은 얕게 파여 있다(잎 뒷면의 지맥은 반대로 도드라져 있다). 잎 길이는 6~15cm 정도이며 홑잎으로 어긋나기를 한다. ❺ 옻칠로 마감한 오리나무 소재의 그릇 '유니 보울'(작품: 오이시 유코).

# 옻나무

| 일본명 | 우루시漆 |
|---|---|
| 학 명 | *Toxicodendron vernicifluum*(이명: *Rhus vernicifer* |
| 과 명 | 옻나무과(옻나무속) 갈잎넓은잎나무(환공재) |
| 분 포 | 한국 전역(심어 자라다 일부는 야생화) |
| | 일본 전역, 중국·인도 원산 |
| 비 중 | 0.45~0.57 |

이 목재의 가장 큰 특징은 심재가 노랗다는 점이다. 변재는 흰색 계통이다. 노란색을 살려 쪽매붙임 세공이나 상감의 재료로 사용한다. 나이테의 폭이 넓고 나뭇결이 뚜렷하며 광택이 있다. 넓은잎나무 목재로는 꽤 무른 편이며 바늘잎나무인 소나무와 단단하기가 비슷하다. 향은 그다지 나지 않는다.

# 옻과 수액을 얻는 나무로 유명하며 노란색 목재도 매력적이다

옻칠에 사용하는 수액을 내는 나무는 중국·인도 원산의 옻나무이다. 에도 시대(일본 마지막 봉건시대, 1603~1867—옮긴이)에는 통치 기구인 각 번藩에서 마을과 가까운 산과 들에 옻나무 심기를 장려하여 일본 전역에서 수액 채취가 활발하게 이루어졌다. 일본 야생종인 개옻나무(T. trichocarpum)나 덩굴옻나무(T. orientale)에서는 판매용 수액을 채취하지 않는다(두 나무 모두 수액에 닿으면 옻이 오른다).

옻나무와 개옻나무는 나무의 높이나 잎 크기로 구별할 수 있다. 옻나무는 높이가 10m 정도이지만 개옻나무는 대부분 높이가 3m 정도이다. 옻나무의 작은 잎이 조금 더 폭이 넓고 큰 편이다.

옻나무 목재는 넓은잎나무 중에서는 꽤 가볍고 무른 편이다. "무르긴 하지만 대패질이 수월하고 다루기도 쉽다"(창호점). 갈이틀 가공 같은 선반 가공에서는 나이테의 경계는 단단한 데 반해 나머지 부분은 물러서 이질감 때문에 가공하기 어렵다. 심재 부분은 산뜻한 노란색을 살려 쪽매붙임 세공이나 목상감에 쓰인다. 일본산 가운데 이처럼 노란 색조가 강한 목재로는 소태나무와 검양옻나무를 들 수 있다.

◀ 얼마 전에 옻을 채취하기 위해 낸 상처. 생 옻은 우윳빛 같은 흰색이지만 공기에 닿으면 산화하여 검게 변한다. ❶ 높이 10m, 지름 30~40cm까지 성장하는 작은키나무. 마을에서 가까운 산과 들에 자란다. 5~6월 무렵 황록색의 자그마한 꽃이 가득 달린다. ❷ 잎은 3~7장의 작은 잎이 붙는 홀수깃꼴겹잎이다(3쌍이 마주나기를 한다면 전체 잎 수는 3장×2+잎끝의 1장=7). 작은 잎은 잎끝이 조금 뾰족하다. 가을에는 잎이 노랗게 물든다(개옻나무는 붉게 물든다). ❸ 나무껍질은 회색이며 세로로 얕게 갈라진다. ❹ 부엌 출입문으로 쓴 옻나무 널빤지. 시공주는 색감 좋고 물에 강한 옻나무를 골랐다(갤러리&카페 '하늘빛 언덕', 나가노현 고모로시). 문 테두리는 개물푸레나무.

# 왜종려

| | |
|---|---|
| 일본명 | 슈로棕櫚, 와주로 |
| 학 명 | *Trachycarpus fortunei* |
| 과 명 | 야자나무과(당종려속) |
| | 외떡잎식물 |
| 분 포 | 일본 규슈 남부에서 자생, 간토 지역 이서의 따뜻한 곳<br>심다가 차츰 야생화 |
| 비 중 | 0.47 |

크림색 바탕의 목재 면에 오돌토돌하고 거뭇한 줄과 점이 흩어져 있다. 섬유 가닥이 합쳐진 듯한 목재이지만 의외로 가공하기는 쉽다(물론 날은 꼼꼼하게 손질해두어야 한다). 수축률이 높고 특별한 향은 없다.

# 일본에 자생하는 유일한 야자나무과 식물, 섬유와 목재는 특수한 용도로 사용한다

왜종려는 야자나무과에 속하지만 정확히는 나무가 아니라 외떡잎식물로 분류된다. 내한성이 높은 식물로 일본에서 자생하는 야자나무과의 식물은 왜종려뿐이다. 건조한 곳이나 습한 곳에서도 자라는 등 생육 조건은 그리 까다롭지 않다. 옛날부터 일본 각지에서 심어 자랐지만 현재는 거의 야생화되었다. 도쿄 근처에서도 볼 수 있다.

잘 알려진 용도로는 줄기를 뒤덮은 촘촘한 섬유(종려털)를 소재로 한 수세미나 새끼줄(종려승)이 있다. 종려승은 매우 튼튼하고 물에도 강해서 잘 썩지 않으며 신축성도 뛰어나다. 이러한 특성을 살려 원예 도구나 고기잡이 도구를 만드는 데 사용된다. 잎으로는 빗자루(종려비) 등을 만들기도 한다.

줄기를 가공한 목재는 무르게 보이지만 의외로 단단하다. "제재할 때 단단하지도 무르지도 않다는 느낌을 받는다"(제재업자). 왜종려의 목재는 특수한 용도로 쓰인다. 바로 사찰 등에서 볼 수 있는 큰 종을 치는 당목이다. 여러 당목의 재료 가운데 왜종려가 차지하는 비율은 꽤 높을 것으로 추측한다. 단단하기가 적당해서 종에 무리가 가지 않고 부드러운 소리를 내기 때문이다.

◀ 높이 3∼5m의 늘푸른잎의 외떡잎식물. 10m 이상 성장하기도 한다. 줄기는 곧게 자라며 5∼6월에 꽃을 피운다. ❶ 줄기는 털 모양의 종려털이라는 섬유로 뒤덮여 있다. ❷ 수십 장의 가느다란 작은 잎이 펼친 부채 모양으로 줄기 끝에 붙는다. 부채꼴 잎의 전체 길이는 50∼80cm 정도이다. ❸ 왜종려 목재로 만든 당목. 단단하기만 한 목재로 만든 당목보다 음이 부드럽게 울린다. ❹ 종에 닿는 당목의 앞부분.

# 용화수

| | |
|---|---|
| 일본명 | 데리하보쿠照葉木, 야라부, 야라보, 다마나(오가사와라 제도에서의 명칭), 빈탄고루 |
| 학 명 | *Calophyllum inophyllum* |
| 과 명 | 칼로필룸과[물레나물과](칼로필룸속) |
| | 늘푸른넓은잎나무(산공재) |
| 분 포 | 일본 오키나와, 오가사와라 제도, 열대 아시아 원산 |
| 비 중 | 0.64~0.71 |

나뭇결이 섬세하고 깔끔하며 목재 면에 광택이 있다. 분홍빛이 살짝 도는 갈색이다. 이런 특징에 더해 강인함과 높은 내구성을 갖췄기에 오키나와에서는 질 좋은 목재로 통한다. 다만 엇결이 나오기 쉬우므로 신중하게 가공해야 한다.

# 윤이 나는 커다란 타원형의 녹색 잎에 햇살이 비치는 모습을 보고 지은 이름

용화수는 동남아시아에서 마다가스카르에 이르기까지 열대·아열대 지방에 폭넓게 분포하며 일본 오키나와나 오가사와라 제도에도 그 종자가 흘러들어 뿌리를 내렸다. 다양한 이름이 있지만 일본에서 용화수는 큼지막한 타원형 잎에 햇살이 반사되는 모습을 본 따 데리하보쿠照葉木('빛나는 잎을 지닌 나무'라는 뜻-옮긴이)라는 아름다운 이름으로 불린다. 두꺼운 잎에 나란히 난 지맥이 특징이다.

용화수 씨에서 추출한 진한 녹색 기름을 화상이나 습진 등을 치료하는 의약품이나 화장품의 재료로 사용하는 나라도 있다. 목재는 비중 수치가 0.7 전후로 비교적 단단하며 강인하고 내구성도 뛰어나다. 목재 면에는 광택이 나며 나뭇결이 깔끔하다. 엇결과 마디가 많지만 오키나와에서는 고급 목재로 평판이 높아 도구재나 가구재 등으로 사용된다. 예전에는 사시모노나 히키모노로 쓰였는데 색과 분위기가 자단과 흡사해 '류큐자단'이라고 불렸다. 하지만 최근에는 목재가 거의 유통되지 않아 손에 넣기 어렵다.

서 있는 나무는 방풍림이나 방조림, 가로수로 오키나와 곳곳에 심으며 특히 해안가에서 자주 볼 수 있다. 바람이나 바닷물에도 상당히 강한 편이다.

◀ 잎은 커다란 타원형이며 잎 앞면에 광택이 있다. 잎 길이는 15~20cm 정도이다. 잎끝이 둥글고 잎 가장자리가 밋밋하다. 만졌을 때 가죽질감이라서 두툼한 느낌이다. 잎의 주맥은 굵직해서 눈에 띈다. 주맥 좌우로 거의 평행하게 줄지어 난 지맥이 특징적이다. 홑잎으로 마주나기를 한다. ❶ 오키나와·이토만에서 우민추海人로 불리는 토박이 어부들이 애용하던 담뱃갑(마루후조) (이토만 어부 공방·자료관 소장품). 뚜껑을 덮으면 물이 들어가지 않는 밀폐 구조이다. 용화수는 물에도 강해서 마루후조의 재료로 쓰인다. ❷ 높이 10~20m, 지름 80cm 정도까지 성장한다. 여름이면 좋은 향이 나는 하얀 꽃이 핀다(가을에 피기도 한다). ❸ 나무껍질은 조금 짙은 회색으로 두꺼우며 표면에 균열이 생긴다. ❹ 열매는 둥근 씨열매(매실처럼 중심에 단단한 핵을 가진 열매)로 핵 속에 씨가 하나 들어 있다. 11~12월에 열매가 익는다.

# 윤노리나무

| | |
|---|---|
| 일본명 | 가마쓰카鎌柄, 우시코로시 |
| 학 명 | *Pourthiaea villosa var. laevis* |
| 과 명 | 장미과(윤노리나무속) 갈잎넓은잎나무(산공재) |
| 분 포 | 한국 경기·강원(일부), 경남, 전남, 울릉도, 제주도 |
| | 일본 홋카이도(남부), 혼슈, 시코쿠, 규슈 |
| 비 중 | 0.85 |

목재 면은 치밀하다. 심재와 변재의 경계가 거의 없으며 전체적으로 붉은빛을 띤 크림색이다. 수반점pith fleck이라 불리는 검은 반점과 줄무늬가 생기기 쉽다. 끈기가 있어 꽤 단단하다.

# 숲속에서 눈에 띄는 나무는 아니지만 목재는 튼튼하고 강인하다

'낫자루'로 쓰이는 윤노리나무는 일본에서 그 의미 그대로 '가마쓰카'라고 불린다. 짐작컨대 소를 죽인다는 뜻의 '우시코로시'라는 무시무시한 이름은 윤노리나무로 쇠코뚜레를 만든 데서 유래한다. 소몰이 몽둥이로 쓰였기 때문이라는 설도 있다.

윤노리나무의 서 있는 나무는 높이 5m 정도로 작은키나무이다. 숲속에서 눈에 잘 띄는 나무는 아니다. 지름은 20~30cm에 불과해 큰 목재를 얻기 힘들다. 하지만 비중 수치가 0.8을 웃도는 무겁고 단단하며 강인한 목재이다. 얇아도 튼튼하고 점성이 강해 쉽게 부러지지 않는다. 가공하기는 까다롭지만 특성을 잘 살린 공구나 농기구의 자루로 사용되었다. 특히, 끌망치나 뿔망치 등의 자루로 애용된다. 윤노리나무는 일본 각지에서 다양한 이름으로 불린다. 노미즈카('끌을 만들 때 쓴다'는 뜻—옮긴이), 우시타타키('소를 때린다'는 뜻—옮긴이), 우시토하나기('소의 코에 꿴 나무'라는 뜻—옮긴이) 등 용도가 그대로 이름이 된 사례가 많다. 이를 통해 윤노리나무가 일상생활과 얼마나 가까운 존재였는지 쉽게 짐작할 수 있다.

이렇다 할 특징이 없어 숲속에서 찾기 힘들다. 몇 가지 특징을 꼽자면 나무껍질은 회색이며 갈라짐이 없다. 잎은 잎끝 쪽의 폭이 넓은 달걀형으로 잎 가장자리에 자잘한 톱니가 있고 잎 앞면에는 털이 없다. 봄부터 초여름에 걸쳐 작고 하얀 꽃을 피운다.

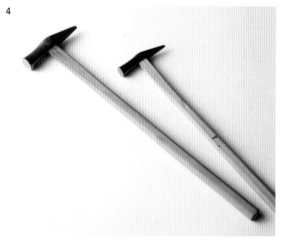

◀ 자루 부분에 윤노리나무를 쓴 큰 메(다케나카 목공 도구 박물관 소장품). ❶ 높이 2~5m, 지름 20~30cm 정도의 떨기나무. 홋카이도 남부에서 규슈에 걸쳐 산지에 형성된 숲에서 흔히 자란다. 4~5월 무렵 작고 하얀 꽃 5~15개가 한 덩어리로 핀다. ❷ 나무껍질은 회색이다. 세로로 가느다란 줄이 난다. 늙은 나무가 되면 가로로 주름이 생긴다. ❸ 잎은 달걀형으로 끝이 짤막하게 튀어나왔고 잎끝은 뾰족하다. 잎끝 쪽의 폭이 넓을 때가 많다. 잎 길이는 3~9cm, 폭은 2~4cm 정도이다. 잎 가장자리에는 자잘한 톱니가 있다. 긴 가지에서는 어긋나기를 하며 짧은 가지에서는 잎 여러 장이 덩어리로 붙는다. ❹ 뿔망치의 자루로는 윤노리나무가 자주 쓰인다(다케나카 목공 도구 박물관 소장품).

# 은모수

| | |
|---|---|
| 일본명 | 몬파노키紋羽木, 하마무라사키노키浜紫の木, 하마스키 |
| 학 명 | *Heliotropium foertherianum* |
| 과 명 | 지치과(헬리오트로피움속) |
| | 늘푸른넓은잎나무(산공재) |
| 분 포 | 일본 오키나와, 아마미 군도, 오가사와라 제도 |
| 비 중 | 0.50* |

나이테는 잘 보이지 않는다. 전체적으로 크림색이며 드문드문 거무스름한 줄무늬 등이 나 있다. 비교적 가볍고 무른 편이다. 변형되거나 갈라지지 않는 일이 거의 없다. 가공하기 쉽고 물에도 강하다. 지름이 굵지 않아 큰 목재는 얻을 수 없다. 향은 특별히 나지 않는다.

# 색이 예쁘고 도톰한 잎, 어부가 착용하는 물안경의 테 부분에 쓰이는 목재

은모수는 열대 아시아나 호주 북부, 아프리카 등의 아열대·열대 지역에서 주로 자란다. 일본에서는 오키나와나 오가사와라 제도의 해안과 가까운 암석 지대나 모래 언덕 등에서 자란다.

오키나와의 해안에서 자라는 은모수는 떨기나무임에도 어딘지 눈길을 끈다. 그 이유는 바로 은모수의 인상적인 잎 때문이다. 보기에도 선명한 황록색의 도톰한 잎은 햇빛에 닿으면 은백색으로 눈부시게 빛난다. 잎의 양면에 빽빽하게 난 가늘고 흰 털이 햇빛에 비쳐 연출된 광경이다. 잎의 촉감이 무척 부드러워 일본에서는 은모수를 고운 천의 일종인 몬파紋羽의 이름을 따 '몬파노키'라고 부른다.

목재는 특이하게도 오키나와 어부들이 스킨다이빙을 할 때 애용하는 물안경(미카간)의 테 부분에 쓰인다. 이 물안경은 1884년에 이토만(오키나와 본도 남부)의 토박이 어부 다마구스쿠 야스타로가 고안한 것으로 전해 온다. 은모수의 목재는 가볍고 무르지만 섬세한 세공을 해도도 잘 갈라지지 않는다. 심 부분이 코르크 재질이어서 날붙이로 쉽게 가공할 수 있다. 해안가에서 자라므로 구하기 쉽고 물에도 강하므로 미카간의 재료로는 더할 나위가 없다.

◀ (아래 사진) 미카간이라 불리는 물안경(이토만 어부 공방·자료관 소장품). 은모수의 특징을 잘 살려 제작하였다. 반들고무나무 등 다른 나무로도 시험해봤지만 적합하지 않았다고 한다. 현재의 물안경과 비슷한 모양의 물안경이 백여 년 전에 이미 개발되었다. ❶ 높이 2～5m, 지름 10～30cm 정도의 늘푸른나무. 높이가 10m까지 성장하는 나무도 있다. 해안의 모래 언덕이나 암석 지대에서 자란다. 지름이 4～6mm 정도인 둥근 열매는 노란색에서 점차 검은색으로 변해간다. ❷ 가지 끝에 백록색의 작은 꽃이 가득 달린다. 거의 1년 내내 꽃을 피운다. ❸ 나무껍질은 회색으로 코르크층이 발달했고 그물 모양으로 갈라진다. ❹ 잎은 달걀형～타원형이며 잎끝은 뭉툭하다. 잎 길이는 10～20cm, 폭은 4～8cm 정도로 큰 편이다. 홑잎으로 어긋나기를 하며 잎 가장자리는 밋밋하다. 잎은 가지 끝에 모여 달린다. 잎이 꽤 두껍지만 만져보면 부드럽다. 잎의 양면에 가늘고 흰 털이 빽빽하게 나 있어 빛을 받으면 은백색으로 아름답게 빛난다.

# 은행나무

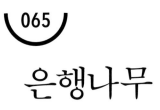

| | |
|---|---|
| 일본명 | 이초銀杏/公孫樹, 긴난 |
| 학 명 | *Ginkgo biloba* |
| 과 명 | 은행나무과(은행나무속) 갈잎겉씨식물(바늘잎나무의 친척) |
| 분 포 | 한국 전역 |
| | 일본 전역, 중국 원산 |
| 비 중 | 0.55 |

목재 면이 치밀하며 심재와 변재를 구분하기 어렵고 나이테도 뚜렷하지 않다. 마치 넓은잎나무의 산공재를 떠올리게 한다. 전체적으로 노르스름한 크림색이다. 대패질이나 절삭가공이 수월하며 내구성은 그다지 좋지 않다. 은행 냄새가 강한 목재가 있는가 하면 아무런 냄새도 나지 않는 목재도 있다.

## 넓은잎나무처럼 보이지만 공룡시대부터 살아남은 바늘잎나무의 친척

나무의 모양새만 놓고 보면 은행나무는 마치 넓은잎나무처럼 보인다. 하지만 실제로는 '은행나무속→은행나무과→은행나무목'까지 대분류를 거슬러도 한 종뿐인 '살아있는 화석식물'이자 같은 겉씨식물인 바늘잎나무의 친척이다. 약 1억 5천만 년 전 중생대 쥐라기(거대한 공룡이 활동하던 시대)부터 현재까지 명맥을 이어왔다.

은행나무라고 하면 가을철의 샛노란 잎과 은행 열매가 금세 떠오른다. 암나무와 수나무가 따로 있고 열매인 은행은 암나무에서 열린다. 은행에서 나는 강한 악취는 씨를 싸고 있는 육질의 겉껍질에서 나는 냄새이다. 부채꼴 잎 중에는 갈래가 있는 잎도 있고 없는 잎도 있다. 저항력이 높아 조건이 열악한 땅에서도 잘 자라며 거센 바람에도 강해서 가로수로 선호된다.

목재는 삼나무보다는 단단하지만 무른 편이다. 표면이 치밀하고 마감이 깔끔하며 결이 그리 눈에 띄지 않는 등 넓은잎나무의 목재와 비슷한 느낌이다. 지름이 굵어 커다란 판재를 얻을 수 있으므로 도마 혹은 비자나무를 대신한 고급 바둑판이나 장기판 등으로 쓰인다.

◀ 높이 15~30m, 지름 2m 정도로 성장하는 큰키나무. 원래는 일본에 자생하지 않았다. 4~5월 무렵 꽃을 피우지만 눈에 잘 띄지 않는다(특히, 암꽃). ❶ 나무껍질은 세로로 불규칙하게 벗겨진다. 코르크층이 있어 손가락으로 눌러보면 푹신하다. ❷ 잎은 기본적으로 부채꼴이다. 갈래의 유무는 나무마다 다르지만 어린나무의 잎은 대개 깊게 갈라져 있다. 긴 가지에서는 어긋나기를 하며 짧은 가지에서는 돌려나기를 하듯 다발을 이룬다. 잎자루는 3~6cm 정도로 길다. 잎몸 길이는 4~8cm, 폭은 5~7cm 정도이다. ❸ 은행나무로 만든 도마. 은행 냄새가 짙은 목재는 도마로 알맞지 않으므로 주의해야 한다. ❹ 은행나무 소재의 모자 모형. "은행나무는 단단하기가 적당해서 모자의 형태로 가공하기가 쉽다. 단단하기가 비슷한 계수나무도 써봤지만 타닌 얼룩이 많아 적합하지 않았다"(모자 모형 제작자).

# 음나무

| | |
|---|---|
| 일본명 | 센栓, 하리기리針桐(※주로 식물명), 센노키, 니세케야키 아쿠다라, 덴구노하우치와 |
| 학 명 | *Kalopanax septemlobus*(이명: *K. pictus*) |
| 과 명 | 두릅나무과(음나무속) 갈잎넓은잎나무(환공재) |
| 분 포 | 한국 전역 |
| | 일본 홋카이도, 혼슈, 시코쿠, 규슈 |
| 비 중 | 0.40~0.69 |

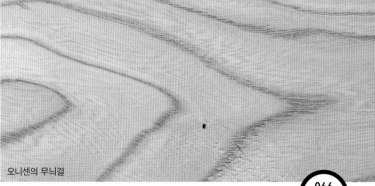

누카센의 곧은결          오니센의 무늬결

심재와 변재를 구별하기 어렵다. 전체적으로 흰색에 가까운 크림색이다. 환공재의 특징이 잘 드러난 나뭇결로 큰 물관이 나이테 주위에 잇달아 나 있어 나이테가 뚜렷하다. 나이테의 폭에 따라 단단한 정도가 달라지는데 일본 목재업계에서는 이를 오니센과 누카센으로 구분하여 부른다. 오니센은 나이테의 폭이 넓고 단단하며(들메나무 정도) 누카센은 나이테의 폭이 좁고 물러서(결이 촘촘하고 단단하기는 느티나무 정도) 가공할 때 경쾌하게 잘린다. 둘 다 향은 나지 않는다.

## 손을 펼친 듯 큰 잎, 골이 깊은 줄기, 깊은 숲속에서도 눈에 띄는 커다란 나무

일본에서 음나무는 다양한 이름으로 불린다. 목재 관계자들 사이에서는 '센'이나 '센노키'로 불리며, 서 있는 나무는 '하리기리'라고 할 때가 많다. 가지에 난 날카로운 가시가 마치 바늘(일본어로 '하리'―옮긴이)처럼 보였기에 이 같은 이름이 붙었다. 나뭇결이 느티나무와 비슷해서 니세케야키('가짜 느티나무'라는 뜻―옮긴이)로 불리기도 한다. 이른 봄의 음나무 새싹은 두릅나무의 싹으로 착각할 만큼 생김새가 닮았지만 쓴맛이 강해 일부 지역에서는 아쿠다라('쓴 두릅나무'라는 뜻―옮긴이)라고 부른다.

음나무는 숲속에서도 존재감이 두드러진다. 덴구노하우치와天狗の葉團扇는 덴구라는 일본 요괴의 깃털로 만든 부채라는 뜻으로 이 역시 음나무를 가리킨다. 그 이름대로 손바닥처럼 커다란 잎, 골이 깊고 우락부락한 나무껍질, 가시가 있는 가지 등 다른 나무들 사이에서도 눈에 띄는 특징을 가졌다.

음나무 목재는 단단하기가 적당해서 가공성이 좋은 양질의 목재로 여겨진다. 옻칠을 하면 느티나무와 거의 흡사하나 느티나무에서는 나오지 않는 주름 무늬가 나타난다. 나뭇결의 간격이나 단단한 정도에 따라 오니센과 누카센으로 나눈다(*목재 사진 설명 참조). 가구재나 화장단판 등으로 쓰이며 한때는 합판으로 대량 소비되어 센 플라이우드 sen plywood란 이름으로 일본 밖으로 수출되기도 하였다.

◀ 덴구노하우치와라는 이름에 걸맞은 잎. 손바닥 모양으로 잎몸만 재어도 길이와 폭이 모두 10~30cm나 된다. 잎끝은 뾰족하다. 잎 가장자리에는 잔 톱니가 줄지어 난다. 홑잎으로 어긋나기를 한다. 잎 앞면에는 광택이 있다. 잎을 만졌을 때 어느 정도 두께감이 있다. 얼핏 보면 단풍나무류의 잎과 닮았지만 단풍나무류의 잎은 두께감이 없다. ❶ 대부분 높이 10~20m, 지름 40~50cm 정도의 큰키나무. 개중에는 높이 25m, 지름 1m 이상까지 성장하는 나무도 있다. 7~8월 무렵 자그마한 황록색의 꽃이 가득 핀다. ❷ 어린나무의 나무껍질에는 날카로운 가시가 있다. 다 자란 나무에는 가시가 없고 세로 방향이나 그물 모양으로 골이 깊은 갈라짐이 생긴다. 나무껍질은 두텁고 불퉁불퉁 거친 느낌이다. ❸ 가지에 가시가 나 있다. ❹ 음나무 목재를 사용한 신발장 문(작품: 노자키 겐이치).

# 일본너도밤나무

| 일본명 | 부나椺/山毛欅/椈, 혼부나, 소바구리 |
|---|---|
| 학 명 | *Fagus crenata* |
| 과 명 | 참나무과(너도밤나무속) |
| | 갈잎넓은잎나무(산공재) |
| 분 포 | 일본 홋카이도(남서부), 혼슈, 시코쿠, 규슈 |
| 비 중 | 0.50~0.75 |

목재는 전체적으로 베이지색이다. 일본너도밤나무는 착색 심재가 없고 그 대신 가짜 심재(상처나 세균 같은 외부 요인으로 붉게 변한 부분)를 지녔다. 가시나무 눈으로 불리는 점들이 빗방울처럼 흩어져 있다(방사조직). 부패 세균에 약해서 쉽게 상하므로 건축구조재로는 거의 쓰이지 않는다. 릿샤쿠사(야마가타현)의 곤폰주도(일본 중요 문화재)에 일본너도밤나무가 쓰인 것은 드문 예이다. 단단하기가 적당해서 가공하기 쉽다. 촛농 같은 냄새를 낸다.

## 음지에서 천천히 자라 서서히 세력을 넓혀 저들만의 숲을 이룬다

일본너도밤나무는 일본의 냉온대 지역에서 자라는 대표적인 넓은잎 나무이다. 홋카이도 남서부부터 규슈에 이르기까지 넓은 지역에 분포하며 넓은잎나무 중에서는 임목축적량이 상당히 높은 편이다. 하지만 자작나무처럼 빈 땅에 뿌리를 내려 빠르게 성장하는 선구종은 아니다. 다른 나무들로 형성된 숲의 나무그늘에서 천천히 성장하다가 시간이 지나 양지에서도 자라기 시작할 무렵부터 조금씩 세력을 늘려간다. 이런 식으로 일본너도밤나무만의 단순림을 이룬 곳도 있다. 이 때문에 일본너도밤나무는 삼림생태계의 닻과 같은 존재로 여겨진다. 줄기는 거의 곧게 뻗으며 나무껍질이 하얗고 매끈해서 지의류가 붙어 생긴 얼룩이 도드라져 보인다. 서 있는 나무의 모습은 숲속에서도 존재감이 있다.

목재에는 몇 가지 단점이 있다. 벌채 후 금방 변색되거나 건조할 때 쉽게 뒤틀리며 잘 썩고 보존성이 낮다는 점 등이다. 반면, 단단하기가 적당해서 가공하기 쉽고 끈기 있으며 목재 면이 매끌매끌하다는 장점도 있다. 최근에는 건조 기술의 발달로 단점이 보완되어 장점을 살려 합판이나 마루재, 가구재 등으로 사용하게 되었다. 휨 가공에도 견딜 수 있어 구부린 목재를 사용한 의자 등에도 사용된다.

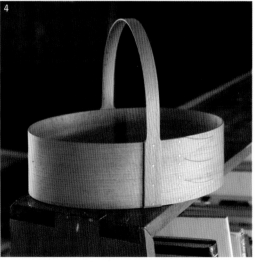

◀ 높이 20~30m, 지름 60~70cm 정도의 큰키나무. 지름이 1m 이상 가는 나무도 있다. 5월 무렵 새잎이 나는 시기에 꽃이 핀다. 10월에 열매(굳은 열매)가 익으면 껍질이 4조각으로 갈라지면서 삼각뿔 모양의 굳은 열매가 나타난다. ❶ 나무껍질은 약간 희끄무레한 회색이다. 표면은 매끈하고 갈라짐이 없다. 지의류 등이 붙어서 얼룩 모양이 생길 때가 많다. ❷ 잎은 달걀형이며 잎끝은 조금 가늘고 뾰족하다. 잎 길이는 4~10cm, 폭은 2~4cm 정도이다. 추운 지역에서 자란 일본너도밤나무는 잎이 크다. 잎 가장자리는 물결 모양이며 두께가 있다. 평행하게 뻗은 지맥이 뚜렷하게 보인다. 가까운 종인 푸른너도밤나무(F. japonica)의 잎은 일본너도밤나무보다 잎 가장자리의 물결이 낮고 지맥의 간격이 좁으며 두께가 얇다. ❸ 일본너도밤나무 소재의 장난감 '터널 큐브'(작품: 마쓰시마 요이치). 구멍이 뚫린 정육면체를 자유롭게 맞춰가며 가지고 논다. ❹ 오밸 박스oval box(작품: 히다카 히데오). 27×20×통 높이 8cm. 옆면과 손잡이는 일본너도밤나무, 밑판은 일본피나무.

# 일본목련

| | |
|---|---|
| 일본명 | 호노키朴, 호(＊주로 목재명), 호호가시하 |
| 학 명 | *Magnolia obovata* |
| 과 명 | 목련과(목련속) 갈잎넓은잎나무(산공재) |
| 분 포 | 한국 중부 이남 |
| | 일본 홋카이도~규슈 |
| 비 중 | 0.40~0.61 |

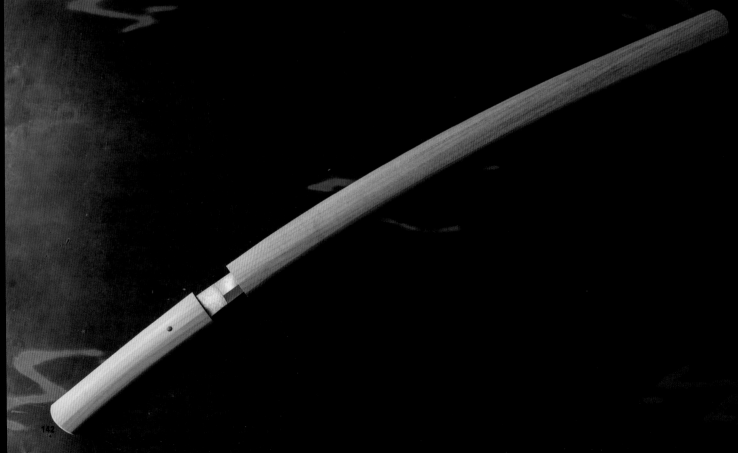

| | |
|---|---|
| 일본명 | 호노키朴, 호(＊주로 목재명), 호호가시하 |
| 학 명 | *Magnolia obovata* |
| 과 명 | 목련과(목련속) 갈잎넓은잎나무(산공재) |
| 분 포 | 한국 중부 이남 |
| | 일본 홋카이도~규슈 |
| 비 중 | |

나뭇결이 섬세하고 균일하다. 큰 나무에서는 주름 무늬나 겹고리무늬가 나타난다. 심재와 변재의 경계가 명확하다. 심재는 황록색이며 변재는 흰색에 가깝다. "혼 슈산 일본목련은 대개 홋카이도산보다 색이 진하다"(목재 회사). 건조하기는 편하다. 목재 면을 연마하거나 도장하면 깔끔하게 마감된다. 향은 거의 나지 않는다.

# 숲속에서도 눈에 띄는 커다란 잎을 가진 폭넓은 용도로 사용되는 유용한 나무

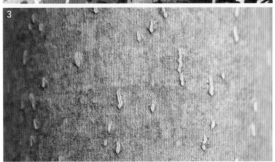

일본목련은 커다란 타원형 잎이 특징적이어서 숲속 다른 나무와 섞여 있어도 봄부터 가을까지는 특히나 쉽게 눈에 띈다. 길이가 50cm에 가 까운 잎도 있다. 달콤한 향이 나는 꽃도 지름이 15~20cm 정도로 크 다. 가을에 익는 열매는 꼬투리열매가 모인 집합과로 가지 끝에 늘어 져 달리므로 이 또한 눈길을 끈다.

목재는 단단하지도 무르지도 않으며 뒤틀림이나 갈라짐이 적어 사용 하기가 좋다. 이러한 특징을 살려 다양한 용도로 사용된다. 대표적인 용도로는 게타, 판목, 장롱 서랍, 자, 칠기의 백골 등이 있다. 단단하기 가 적당해서 발에 부담이 적어 게타 굽으로 알맞다. 일본목련의 전문 적인 용도로는 일본도의 칼집이 있다. "일본목련은 칼을 부드럽게 품 는다. 칼을 넣을 때 칼집에 날이 닿아도 괜찮다. 오래전부터 칼집으로 는 일본목련이었다"(일본도 칼집 장인). 녹색이 도는 목재 색도 특징적 이다. 일본산 목재 가운데 녹색 계통의 목재는 드문 편이다.

커다란 잎은 음식을 싸거나 받치는 용도로 쓰인다. 말린 일본목련 잎 위에 일본된장을 얹고 산나물 등과 함께 볶는 '호바미소'라는 요리법 도 유명하다. 나무껍질은 후박厚朴이라는 한약재가 되기도 한다.

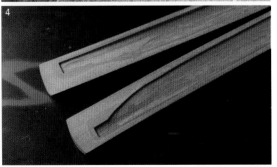

◀ 잎 크기는 일본 넓은잎나무 중 최상위권이다. 잎 길이는 20~40여cm, 폭은 10~25cm 정도이며 잎 가장자리는 밋밋하다. 잎 앞면에는 희고 부드러운 털이 있다. 홑잎으로 어긋나 기를 한다. 칠엽수 잎과도 닮았지만 칠엽수는 겹잎이며 잎 가장자리에 톱니가 있다. (아래 사진) 일본도 칼집(작품: 미즈노 요시유키). 가공하기 쉽고 비교적 가볍다. 단단하기가 적당해 서 날이 상하지 않으며 나이테와 나이테 주변의 단단하기가 거의 같다. 이 때문에 일본목련은 칼집의 재료로 사용된다. ❶ 5~6월에 지름 15~20cm의 황백색 꽃이 핀다. ❷ 높이 20~30m, 지름 50cm~1m 정도의 큰키나무. 열매는 여러 개의 열매(꼬투리열매)가 모인 집합과이며 길이는 10~15cm 정도이다. 가을이 되면 익은 꼬투리열매가 찢어지면서 씨앗이 2개 나온다. ❸ 나무껍질은 대체로 희고 매끈하다. 표면에 점 모양의 무늬가 흩어져 나타나는 것이 특징이다. 갈라짐은 없다. ❹ 칼집은 목재를 반으로 갈라 속을 파낸 다음 소쿠이(밥 알을 짓이겨 만든 풀)로 붙여서 만든다.

# 일본벚자작나무

| 일본명 | 미즈메水目, 요구소미네바리, 아즈사梓 |
| --- | --- |
| 학 명 | *Betula grossa* |
| 과 명 | 자작나무과(자작나무속) |
| | 갈잎넓은잎나무(산공재) |
| 분 포 | 일본 혼슈(이와테현 이남), 시코쿠, 규슈 |
| 비 중 | 0.60~0.84 |

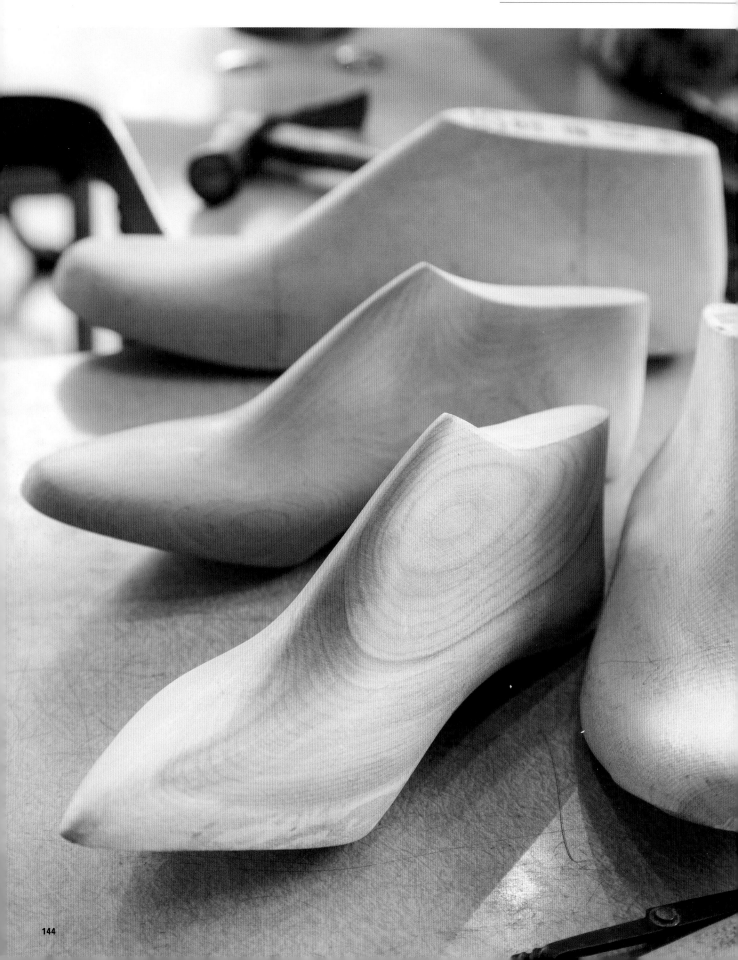

전체적으로 일본왕자작나무와 분위기가 비슷하다. 나뭇결이 치밀하며 조금 무겁고 단단하다. 끈기도 있다. 심재와 변재를 구분하기는 비교적 쉽다. 심재는 옅은 핑크색이며 변재는 흰색에 가깝다. 건조 시 변형되는 일이 거의 없고 잘 갈라지지 않는다. 향은 그다지 없는 편이다(나무껍질이나 꺾은 가지에서는 특유의 냄새가 난다).

# 벚나무류의 나무를 연상케 하는 이름이지만 그와는 상관없는 자작나무속의 나무

일본벚자작나무는 자작나무류의 나무이면서도 벚나무와 관련 있는 듯한 이름을 가졌다. 목질이나 나무껍질에 가로로 줄무늬가 난 모습이 벚나무류를 닮았기에 일본 목재업계에서도 원래 이름 다음에 사쿠라('벚나무'를 의미-옮긴이)를 덧붙여 '미즈메사쿠라'라고 부르곤 한다.

자작나무류는 일본 홋카이도에서 동일본에 걸쳐 북쪽에 주로 분포하지만 일본벚자작나무는 규슈에서도 자라는(홋카이도에서는 자라지 않는다) 남방계 식물이다. 미즈메('물이 나오는 껍질 틈'을 의미-옮긴이)라는 일본 이름은 나무껍질에 상처를 내면 물 같은 수액이 배어 나온다는 데서 유래했다. 고대에는 통나무 활을 만드는 재료로도 사용되었는데 조몬 시대의 유적에서 일본벚자작나무로 만든 활이 출토되기도 했다. 일본 왕실의 보물 창고인 쇼소인에 보관되던 일본벚자작나무 활은 지금까지도 남아 있다.

목재는 비중이 0.6~0.8대로 조금 무겁고 단단한 편이다. 치밀한 나뭇결, 불명확한 나이테 등 벚나무류나 일본왕자작나무와 마찬가지로 산공재의 공통적인 특징을 보인다. 간혹 주름 무늬가 나올 때도 있다. 잘 변형되지 않고 가공도 수월하다. 게다가 마감이 깔끔해서 가구재나 바닥재, 문지방 같은 건축재 등으로 사용된다. 특별한 용도로는 단단하고 나뭇결이 섬세하며 잘 변형되지 않는다는 특징 때문에 구두의 목형으로 쓰인다.

◀ 일본벚자작나무로 만든 구두 목형(모델 라스트model last). 현재는 유럽산 서어나무류 목재를 쓰지만 20여 년 전까지는 일본벚자작나무를 주로 썼다. 이 목형을 원형으로 합성수지로 된 틀을 만든다. ❶ 높이 15~25m, 지름 30~70cm 정도의 큰키나무. 암수한그루로 4월 무렵 새잎이 나는 시기에 암꽃과 수꽃이 핀다. 수꽃은 솔이 모양으로 가지 끝에 매달린다. 9~10월이면 열매(굳은 열매)가 익는다. ❷ 나무껍질은 회색이다. 가로로 난 줄무늬가 벚나무류의 나무껍질과 흡사하다. 늙은 나무가 되면 불규칙하게 갈라지며 쉽게 벗겨진다. 나무껍질에서는 습포제와 비슷한 냄새가 난다. ❸ 잎은 달걀형이며 잎끝이 뾰족하다. 잎 길이는 5~10cm, 폭은 3~6cm 정도이다. 홑잎으로 긴 가지에는 어긋나기를 하며 짧은 가지에는 2쌍씩 마주나기를 한다. 잎 가장자리에는 불규칙한 톱니가 있다. ❹ 앉는 부분에 일본벚자작나무를 사용한 마쓰모토 민예가구의 윈저 체어.

# 일본쇠물푸레나무

| | |
|---|---|
| 일본명 | 아오다모青梻, 고바노토네리코小葉梣 |
| 학 명 | *Fraxinus lanuginosa* |
| 과 명 | 물푸레나무과(물푸레나무속) |
| | 갈잎넓은잎나무(환공재) |
| 분 포 | 일본 홋카이도~규슈 |
| 비 중 | 0.62~0.84 |

나뭇결이 대체로 올곧고 촘촘하다. 나이테는 선명하나 심재와 변재의 경계는 알기 어렵다. 목재의 색은 희끄무레한 옅은 크림색이다. "얼핏 봐서는 미국물푸레나무white ash와 구별되지 않을 때도 있다"(목재상). 향이 거의 없으며 들메나무나 주걱물푸레나무보다 단단하다.

# 단단하고 끈기가 있어 충격에 강한 우수한 배트용 목재

일본쇠물푸레나무라고 하면, 야구에 관심이 있는 사람들은 금세 야구 배트를 떠올린다. 10여 년 전까지만 해도 일본 프로야구 선수는 일본쇠물푸레나무로 만든 배트를 사용했다. 단단하고 끈기가 있으며 충격에도 강한 성질이 배트나 운동기구의 재료로 걸맞았기 때문이다. 각지의 저산지대에서 자라지만 그중에서도 홋카이도 히다카 지역의 일본쇠물푸레나무가 특히 뛰어나다고 한다. 한 배트 제조회사에서는 그 까닭을 이렇게 말한다. "히다카는 비교적 따뜻하며 눈이 적다. 바늘잎나무 틈에서 경쟁하듯 자라므로 곧게 뻗는다. 토양도 좋다."

하지만 2000년 무렵, 메이저리그의 배리 본즈가 단풍나무maple로 만든 배트를 사용하기 시작하면서 일본에서도 단풍나무 배트를 사용하는 선수가 하나둘 늘어갔다. 그 후 10년이 지나자 일본쇠물푸레나무로 만든 배트를 사용하는 선수가 오히려 더 적어졌을 정도다. 그럼에도 스즈키 이치로는 한결같이 일본쇠물푸레나무 배트를 애용해왔다. 일본쇠물푸레나무는 단풍나무보다 끈기가 있어 휘두를 때 휘어짐이 좋은 배트를 만들 수 있는데 공을 끝까지 물고 늘어지는 성향을 지닌 선수에게는 아마 이런 배트가 더 적합했을 것이다.

일본쇠물푸레나무의 줄기나 가지를 꺾어 물에 담그면 물빛이 차츰 푸르게 변한다. 이것이 일본쇠물푸레나무라는 이름의 유래이다. 같은 속의 물푸레나무와 함께 늘어놓으면 서 있는 나무를 비교하건 목재를 비교하건 가려내기 어렵다.

◀ 프로야구 선수가 사용하는 야구 배트. 통나무 하나에서 심을 빼면 보통 4자루분의 재료가 나온다. 프로급 재료는 나뭇결 방향부터 꼼꼼히 살펴보고 고른다. ❶ 높이가 5m 정도인 것이 대부분이지만 높이 15m, 지름 50~60cm까지 성장하는 나무도 있다. 성장 속도는 더딘 편이어서 배트의 재료로 쓰이기까지는 수십 년이 걸린다. 사진의 나무는 조금 휘어 자랐는데 곧게 자란 나무라야 배트 감으로 가치가 높다. 4~5월 무렵에는 작고 하얀 꽃이 가득 핀다. ❷ 나무껍질은 흰색에 가까운 회색이며 표면은 매끄럽다. 지의류地衣類가 붙어 얼룩이 남은 경우가 많다. ❸ 작은 잎이 홀수(3, 5, 7장)로 마주나기를 하는 홀수깃꼴겹잎이다. 작은 잎은 타원형이며 잎끝이 뾰족하다. 잎 길이는 4~10cm이다. 잎 가장자리에는 잘고 깔쭉깔쭉한 톱니가 있다. 잎 앞면에는 털이 없다. 같은 속의 들메나무의 작은 잎은 7~11장이며 일본쇠물푸레나무보다 잎 크기가 훨씬 크다.

# 일본잎갈나무

| 일본명 | 가라마쓰唐松/落葉松, 라쿠요쇼, 후지마쓰 |
| --- | --- |
| 학 명 | *Larix kaempferi* |
| 과 명 | 소나무과(잎갈나무속) 갈잎바늘잎나무 |
| 분 포 | 한국 전역 |
| | 일본 홋카이도(조림), 혼슈 북부에서 중부(도호쿠 지역은 조 |
| 비 중 | 0.45~0.60 |

인공림재

천연림재

나이테가 뚜렷하고 심재는 붉은빛이 강하고 변재는 흰색에 가깝다. 바늘잎나무 중에서는 단단한 편이다(바늘잎나무의 나한송과 비슷하다). 인공림재에는 진과 마디가 많다. 뒤틀리기 쉬워 까다로운 목재라는 인식이 강하지만 건조 기술의 발달로 집성재 등으로 수요가 늘고 있다. 건조해 탈지한 목재에서는 거의 향이 나지 않는다(생나무에서는 나뭇진 냄새가 난다). 촘촘한 나뭇결이 돋보이는 천연림재(천연 일본잎갈나무)는 현재 손에 넣기 어렵다.

## 노랗게 물든 단풍이 아름다운 바늘잎나무, 변형되기 쉬운 목재는 최신 건조 기술로 극복

일본잎갈나무는 일본에서 자라는 모든 바늘잎나무 가운데 유일하게 잎이 지는 나무이다. 가을이면 눈부실 만큼 노랗게 물든 잎을 뽐내지만 얼마 가지 않아 우수수 지고 만다. 이런 모습을 보고 일본에서는 일본잎갈나무의 이름에 낙엽송落葉松이라는 한자를 쓰기도 한다.

일본잎갈나무는 원래 혼슈 도호쿠 지역 남부에서 주부 지역에 걸쳐 볕이 잘 드는 산지에서 자랐다(닛코 주변, 후지산 산기슭, 혼슈 주부 지역의 산악 지대 등). 추위에 강하고 건조한 곳에서도 자라며 성장이 빠르다는 이유로 메이지 시대 이후, 홋카이도나 도호쿠 지역에서 활발하게 조림되기 시작했다.

천연림재와 인공림재는 목질이 크게 차이 난다. 오랜 세월을 자란 천연림재는 나뭇결이 촘촘하고 단단해서 양질의 건축재로 취급된다. 인공림재는 바늘잎나무 중에서는 무겁고 단단한 편이지만 뒤틀리거나 변형되기 쉽고 진이 많다. 이 때문에 그동안 탄광의 버팀목이나 포장용 목재로서의 수요가 많았지만 최근에는 건조 기술의 발달로 집성재나 합판 등으로 용도가 늘었다. 현재까지는 1950년대에 심은 나무의 벌채 시기와 맞물려 활발하게 목재가 공급되고 있지만 조림 속도가 벌채 속도를 더는 따르지 못해 향후 일본잎갈나무 목재의 공급은 불투명한 상황이다.

◀ 가을에 노랗게 잎이 물든 일본잎갈나무. 높이 15~30m, 지름 50cm~1m의 갈잎바늘잎나무. 암수한그루로 4~5월에 암꽃과 수꽃이 핀다. ❶ 일본잎갈나무를 사용한 벽과 마루. ❷ 나무껍질은 그물 모양이나 비늘 모양이며 가로로 벗겨진다. 소나무처럼 나무껍질이 붉은 나무도 종종 있다. ❸ 잎은 선형이며 잎 길이는 2~3cm, 폭은 1~1.5mm 정도이다. 전체적으로 부드럽고 잎끝이 뾰족하지 않아 만져도 아프지 않다. 잎은 긴 가지에 나선형으로 1장씩 붙으며 짧은 가지에는 다발처럼 모여 난다(모여나기). 밝은 녹색 잎은 가을이면 노랗게 물든다. ❹ 일본잎갈나무로 제작한 스툴(작품: 이시이 마나부). 최근에는 가구재로 사용되는 일이 늘어났다.

# 일본전나무

| 일본명 | 모미樅, 모미소, 모무노키 |
|---|---|
| 학 명 | *Abies firma* |
| 과 명 | 소나무과(전나무속) 늘푸른바늘잎나무 |
| 분 포 | 한국 남부 지역 |
| | 일본 혼슈(아키타현·이와테현 이남), 시코쿠, 규슈(야쿠섬 포 |
| 비 중 | 0.35~0.52 |

나이테가 뚜렷하며 나이테 폭이 넓은 목재가 많다. 나뭇결은 대개 곧으며 전체적으로 희끄무레한 크림색이다. 나이테 주변은 적갈색이다. 조재(무르다)와 만재(단단하다)의 차이가 커서 갈이를 가공이 무척 어렵다. 특별한 향은 나지 않는다. 무향의 목재는 어묵판이나 식품의 용기 등으로 사용된다. 내구성은 낮은 편이며 건조 시 틀어지기 쉽다.

# 향이 없고 깨끗한 느낌의 하얀 목재는 특별한 용도로 활용된다

1

일본전나무는 여느 바늘잎나무처럼 비중 수치가 낮아 무른 목재로 여기기 쉽지만 가공해보면 단순히 무르다고만은 할 수 없다. 그 까닭은 조재의 무른 부분과 만재의 단단한 부분의 차이가 크기 때문이다. 절삭가공에서는 문제가 없지만 갈이를 가공을 할 때는 잘 갈아둔 날을 사용하지 않으면 급격한 강도 변화에 대응할 수 없다. 대패 작업을 할 때 창호 제작자는 이 같이 느낀다고 한다. "부스러질 듯해서(유분기가 적어 퍼석퍼석한 느낌) 깎기 어렵고 보풀도 많이 인다."

그 밖에도 목재 색이 하얗고 거의 냄새가 없으며 쥐나 벌레에도 강하다는 특징이 있다. 이러한 목질을 살려 일본전나무는 예로부터 특별한 용도로 사용되었다. 목재의 하얀색이 신성하고 청결한 인상을 주므로 장례 도구나 나무관, 스투파率堵婆(불사리 탑—옮긴이) 등의 재료로 쓰였으며 냄새가 없어 음식의 풍미를 해치지 않기 때문에 식품 관련 도구나 용기로 쓰이기도 했다. 어묵판이나 차통 등이 좋은 예이다.

산지나 언덕에서는 솔송나무나 소나무 등과 섞여 자랄 때가 많은데 일본전나무는 잎에 특징이 있어 쉽게 구별할 수 있다. 바늘 모양의 일본전나무 잎은 잎끝이 파여 있고(어린나무는 뾰족하다) 씨방울열매는 아래로 늘어져 달린다.

2

3

4

◀ 일본전나무 소재의 어묵판(다카세후미오 상점 제공). 예전에는 어묵판의 재료로 일본전나무를 많이 썼지만 현재는 자원 고갈로 북미산 은청전나무White fir(A. concolor) 등을 대신 사용한다. ❶ 높이 20~30m, 지름 50~80cm인 바늘잎나무. 높이 40m 이상, 지름 1.5m 이상으로 자라는 나무도 있다. 암수한그루로 5~6월경에 꽃이 핀다. 10월경 길이 10~15cm, 지름 3~5cm 정도 되는 원통 모양의 씨방울열매가 무르익는다. ❷ 나무껍질은 희끄무레한 회색이다. 어린나무는 의외로 표면이 매끄럽다. 시간이 지나면서 비늘 모양으로 얇게 갈라지다가 벗겨진다. ❸ 잎은 길이가 2~3cm 정도인 바늘잎이다. 잎끝은 조금 파여 있다. 어린나무의 잎이나 볕이 잘 들지 않는 곳에서 자란 잎은 잎끝이 두 가닥으로 갈라지며 끝이 날카롭다. 잎 뒷면에 난 숨구멍줄(잎끝부터 잎밑까지 이어진 가는 줄)은 옅은 흰색으로 그다지 눈에 띄지 않는다. ❹ 일본전나무 목재를 깎아 만든 그릇(작품: 크라프트 아리오카).

# 일본측백나무

| | |
|---|---|
| 일본명 | 네즈코鼠子, 구로베黑檜 |
| 학 명 | *Thuja standishii* |
| 과 명 | 측백나무과(눈측백속) |
| | 늘푸른바늘잎나무 |
| 분 포 | 일본 혼슈(북부에서 중부, 주로 주부 지역의 산악 지대), 시코쿠 |
| 비 중 | 0.30~0.42 |

| | |
|---|---|
| 과 명 | 측백나무과(눈측백속) |
| | 늘푸른바늘잎나무 |
| 분 포 | 일본 혼슈(북부에서 중부, 주로 주부 지역의 산악 지대) |

나뭇결이 거의 곧바르고 나이테가 뚜렷하게 보인다. 심재와 변재의 경계도 명확하다. 심재는 선명한 암갈색이며 시간이 갈수록 검은빛이 짙어진다. 진다이 삼나무와 비슷한 분위기의 목재이다. 변재는 옅은 크림색이다. 목질은 무르고 수축률이 낮아 잘 변형되지 않는다. 특별한 향은 느낄 수 없다.

## 일본 전통 건축물의 내장재나 건구재로 쓰이는 목재, 나뭇결도 줄기도 곧바르다

일본측백나무는 기소 5대 나무 중 하나로 산지의 산등성이 등에서 자생하며 습한 곳에서도 자란다. 전체적으로 편백과 비슷하지만 나무껍질이나 잎을 관찰하면 쉽게 구별할 수 있다(*사진 설명 참조). 줄기가 대체로 곧아서 위아래의 굵기가 크게 다르지 않다. 가지는 수평보다 약간 위로 경사져 뻗는다.

목재는 삼나무만큼이나 무르고 수축률이 낮아 거의 변형되지 않는다. 절삭가공과 대패질이 수월하고 내구성도 높아 일본 전통 건축물의 천장이나 인방, 고시이타(허리 높이까지 올라오는 얇은 목판재의 벽장식—옮긴이), 천장용 오지로, 장지나 맹장지의 테두리 등의 건구재로 사용된다. 진다이 삼나무를 닮은 차분한 색조를 띤 일본측백나무 목재는 일본식 전통 좌탁이나 찻장 등을 만드는 가구재로도 쓰인다. 목질이 물러 구조재로는 적합하지 않으며 갈이틀 가공도 까다롭다. 일본 도호쿠 지역에서는 마게왓파 방식의 찜통인 세이로를 만드는 데 일본측백나무를 사용한다.

메이지 시대부터 접할 수 있었던 북미 원산의 투야 플리카타Western red cedar(T. plicata)는 일본에서 베이스기('미국 삼나무'라는 뜻—옮긴이)로 불린다. 이름에 삼나무를 의미하는 부분이 있긴 하지만 투야 플리카타는 삼나무와는 달리 눈측백속에 속한다. 가볍고 내구성과 내수성이 높아 주택의 내장재로 활용된다.

◀ 미닫이문으로 활용한 일본측백나무 소재의 오지로(얇은 나무를 엮어 만든 것). 차분한 색과 높은 내구성, 가공의 용이성을 두루 갖춘 일본측백나무는 일본 전통 건축물의 내장재로 사용된다. ❶ 높이 25~30m, 지름 40~60cm 정도의 큰키나무. 가지는 거의 수평으로 자라며 가지 끝은 위쪽으로 뻗는다. 5월 무렵 꽃이 핀다. 꽃이 핀 그해 가을, 길이 1cm 정도의 작은 씨방울열매가 무르익는다. ❷ 나무껍질은 갈색으로 비교적 매끈하며 세로로 얇고 길게 벗겨진다. 편백의 나무껍질보다 벗겨지는 폭이 좁다. ❸ 폭 2~3mm의 잎이 비늘 모양으로 겹겹이 난다. 잎끝은 뾰족하지 않다. 편백 잎과도 닮았지만 잎 뒷면의 숨구멍줄이 그리 눈에 띄지 않는 점에서 차이가 난다(편백은 Y자 모양의 숨구멍줄이 눈에 띈다). 편백보다 잎이 조금 두껍고 잘게 찢었을 때 강한 향은 나지 않는다.

# 일본피나무

| | |
|---|---|
| 일본명 | 시나노키科木/級木, 시나楄 |
| 학 명 | *Tilia japonica* |
| 과 명 | 아욱과[피나무과](피나무속) |
| | 갈잎넓은잎나무(산공재) |
| 분 포 | 일본 홋카이도~규슈 |
| 비 중 | 0.37~0.61 |

심재와 변재를 구별하기 어렵고 전체적으로 희끄무레한 낮은 채도의 크림색이다. 나이테가 뚜렷하지 않다. 목재 면은 결이 세밀하고 균일하다. 수축률이 낮아 뒤틀리지 않아 건조나 가공이 수월하다(갈이틀 가공에서는 약간 깎기 힘든 편). 가공할 때 독특한 향이 난다.

# 수수하고 광택이 있는 목재 면, 초여름에 핀 꽃으로 꿀벌이 몰려드는 나무

일본피나무의 나뭇결은 그야말로 치밀하다. 하얀 색상에 번쩍이는 듯한 광택이 난다. 나이테는 뚜렷하지 않지만 구부러짐 없는 곧은 나뭇결을 가졌다. 환공재인 밤나무나 느티나무처럼 휨에 강하다는 인상을 풍기는 목재는 아니며 오히려 강점을 감추는 듯 수수한 인상을 준다. 넓은잎나무 중에서도 꽤 가볍고 부드러운 편이다. 뒤틀리지 않아 가공하기 쉽다. 이런 특징 때문에 폭넓은 용도로 사용된다. 특히, 합판으로 사용되는 비율이 높다. 목각 작품에도 자주 쓰인다. "나뭇결이 도드라지지 않아 상상한 대로 마감할 수 있다. 일본피나무는 자신을 표현하는 자유로운 캔버스 같다"(목공 장인).

가까운 종인 잎이 큰 오바보다이주大葉菩提樹(T. maximowicziana)의 목재는 일본피나무와 거의 비슷한 목질이지만 색이 약간 엷기 때문에 일본에서 아오시나('창백한 일본피나무'란 의미—옮긴이)로 불리는데 같은 맥락에서 일본피나무를 아카시나('붉은 일본피나무'라는 의미—옮긴이)라고 하기도 한다. 일본 목재 유통 단계에서는 대부분 이 둘을 함께 '시나' 목재라고 칭한다.

일본피나무의 나무껍질에서 얻게 되는 풍부한 섬유질로는 실을 뽑고 새끼를 꼬아 천을 만든다. 초여름에 핀 감귤계의 향이 나는 담황색 꽃에는 꿀벌이 모여든다. 일본피나무는 품질 좋은 벌꿀의 원천이 되는 밀원식물이다.

◀ 아이누인이 사용하는 일본피나무로 만든 주걱. 오른쪽은 경단을 만들 때 사용하는 주걱(작품: 가이자와 도루. 촬영: 혼다 다다시). ❶ 높이 15~20m, 지름 50~60cm 정도의 큰키나무. 높이 20m 이상 성장하는 나무도 있다. 부분적으로 나이테가 생기지 않는 불규칙적인 나이테일 경우가 많다. 6~7월에 옅은 누런색의 꽃이 핀다. ❷ 시나 목재를 깎아 만든 '나무 가방'(작품: 가메이 유키). ❸ 시나 목재는 서랍 옆면으로 자주 쓰인다. ❹ 어린나무의 나무껍질은 매끈하지만 다 자란 나무의 표면에는 세로로 얕은 갈라짐이 있다. ❺ 잎은 좌우 비대칭으로 비뚤어진 하트 모양이며 잎끝은 삐쭉 튀어나왔고 끝이 뾰족하다. 잎 길이와 폭은 모두 4~8cm 정도이다. 홑잎으로 어긋나기를 한다. 잎 가장자리에는 톱니가 있다. 비슷하게 생긴 오바보다이주의 잎은 일본피나무 잎보다 훨씬 크고 잎 뒷면에 하얀 털이 빽빽하게 나 있다.

# 자동

| 일본명 | 데이고梯梧, 데이코, 디구 |
|---|---|
| 학 명 | *Erythrina variegata* |
| 과 명 | 콩과(닭벼슬나무속) |
| | 늘푸른넓은잎나무(산공재) |
| 분 포 | 일본 오키나와, 아마미 군도, 오가사와라 제도, 인도 원 |
| 비 중 | 0.21 |

빨대를 잔뜩 모아 합친 듯 빈틈이 많은 목재이다. 나이테는 그다지 눈에 띄지 않는다. 베이지색 바탕에 검은 줄무늬나 점이 나타난다. 건조에는 강하지만 벌레나 곰팡이가 끼기 쉽다. 일본 목재 중 가장 가볍고 무르다. 갈이틀로 가공할 때는 날을 잘 갈아 쓰지 않으면 자른 면이 거칠어지기 십상이다. 특별한 향은 나지 않는다.

# 오키나와를 대표하는 나무의 목재는 일본에서 가장 가볍고 무르다

자동은 일본의 오키나와나 오가사와라 제도 등에서 자라는 갈잎큰키나무로 오키나와에서는 흔히 볼 수 있다. 일본 록그룹 '더 붐'의 인기곡인 〈섬 노래島唄〉의 가사에도 등장하며 그 이름이 널리 알려졌다. 가지의 형태가 좋아 한길이나 학교 등에 심을 뿐 아니라 방풍림의 역할도 한다. 인도가 원산지이지만 전 세계의 열대지방에서 자란다.

줄기와 가지 곳곳에 난 굵은 가시가 특징이다. 봄에 피는 선명한 빨간색 꽃이 인상적이어서 '오키나와의 꽃'으로도 지정되었다. 뿌리혹균(공기 중의 질소를 붙잡아 양분으로 바꾸는 균)과 공생하기 때문에 메마른 땅에서도 나고 자란다.

목재의 비중은 0.2 전후로 참오동나무와 비슷하며 일본 목재 중에서는 가장 가볍고 무르다. 가볍고 잘 변형되지 않는 특징을 살려 오래전부터 류큐칠기의 백골로 사용되었다. 큰 칠기라도 가벼워서 다루기 쉽고 옻칠도 잘 먹는다. 다만, 너무 물러서 갈이틀로 가공하기가 까다롭다.

가까운 종인 남미산 닭벼슬나무(E. crista-galli)는 일본 간토 지역 이서에서 자라는데 자동보다 나무의 높이가 낮다(높이 2~8m 정도).

◀ 높이 10~15m의 갈잎큰키나무. 가지는 옆으로 넓게 벌어져 듬직하게 자란다. 뿌리 힘이 유별나서 도로가에 심은 자동 뿌리가 아스팔트를 들어올리기도 한다. 4~5월에 잎이 나기 전에 선명한 다홍색의 꽃이 핀다. 6~8월 무렵 꼬투리열매가 흑갈색으로 익어간다. ❶ 붉게 칠한 대접(오키나와현 공예진흥센터 소장품). 들었을 때 보기보다 가볍게 느껴진다. ❷ 류큐칠기의 그릇 백골(오키나와현 공예진흥센터 소장품). 빈 곳을 모래로 메워 백골을 보강한다. ❸ 나무껍질은 회색이며 세로로 얕게 갈라진다. ❹ 잎은 긴 잎자루 끝에 작은 잎이 3장 붙는다(세겹잎). 작은 잎의 길이는 8~18cm 정도이다. 잎 가장자리는 밋밋하며 잎끝은 뾰족하다.

# 자작나무

| | |
|---|---|
| 일본명 | 시라칸바白樺, 시라카바(※주로 목재명이나 통칭으로 사용 |
| 학 명 | *Betula platyphylla* var. *japonica* |
| 과 명 | 자작나무과(자작나무속) |
| | 갈잎넓은잎나무(산공재) |
| 분 포 | 일본 홋카이도, 혼슈(주부 지역 이북) |
| 비 중 | 0.58 |

심재와 변재를 구별하기 어렵다. 전체적으로 크림색을 띤 흰색으로 목재 면이 아름답다. 하지만 수반점pith fleck이라 불리는 갈색 반점이나 줄무늬가 나 있을 때가 많다. 내구성은 낮아 목재로서의 평가도 낮지만 제대로 건조하면 좋은 목재가 된다. 희미하게 향이 난다.

# 하얀 줄기가 아름다울 뿐만 아니라 개척식물의 면모까지 갖춘 나무

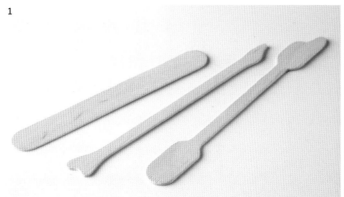

자작나무속의 나무 중 가장 유명한 나무는 아마 자작나무일 것이다. 이른 봄이면 선명한 녹색의 어린잎과 하얀 나무껍질이 아름답게 어우러져 보는 이의 눈을 즐겁게 한다.

자작나무는 홋카이도나 혼슈 중북부의 고원과 산지에서 자생하는 선구종pioneer이다. 벌채를 마친 곳이나 산불이 지나간 곳 등 볕이 잘 드는 탁 트인 장소에 제일 먼저 싹을 틔우고 성장하여 숲을 이룬다.

표고가 높은 산지에서는 사스래나무와 섞여 자라기도 한다. 얼핏 보고는 서로 구별하기 어렵지만 몇 가지 특징을 비교하면 가려낼 수 있다. 자작나무의 나무껍질은 새하얗고 곳곳에 시옷 자 모양으로 검은 가지 흔적이 나 있다. 잔가지가 검은 것도 자작나무의 특징이다. 사스래나무의 나무껍질은 베이지색이며 시옷 자 모양의 흔적이 없다. 잎은 사스래나무가 더 홀쭉하며 잎밑(잎자루에 붙는 부분)이 휘어진 활 모양일 때가 많다.

목재로서의 평가는 그리 높지 않다. 그 이유는 검은 반점과 줄무늬가 목재 면에 나타나며 쉽게 갈라지기 때문이다. 하지만 확실히 건조를 마치면 견고하고 좋은 목재가 된다. 자작나무는 텅 빈 땅에 쉽게 뿌리를 내려 빠르게 성장하므로 조금 더 관심 있게 목재로서의 활용 방안을 고민해 봐도 좋을 것이다.

◀ 높이 10~20m, 지름 30~40cm 정도의 큰키나무. 전체적으로 새하얀 나무의 모습은 숲속에서도 눈에 띈다. 4~5월에 암꽃과 수꽃이 꽃을 피운다. ❶ 자작나무 목재로 만든 자궁암 검사 막대와 허누르개(작품: 아이토미 목재가공). ❷ 자작나무를 갈이틀로 깎아 마감한 니마(아이누족의 말로 그릇)(작품: 오사키 마오). ❸ 하얀 나무껍질 곳곳에 시옷 자 모양으로 검은 가지 흔적이 생기는 것이 특징이다. 가로로 짧막한 무늬가 있으며 껍질은 종이처럼 얇게 벗겨진다. ❹ 잎은 밑 부분이 둥그스름한 삼각형 모양이다. 잎끝은 뾰족하다. 잎 길이는 5~8cm, 폭은 4~7cm 정도이다. 홑잎으로 긴 가지에서는 어긋나기를 하며 짧은 가지에서는 2장의 잎이 마주나기를 할 때가 많다. 잎 가장자리에는 불규칙한 톱니가 나 있다.

# 자작나무류

| 일본명 | 가바樺, 간바, 가바노키 |
|---|---|
| 학 명 | *Betula maximowicziana*(일본왕자작나무, 우다이칸바鵜松明樺, 마카바真樺) *B. ermanii*(사스래나무, 다케칸바岳樺) |
| 과 명 | 자작나무과(자작나무속) 갈잎넓은잎나무(산공재) |
| 분 포 | 한국 사스래나무: 주로 백두대간 일본 홋카이도, 혼슈(주부 지역 이북) |
| 비 중 | 일본왕자작나무 0.50~0.78, 사스래나무 0.65 |

*박달나무 80쪽, 일본벚자작나무 144쪽, 자작나무 158쪽

일본왕자작나무 목재. 일본산 바늘잎나무 목재 가운데 최고급품으로 꼽힌다. 나뭇결은 치밀하고 균일하다. 목재 면에는 윤이 난다. 심재는 자작나무류의 나무치고는 붉은빛이 강한 옅은 팥죽색이다. 변재는 흰색에 가깝다. 단단하고 끈기 있으며 결이 곧은 목재로 활용된다. 향은 그다지 나지 않는다. 고급가구재나 나뭇결을 살린 화장단판 등으로 쓰인다.

## 품질 좋고 유용한 목재, 흰 나무껍질은 숲속에서도 눈에 띈다

자작나무속의 나무는 일본에서만 10여 종이 넘는다. 보통 식물로 칭할 때는 '간바'라고 하며 목재로는 '가바'라고 부를 때가 많다. 일본왕자작나무, 사스래나무, 자작나무, 일본벚자작나무 등이 대표적인 자작나무속의 나무이다.

그중에서도 가장 크게 성장하며 목재로서의 평판이 높은 나무는 일본왕자작나무이다. 한때 일본 홋카이도 산지 등에서는 높이 30m, 지름 1m 이상 가는 거목도 볼 수 있었다(최근에는 급격히 줄었다). 단단하고 치밀하며 가공하기 쉽고 마감이 깨끗하다는 특징 때문에 양질의 목재로 이름났다. 일본의 목재 유통 단계에서는 변재 부분이 많은 나무를 '메지로카바'라고 부르며 일본왕자작나무와는 달리 취급한다.

사스래나무는 표고가 높은 곳에서 자란다. 일본왕자작나무처럼 거목으로 자라지는 않으며 잎도 조금 작은 편이다. 기상 조건이 혹독한 산지에서는 꼬불꼬불 구부러져 자란 나무도 찾을 수 있다. 얼핏 보기에는 자작나무와 비슷하지만 나무껍질 등으로 구별할 수 있다. 사스래나무는 일본왕자작나무와 거의 같은 목질로 단단하고 결이 균일하다. 일본왕자작나무와는 구별하기 어렵다. 또한, 부패 등의 이유로 건조할 때 뒤틀림이 생기기 쉽다. 사스래나무 목재는 일본에서 자쓰카바*라는 이름으로 유통된다.

*일본왕자작나무와 일본벚자작나무를 제외한 자작나무류의 목재를 통틀어 자쓰카바('잡다한 자작나무'라는 뜻―옮긴이)라고 부를 때가 많다. 자쓰카바의 대부분은 사스래나무로 추측한다.

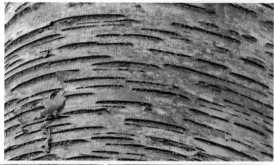

◀ 일본왕자작나무. 높이 20~30m, 지름 50~80cm 정도의 큰키나무. 높이 35m, 지름 1m 이상 성장하는 나무도 있다. 5~6월 무렵 잎이 나는 시기에 꽃이 핀다. ❶ 일본왕자작나무를 쓰고 투명 옻칠로 마감한 사이드 테이블(작품: 다니 신이치로). ❷ 일본왕자작나무(다 자란 나무)의 나무껍질. 어디에 긁힌 듯한 짧은 가로줄이 수없이 나 있다. 늙은 나무가 되면 가로로 종이처럼 껍질이 벗겨진다. ❸ 다 자란 사스래나무의 나무껍질. 살구색이며 종이처럼 얇게 벗겨진다. 이 모습 때문에 일본에서는 소시칸바('종이 자작나무'라는 뜻―옮긴이)로 불린다. 자작나무와 닮았지만 자작나무는 나무껍질이 조금 더 희고 줄기에 인상적인 시옷 자 모양의 검은 가지 흔적이 있다. ❹ 일본왕자작나무의 잎은 스페이드나 하트 모양이며 잎끝이 뾰족하다. 잎 길이는 8~15cm, 폭은 6~10cm 정도로 일본 자작나무류 가운데 가장 크다. 홑잎으로 어긋나기를 한다. 잎 가장자리에는 불규칙한 톱니가 있다. ❺ 일본왕자작나무로 만든 버터 보관함과 버터 칼(작품: 스튜디오 KUKU).

# 조록나무

| | |
|---|---|
| 일본명 | 이스노키杼/蚊母樹, 혼노키, 유시기(오키나와) |
| 학 명 | *Distylium racemosum* |
| 과 명 | 조록나무과(조록나무속) 늘푸른넓은잎나무(산공재) |
| 분 포 | 한국 전남 완도, 제주도 |
| | 일본 혼슈(남부), 시코쿠, 규슈, 오키나와 |
| 비 중 | 0.90~1.00 |

나뭇결이 촘촘하고 목재 면이 치밀하다. 시간이 흐름에 따라 짙은 밤색으로 변한다. 아주 단단해서 절삭가공이나 갈이틀 가공이 어렵다. 변형이 심하고 건조 후에도 갈라질 때가 있다. 마감 면은 손쉽게 광택이 난다. 향은 거의 나지 않는다.

# 일본산 목재 중 가장 무겁고 단단한 목재, 잎에 생긴 벌레혹이 눈에 띈다

일본에서 조록나무는 의자의 재료로 유명한 까닭에 이스노키('의자 나무라는 뜻-옮긴이)로 불린다고는 하지만 정확한 유래는 밝혀지지 않았다. 잎과 가지에서는 진딧물이나 진드기 때문에 생긴 벌레혹을 흔히 볼 수 있다. 벌어진 구멍으로 숨을 불어 넣으면 딱딱해진 벌레혹이 '휘요-' 하고 바람 소리를 내는데 이 때문에 혼노키라고 부르기도 한다. 일본에 자라는 나무 중 가시나무류나 류큐흑단과 함께 가장 무겁고 단단한 목재로 손꼽힌다. 비중은 1.0 전후이며 개중에는 물에 가라앉는 나무도 있다. 보존성이 높고 흰개미에도 강하지만 건조하기 어려운 까다로운 목재이다. 너무 단단해서 가공하기도 어렵다. 마감 면은 치밀하고 광택이 있어 아름답다. 목재 색은 처음에는 옅지만 시간이 지날수록 짙은 밤색으로 변해간다.

용도는 대부분 목재의 단단함에 주목한 것들이다. 샤미센(현이 세 줄인 일본 전통 현악기-옮긴이)이나 샤미센의 손잡이, 목도(특히, 스누케로 불리는 조록나무의 심재 부분을 고급 재료로 친다), 주판알, 도구의 자루 등에 쓰인다. 자단, 흑단, 좀회양목 대신에 쓰이기도 했다. 나무껍질이나 가지를 태우고 남은 재는 도자기(특히, 아리타도기)의 유약으로 사용한다.

◀ 주판알. 단단하고 잘 갈라지지 않는 특성 때문에 주판알로 자주 쓰인다. 사진의 주판알은 검게 색을 입혀 흑단으로 만든 고급 주판알을 흉내 낸 듯하다. (아래 사진) 샤미센의 손잡이. 류큐흑단으로 만든 샤미센을 으뜸으로 치며 조록나무로 만든 샤미센은 그보다 조금 떨어진다. ❶ 높이 15~20m, 지름 1m 정도까지 성장하는 큰키나무. 일본 간토 지역 남쪽~남서쪽에 자리 잡은 늘푸른나무 숲에서 자란다. 규슈 남부나 오키나와의 늘푸른나무 숲에서도 흔히 볼 수 있다. 방풍림으로 조성되기도 한다. 3~4월 무렵, 꽃이 피며 9~11월 무렵, 열매가 익는다. ❷ 어린나무의 나무껍질은 평평하고 매끄럽다. 늙은 나무의 나무껍질은 비늘 모양이다. ❸ 잎은 타원형이며 잎끝이 뾰족한 잎과 무딘 잎이 섞여 난다. 잎 길이는 3~8cm, 폭은 2~3.5cm 정도이며 홑잎으로 어긋나기를 한다. 잎 가장자리는 톱니가 없어 밋밋하다. 잎의 앞면과 뒷면 모두 털이 없다. 가죽질로 두툼하고 만지면 딱딱하다. 사진에는 잘 보이지 않지만 잎과 가지에 벌레혹이 있다.

# 졸참나무

| 일본명 | 고나라小楢, 호소 |
|---|---|
| 학 명 | *Quercus serrata* |
| 과 명 | 참나무과(참나무속) 갈잎넓은잎나무(환공재) |
| 분 포 | 한국 전역(북부의 오지는 제외) |
| | 일본 홋카이도(남부), 혼슈, 시코쿠, 규슈 |
| 비 중 | 0.60~0.99 |

| 일본명 | 고나라小楢, 호소 |
|---|---|
| 학 명 | *Quercus serrata* |
| 과 명 | 참나무과(참나무속) 갈잎넓은잎나무(환공재) |
| 분 포 | 한국 전역(북부의 오지는 제외) |
| | 일본 홋카이도(남부), 혼슈, 시코쿠, 규슈 |
| 비 중 | 0.60~0.99 |

목재 유통 단계에서 졸참나무라는 이름은 잘 사용하지 않는다. 물참나무처럼 호랑이 줄무늬가 나오기도 한다. 나이테 폭은 물참나무보다 조금 넓은 편이다. 건조 중에 갈라짐이나 뒤틀림, 휨 등이 생기기 쉽다. 곧은결 목재 외에는 사용하기 어렵다.

# 오래전부터 땔감이나 숯감으로 생활에 꼭 필요한 잡목림의 대표 나무

졸참나무는 높이 10~20m, 지름 50~60cm의 갈잎큰키나무이다. 물참나무와 비교하면 나무 높이나 가지의 굵기, 잎 크기 등이 전체적으로 작은 편이다. 마을 근처의 산이나 잡목림(특히, 일본 무사시노 대지臺地의 잡목림 등)을 구성하는 주요 나무로 예전에는 땔감이나 숯감으로 사용하기 위해 대량으로 벌채되었다. 졸참나무는 화력이 강하고 불길도 오래간다. 벌채 후에도 남은 그루터기에서 싹이 나 금방 다시 자라므로 생활에 빼놓을 수 없는 유용한 나무였다. 표고버섯의 재배 원목으로도 내구성이 높아 현재 상수리나무와 함께 널리 쓰인다.

졸참나무의 목재는 물참나무보다 단단하고 무거워 일본에서는 이시나라('돌 참나무'라는 뜻─옮긴이)라고 부르기도 한다. 건조 시 갈라짐이나 뒤틀림이 생기기 쉽고 가공하기도 까다롭다. 가구재나 건축재로는 어울리지 않는다는 평이 많지만 제대로 건조한다면 쓰지 못할 까닭이 없다. "버섯 재배용으로 졸참나무를 들여서 쓰고 있는데 얇은 천을 덧대 신중히 건조하지 않으면 갈라지고 만다. 그래도 나뭇결은 곱다"(목공 장인). 일본 목재 유통 과정에서 나라(참나무의 통칭─옮긴이)라고 하면 일반적으로 물참나무를 가리키지만 졸참나무가 섞여 있을 때도 있다.

◀ 졸참나무를 갈이틀로 깎아 투명 옻칠로 마감한 그릇(작품: 임성진). ❶ 산야의 볕이 잘 드는 곳에서 비교적 곧게 자란다. 4~5월 무렵 잎이 나는 시기에 함께 꽃이 핀다. 도토리(굳은열매)는 물참나무보다 작고 가느다랗다. ❷ 다 자란 나무는 세로로 갈라짐이 생기지만 평평한 부분도 남는다. 늙은 나무가 되면 고랑은 더욱 깊어진다. ❸ 잎은 밑이 좁은 타원형으로 끝이 뾰족하다. 잎 길이는 5~15cm, 폭은 4~6cm 정도이다. 물참나무나 떡갈나무보다 잎이 작다. 홑잎으로 어긋나기를 한다. 잎 가장자리에는 듬성듬성 톱니가 난다. 1cm 정도 되는 잎자루가 특징이다(물참나무는 잎자루가 아주 짧아서 없는 것처럼 보인다). ❹ 10년 이상 사용한 졸참나무 소재의 사무용 책상. 드물게도 가구재로 사용했다. 건조만 제대로 한다면 이처럼 가구로도 활용할 수 있다.

# 좀회양목

| 일본명 | 쓰게柘植/柘/黃楊, 아사마쓰게 |
|---|---|
| 학 명 | *Buxus microphylla* var. *japonica* |
| 과 명 | 회양목과(회양목속) 늘푸른넓은잎나무(산공재) |
| 분 포 | 한국 중부 이남<br>일본 혼슈(야마가타현·미야기현 이남),<br>이즈 제도(미쿠라섬, 미야케섬 등), 시코쿠, 규슈 |
| 비 중 | 0.75 |

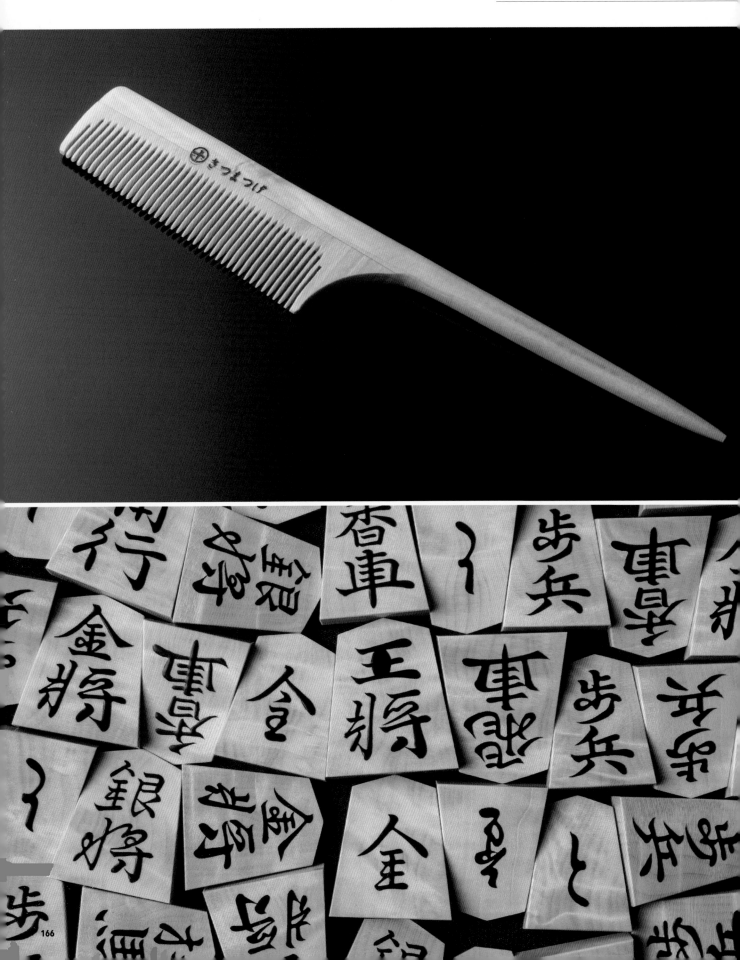

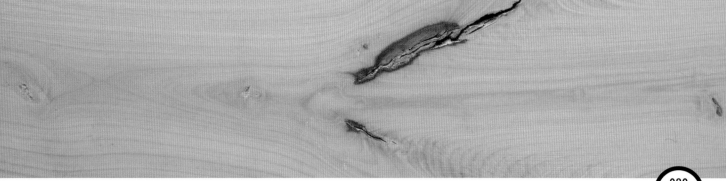

심재와 변재를 구별하기 어렵다. 전체적으로 깔끔한 노란색이다. 목재 면이 매끈하고 나뭇결은 촘촘하고 아주 치밀하다. 목질은 단단하고 뒤틀림이 적다. 절삭가공이나 대패 작업은 어렵지만 갈이틀 가공으로는 곱게 깎인다. 섬세한 조각에도 많이 쓰이며 특별한 향은 없다.

# 곱고 섬세한 나뭇결에 단단함과 끈기까지 여러 장점을 두루 갖춘 유용한 목재

좀회양목은 일본에서 자라는 나무 중에서도 특히나 우수함이 돋보여 옛날부터 유용한 목재로 사용되었다. 목재 면은 치밀하고 매끄러우며 결이 섬세하다. 뿐만 아니라 단단하고 끈기가 있어 뒤틀림이 적고 잘 갈라지지 않으며 마감이 깔끔하고 광택이 난다. 잘 알려진 용도로는 빗이나 일본 장기말, 도장 등이 있으며 합성수지가 없던 시절에는 자나 기계 부품 등에 쓰이기도 했다. 목재는 일본 가고시마현 이부스키시 부근의 사쓰마 좀회양목과 이즈 제도의 미쿠라섬에서 나는 미쿠라 좀회양목이 유명하다. 사쓰마 좀회양목으로는 주로 빗을 만들고 미쿠라 좀회양목은 대부분 장기말의 재료로 쓰인다.

좀회양목은 일본에서 '쓰게'라고 부르는데 좀회양목 외에도 쓰게로 불리는 나무나 목재가 몇 가지 있다. 서로 섞여 쓰일 때가 많으므로 주의해야 한다. 좀회양목과 분위기가 비슷한 꽝꽝나무(Ilex crenata)도 흔히 쓰게라고 불리지만 감탕나무과의 나무로 전혀 다른 종이다. 좀회양목의 잎은 가장자리가 밋밋하고 마주나기를 하지만 꽝꽝나무의 잎은 가느다랗고 어긋나기를 하며 잎 가장자리에 적은 수의 얕은 톱니가 있다. 일본에서 샤무쓰게라고 불리는 타이·인도 원산의 치자나무류(Gardenia spp.) 역시 꼭두서니과로 좀회양목과는 다른 종이다. 치자나무류의 목재는 색과 목재 면의 치밀함이 좀회양목을 쏙 빼닮았다. 좀회양목과 마찬가지로 빗이나 도장을 만들 때 사용한다(가격은 저렴한 편이다).

◀ 사쓰마 좀회양목으로 만든 빗. 사쓰마 좀회양목 중에는 성장이 빠른 회양목(Buxus microphylla var. sinica)의 비율이 높다고 한다. (아래 사진) 사쓰마 좀회양목으로 만든 일본 장기말. ❶ 높이 2~5m의 떨기나무가 대부분이지만 높이 10m, 지름 50cm 전후까지 성장하는 나무도 있다. 3~4월에 옅은 노란색의 꽃이 달린다. ❷ 잎은 달걀형~타원형이며 잎끝이 조금 뭉툭하게 파여 있다. 잎 길이는 1~4cm, 폭은 6~15mm 정도이며 홑잎으로 마주나기를 한다. 잎 가장자리에는 톱니가 없어 밋밋하며 잎 앞면에는 광택이 있다. 만지면 조금 단단하다(두툼한 가죽질). ❸ 나무껍질은 흰색에 가까운 회색이다. 어린나무의 나무껍질은 대체로 매끈하지만 시간이 지날수록 갈라짐이 생겨 비늘 모양이 된다.

# 주걱물푸레나무

| 일본명 | 시오지鹽地/柾樹/柾橋, 고바치 |
|---|---|
| 학 명 | *Fraxinus platypoda* |
| 과 명 | 물푸레나무과(물푸레나무속) |
| | 갈잎넓은잎나무(환공재) |
| 분 포 | 일본 혼슈(간토 지역 이서), 시코쿠, 규슈 |
| 비 중 | 0.53 |

나이테가 확실하게 보인다(환공재의 특징). 나뭇결은 비교적 올곧다. 심재는 밝고 옅은 노란색이다. 들메나무와 매우 닮아서 구별하기 어려우나 주걱물푸레나무가 조금 더 밝은 느낌이다. 들메나무보다도 무늬가 자주 나타난다. 단단하기가 좋고 가공하기 쉽다. 향은 거의 나지 않는다.

# 표고 높은 산간의 계곡을 따라 자라며 목재가 들메나무와 흡사한 나무

주걱물푸레나무는 서 있는 나무로나 목재로나 들메나무를 쏙 빼닮았다. 특히, 목재는 전문가도 구별하기 어려울 정도이다. 일본에서 '다모'라는 이름으로 유통되는 목재(들메나무 목재를 흔히 '다모'라고 부른다)에는 주걱물푸레나무가 섞여 있을 때가 많다. 거의 같은 목질의 목재라면 홋카이도산은 들메나무, 서일본산은 주걱물푸레나무로 봐도 무방하다.

목재는 나뭇결이 올곧고 단단하기가 좋으며 커다란 목재를 얻을 수 있고 가공하기 쉽다. 들메나무 목재와는 색의 질감으로 구별해야 한다. 주걱물푸레나무의 목재는 노란색이 조금 더 밝게 느껴진다. 아름다운 무늬는 주걱물푸레나무 목재에 더 잘 나타난다. 용도는 들메나무와 거의 같아서 가구나 목공예품을 만들 때 사용한다.

서 있는 나무의 차이점은 우선 자라는 곳이 다르다. 주걱물푸레나무는 간토 지역 이서의 표고 높은 곳에서 계곡을 따라 많이 자라며 대개 태평양 연안에 분포한다. 들메나무는 홋카이도에서 혼슈 주부 지역에 걸쳐 아한대에서 자생한다. 눈이 많은 지역이나 북쪽 해안가에 많다. 잎은 둘 다 홀수깃꼴겹잎으로 작은 잎을 비교해 봐도 구분하기 어렵다. 확실하게 차이가 나는 곳은 잎자루에 붙는 작은 잎의 잎밑 부분이다. 주걱물푸레나무는 그곳에 털이 없지만 들메나무는 갈색으로 가는 털이 빽빽하게 나 있다.

◀ 산허리에 뿌리를 내리고 살아가는 주걱물푸레나무. ❶ 표고 500m 이상의 산간 계곡을 따라 자란다. 개굴피나무와 함께 자랄 때가 많다. 높이 15~30m, 지름 60cm~1m 정도의 큰키나무. 4~5월에 잎이 나기 전에 꽃이 핀다. ❷ 잎은 2~4쌍의 작은 잎이 마주나기를 하는 홀수깃꼴겹잎이다(전체 작은 잎 수는 5~9장). 작은 잎은 타원형으로 잎끝이 조금 튀어나와 있으며 끝이 뾰족하다. 작은 잎의 길이는 8~15cm, 폭은 3~7cm 정도이다. 겹잎 전체의 길이는 25~35cm 정도이다. 잎 가장자리에는 자잘한 톱니가 있다. ❸ 나무껍질은 약간 어두운 회색이며 가로로 가늘게 갈라진다. 들메나무는 조금 밝은 색이며 갈라짐이 깊다. ❹ 주걱물푸레나무의 실생實生(자연히 씨에서 싹터 자란 식물―옮긴이). ❺ 진다이 주걱물푸레나무로 만든 선반(작품: 도쿠나가 도시오). 문짝으로는 수백 년이나 땅속에 파묻혀 있던 주걱물푸레나무가 쓰였다.

# 주목

| 일본명 | 이치이一位, 온코, 아라라기 |
|---|---|
| 학 명 | *Taxus cuspidata* |
| 과 명 | 주목과(주목속) 늘푸른바늘잎나무 |
| 분 포 | 한국 백두대간 중심(자생) |
| | 일본 홋카이도~규슈(미나미큐슈는 제외) |
| 비 중 | 0.45~0.62 |

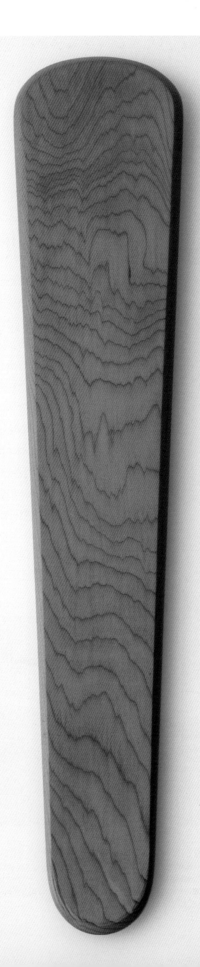

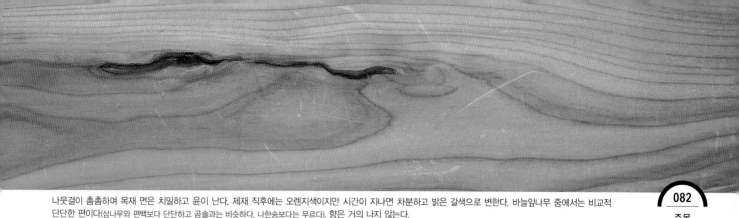

나뭇결이 촘촘하며 목재 면은 치밀하고 윤이 난다. 제재 직후에는 오렌지색이지만 시간이 지나면 차분하고 밝은 갈색으로 변한다. 바늘잎나무 중에서는 비교적 단단한 편이다(삼나무와 편백보다 단단하고 곰솔과는 비슷하다. 나한송보다는 무르다). 향은 거의 나지 않는다.

# 고대부터 사용해 온 색조가 아름다운 바늘잎나무 목재

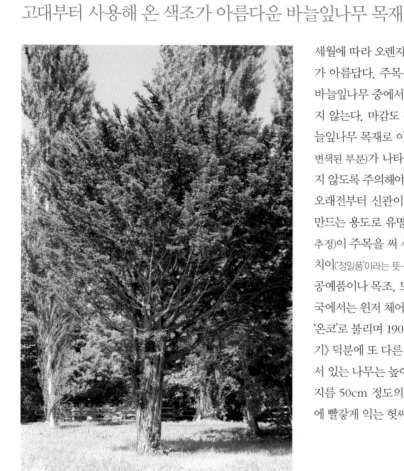

세월에 따라 오렌지색에서 갈색으로 깊어져 가는 목재의 차분한 색조가 아름답다. 주목은 성장이 더디므로 나이테가 빽빽하고 균일하다. 바늘잎나무 중에서는 비교적 단단한 편이며 건조하기 쉽고 잘 변형되지 않는다. 마감도 깔끔하며 광택이 난다. 이런 특징 때문에 좋은 바늘잎나무 목재로 이름이 높다. 하지만 광조鑛條(광물이 섞여 암갈색으로 변색된 부분)가 나타날 수도 있으므로 가공할 때 날에 닿아 흠이 생기지 않도록 주의해야 한다.

오래전부터 신관이 격식 있는 자리에서 손에 쥐는 널조각인 샤쿠를 만드는 용도로 유명했다. 일본 인토쿠 천황(재위 기간은 4세기 무렵으로 추정)이 주목을 써 샤쿠를 만들고 나무에 관위를 하사한 다음부터 이치이('정일품'이라는 뜻—옮긴이)라는 이름으로 불렸다고 한다. 벼룻집 같은 공예품이나 목조, 도코노마의 기둥 및 단의 재료로도 사랑받았다. 영국에서는 윈저 체어의 부재료로 쓰인다. 주목은 일본 홋카이도에서는 '온코'로 불리며 1908년에 창간된 단카(일본 전통 시—옮긴이) 잡지《아라라기》덕분에 또 다른 이름인 '아라라기'도 널리 알려졌다.

서 있는 나무는 높이 15m 정도의 큰키나무도 있지만 높이 10m 이하, 지름 50cm 정도의 떨기나무가 훨씬 흔하다. 솔방울과는 달리 가을에 빨갛게 익는 헛씨껍질이라는 씨앗이 작은 씨를 감싸고 있다.

◀ 신관이 사용하는 샤쿠. 인토쿠 천황은 주목을 써 샤쿠를 만들게 했다. 현재에도 주목을 애용한다. ❶ 높이 10~15m, 지름 70cm~1m까지 성장하는 나무도 있지만 대부분 떨기나무이다. 암수딴그루로 3~5월 무렵에 암꽃과 수꽃이 핀다. 가을에 볼 수 있는 새빨간 열매의 빨간 부분은 살이 오른 헛씨껍질로 씨를 감싼 모습이다. 살은 달콤하고 먹을 수 있지만 씨에는 독성이 있다. ❷ 나무껍질은 붉은빛이 도는 갈색이다. 세로로 얇게 갈라져 직사각형으로 벗겨진다. ❸ 잎은 바늘잎나무에 흔한 바늘형이 아니라 길이 1.5~2.5cm, 폭 1.5~3mm 정도의 선형이다. 가지에 나선형으로 잎이 달린다. 잎끝은 뾰족해 보이지만 만져도 아프지 않다. 잎 모양이 비슷한 비자나무의 잎끝은 날카롭고 뾰족해서 만지면 아프다. ❹ 주목으로 만든 장식함(작품: 가쿠마 요시노리). 덮개 가장자리의 검은 부분은 진다이 계수나무이며 하단의 검은 부분은 흑단이다. 나머지 부분에는 주목을 사용했다. 26.8×15.8×높이 12.9cm.

# 참빗살나무

| 일본명 | 마유미眞弓/檀, 야마니시키기山錦木 |
| --- | --- |
| 학 명 | *Euonymus sieboldianus*(이명: *E. hamiltonianus*) |
| 과 명 | 노박덩굴과(화살나무속) 갈잎넓은잎나무(산공재) |
| 분 포 | 한국 강원, 경기, 충청, 전라, 제주도 |
| | 일본 홋카이도~규슈(야쿠섬 포함) |
| 비 중 | 0.67 |

목재의 분위기는 좀회양목이나 동백나무와 닮았다. 나이테는 명확하지 않다. 심재와 변재의 구별도 어렵다. 전체적으로 약간 노란빛이 도는 흰색이다. 목재 면이 치밀하고 매우 매끄러우며 광택이 난다. 목질은 단단하기가 적당하고 약간 끈기가 있어 가공하기 쉽다. 특별한 향은 나지 않는다.

# 질감이 좀회양목과 비슷하며 치밀하고 매끄러워 오래전에는 활의 재료로 쓰였다

지금으로부터 수천 년 전인 전기 조본 시대의 유적(일본 후쿠이현 도리하마카이즈카 유적 등)에서 참빗살나무로 만든 통나무 활이 출토되었다. 나무나 가지를 고스란히 사용한 활이라는 의미로 통나무 활이라고 한다(통나무배도 같은 맥락이다). 조몬인도 튼튼하고 끈기 있어 잘 휘어지는 참빗살나무가 활의 좋은 재료라는 사실을 알고 있었던 듯하다.

참빗살나무의 일본 이름인 '마유미'는 '통째'나 '으뜸'을 뜻하는 '마眞'와 '활'이라는 의미의 '유미弓'가 합쳐진 데서 유래한다. 조몬 시대의 통나무 활 재료로는 참빗살나무 외에도 가시나무류나 일본벚자작나무를 꼽을 수 있지만 그중 으뜸이 참빗살나무라는 사실을 이름에 담았는지도 모른다. 일본 옛 시가집인 《만요슈》에도 마유미를 노래한 시가 10수쯤 있다. 다만, 원래의 뜻과는 상관없이 일본어로 '~당기다', '~팽팽해지다' 등을 의미하는 동사 앞에 형식상 붙는 마쿠라코토바로 쓰일 때가 많았으며 '상대방의 마음을 끈다'와 같은 뜻을 표현하는 말로 쓰이기도 했다.

근세에 들어서는 치밀하고 매끈한 목질이 좀회양목이나 동백나무와 닮았기에 장기말이나 도장 등으로 사용되었다. 붉게 물든 단풍과 갈라지면서 씨를 내놓는 열매의 아름다운 모습을 감상하기 위해 정원수로 심기도 한다.

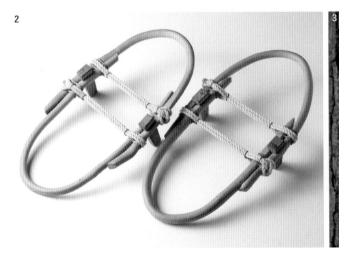

◀ 잎은 타원형이며 잎끝으로 갈수록 가늘고 뾰족하다. 잎 길이는 5~15cm, 폭은 3~8cm 정도이며 홑잎으로 마주나기를 한다. 잎 가장자리에는 자잘한 톱니가 있다. 잎은 양면 모두 털이 없다. ❶ 높이 3~10m, 지름 20~30cm 정도의 산야나 벌판에서 자라는 작은키나무. 10~11월에 붉은빛을 띤 작고(지름 1cm 정도) 네잎클로버를 닮은 원형 열매가 무르익는다. 4조각으로 갈라지면서 빨간 씨를 내놓는다. ❷ 참빗살나무로 만든 설피(작품: 야스이 쇼고). 고대에는 활의 재료로 사용될 만큼 잘 휘어지는 성질을 가졌다. 휨 가공에도 사용된다. ❸ 나무껍질은 코르크층이 발달했고 세로 방향이나 그물 모양으로 줄이 생겨 깊게 갈라진다. 울퉁불퉁하다는 인상이 강하다. ❹ 5~6월에 옅은 녹색의 작은(지름 1cm 정도) 꽃이 달린다.

# 참오동나무

| | |
|---|---|
| 일본명 | 기리桐, 하나기리 |
| 학 명 | *Paulownia tomentosa* |
| 과 명 | 오동나무과[현삼과](오동나무속) 갈잎넓은잎나무(환공재) |
| 분 포 | 한국 전역(예전에는 울릉도가 자생지) |
| | 일본 홋카이도(남부), 혼슈, 규슈, 중국 원산(일설로는 울릉 |
| 비 중 | 0.19~0.40 |

물관이 크고 나이테가 뚜렷이 보인다. 심재와 변재는 구별하기 어렵다. 전체적으로 회색을 띤 상아색이다. 향은 특별히 없다. 일본산 목재 중 제일 가볍고 무르다. 너무 물러서 오히려 가공하기 힘들다. 습기에 강하고 갈라짐도 적다.

# 가볍고 부드럽고 습기에 강한 특성을 살려 다양한 용도로 쓰인다

다양한 특징을 지닌 참오동나무 목재는 오래전부터 폭넓은 용도로 사용된다. 가장 대표적인 특징은 가볍고 무르다는 점이다. 일본산 목재 중 자동과 함께 가장 가벼우며 전 세계에서도 가벼운 수종이다. 습기를 잘 머금지 않아 내습성도 뛰어나다. 건조 시에는 수축이 적어 목재가 변형되지 않는다. 나뭇결이 아름답고 목재 면에는 윤이 난다. 잘 마모되지 않으며 열전도율이 낮다는 성질도 지녔다. 널리 알려진 용도로는 장롱(주재료가 아니더라도 서랍만큼은 참오동나무를 고집할 때가 많다)이나 옷궤 같은 전통 가구, 거문고나 비파 등의 악기, 작은 상자, 금고의 내부 장식, 게타(일본 나막신-옮긴이), 기가쿠멘(일본의 전통 가면 무곡인 기가쿠에서 사용하는 가면-옮긴이), 하고이타(손잡이가 달린 나무판 모양으로 배드민턴처럼 하고라는 공을 치는 채-옮긴이) 등이 있다. 모두 참오동나무의 특성을 잘 살린 도구들이다.

참오동나무는 원래 중국 원산으로 추측된다. 일본 각지에 심어 자라며 난부 참오동나무(이와테현)와 아이즈 참오동나무(후쿠시마현)가 특히 유명하다. 이토록 널리 심게 된 이유로는 참오동나무의 성장 속도가 빠르다는 점을 빼놓을 수 없다.

참오동나무와 닮았지만 전혀 다른 속인 벽오동(벽오동과 벽오동속)과는 잎과 나무껍질로 구별할 수 있다. 벽오동의 잎은 어긋나기를 하며 폭이 30cm 전후로 크고 3~5개 정도로 손바닥 모양으로 깊숙이 갈라진다. 벽오동의 나무껍질은 녹색이며 매끈하다. 참오동나무는 잎이 갈라지지 않으며 나무껍질은 회색이다.

◀ 나무껍질은 흰색에 가까운 회색이다. 표면에 거품 모양의 자국이 있다. (아래 사진) 투명 옻칠로 마감한 옷궤(작품: 기무라 다다시). 내습성이 뛰어나 귀중품을 보관하는 작은 상자로 안성맞춤이다. ❶ 높이 8~10m, 지름 30~40cm 정도의 큰키나무. 높이 15~20m, 지름 50cm 전후까지 자라는 나무도 있다. 5~6월 무렵 옅은 보라색 꽃이 핀다. ❷ 가을에 달걀 모양의 열매가 맺힌다. 열매 길이는 2~3cm로 끝이 뾰족하다. 열매가 익으면 반으로 갈라지며 여러 개의 씨가 나온다. ❸ 잎 모양은 오각형에 가까운 유형(사진)과 곡선이 많은 스페이드 모양(안갈래잎) 등이 있다. 잎 길이는 15~30cm로 잎 가장자리는 밋밋하다. 어린나무의 잎에는 잔 톱니가 있을 때도 있다. 홑잎으로 마주나기를 한다. ❹ 제작 중인 참오동나무 소재의 작은 장롱. ❺ 거문고 몸통에는 참오동나무가 쓰였다.

# 참죽나무

| 일본명 | 잔친춘椿, 라이덴보쿠雷電木, 도헨보쿠唐變木 |
|---|---|
| 학 명 | *Toona sinensis*(이명: *Cedrela sinensis*) |
| 과 명 | 멀구슬나무과(참죽나무속) |
| | 갈잎넓은잎나무(환공재) |
| 분 포 | 일본 혼슈 이남의 따뜻한 곳(정원수 등), 중국 원산 |
| 비 중 | 0.53 |

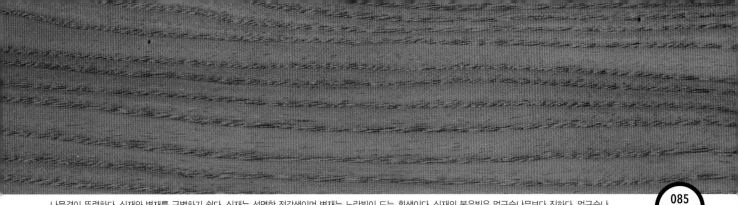

나뭇결이 뚜렷하다. 심재와 변재를 구별하기 쉽다. 심재는 선명한 적갈색이며 변재는 노란빛이 도는 흰색이다. 심재의 붉은빛은 멀구슬나무보다 진하다. 멀구슬나무는 붉은색이 고르지 않다. 물에 강하며 내구성도 있다. 가공하기 쉽고 마감이 깔끔하다. 건조할 때 곧잘 갈라진다. 특별한 향은 나지 않는다.

# 선명한 붉은색의 목재, 아름답게 홍조 띤 어린잎, 곧게 쭉 뻗은 줄기

참죽나무는 중국 원산으로 에도 시대에 일본에 전파되어(훨씬 이전이라는 설도 있다) 각지에서 정원수 등으로 심어왔다. '잔친'이라는 일본 이름은 한자로는 향춘香椿이라고 표기하는데 이는 중국 이름을 그대로 가져온 것일 뿐, 같은 춘椿 자를 쓰는 동백나무와는 아무런 관련이 없다. 정원수로 인기 있는 까닭은 싹이 움트는 봄 무렵에 어린잎이 붉은 보라색에서 옅은 붉은색으로 변해 가는 모습이 흥미롭기 때문이다.

성장이 빨라 금세 쭉 뻗은 큰 나무로 자란다. 큰 나무임에도 가지가 넓게 벌어지지 않아서 벼락이라도 맞은 듯 앙상하게 보인다. 이러한 나무의 형태 때문에 일본에서는 참죽나무를 라이덴보쿠('번개 나무'라는 뜻―옮긴이)라고 부르게 되었다. 그 밖에도 일본에서는 개오동이나 마가목 등을 라이덴보쿠라고 부른다.

참죽나무 목재는 선명한 붉은색이 특징이다. 같은 속의 멀구슬나무와 목재의 분위기가 비슷하지만 멀구슬나무의 붉은색이 조금 더 옅으며 색이 고르지 못하다. 참죽나무는 붉은색이 한결 진하다. 일본에서 자라는 나무 중 이렇게 붉은빛이 강한 나무는 드물다. 목재의 붉은빛을 살려 쪽매붙임 세공이나 상감에 쓰인다. 색의 변화를 꾀하는 건축물의 내장재로도 사용된다. 비중 수치는 0.5대로 그럭저럭 단단한 편이지만 멀구슬나무보다는 조금 무르다.

◀ 대부분 높이 15~20m, 지름 30~40cm 정도의 큰키나무. 높이 25m, 지름 80cm 전후의 나무도 있다. 6~7월에 작고 흰 꽃이 핀다. 10월 무렵 열매(튀는 열매)가 익는다. ❶ 테두리에 참죽나무 목재를 사용한 문짝. 안쪽 살 부분은 진다이 느릅나무. ❷ 나무껍질은 회색이며 세로로 갈라져 얇게 벗겨져 간다. ❸ 잎은 작은 잎 5~11쌍이 마주나기를 하는 깃꼴겹잎이다. 작은 잎은 가느다란 타원형이며 길이는 8~10cm 정도이다. 잎 가장자리에는 대부분 톱니가 없다. 나무에 따라 잎 가장자리에 아주 자잘한 톱니가 나기도 한다. 봄에 난 어린잎에는 옅은 붉은빛이 감돌아 무척 아름답다. 그 시기의 어린잎을 감상하기 위해 정원수로 심는다.

# 초피나무

| | |
|---|---|
| 일본명 | 산쇼山椒, 하지카미 |
| 학 명 | *Zanthoxylum piperitum* |
| 과 명 | 운향과(초피나무속) 갈잎넓은잎나무(산공재) |
| 분 포 | 한국 전역 |
| | 일본 홋카이도(중남부)~규슈 |
| 비 중 | 0.78 |

전체적으로 참빗살나무를 빼닮은 목재이다. 심재와 변재의 구별이 확실하며 노르스름한 크림색이다. 목재 면은 치밀하고 매끄럽다. 단단하기가 좋고 끈기도 있다. 가공하기 쉽고 마감이 깔끔하다. 목재에는 잎과 달리 냄새가 나지 않는다.

# 울퉁불퉁한 나무껍질과는 대조적으로 노란빛의 목재 면은 매끌매끌하다

1

초피나무라고 하면 열매를 갈아 만든 향신료인 초피 가루와 맑은 국에 얹는 초피 잎이 먼저 떠오른다. 초피나무의 열매는 둥글고 지름이 5mm 정도이며 가을이 되면 빨갛게 익는다. 익은 열매가 갈라지면서 광택이 있는 검은 씨가 모습을 드러낸다. 잎은 작은 잎이 5~9쌍이 마주나기를 하는 겹잎으로 작은 잎을 비비면 특유의 산뜻한 향이 난다. 줄기가 두꺼운 나무는 아니지만 울퉁불퉁한 나무껍질 때문에 숲속에서도 눈에 잘 띈다.

같은 속의 나무로는 산초나무(Z. schinifolium)나 머귀나무(Z. ailanthoides) 등이 있다. 모두 초피나무와 무척 닮았지만 산초나무의 작은 잎은 초피나무보다 약간 더 홀쭉하고 잎 가장자리의 톱니가 자잘하며 물결치지 않는다. 겹잎 밑 부분에 난 가시는 어긋나기를 한다(초피나무는 마주나기). 작은 잎을 비비면 초피나무만큼 강한 향은 나지 않는다. 머귀나무의 작은 잎은 산초나무보다 조금 긴 편이다.

초피나무의 목재는 결이 치밀하고 나무껍질과는 달리 매끈매끈하다. 비중 수치가 높아 생각 외로 단단하고 끈기가 있다. 나무공이로 자주 쓰이는 이유도 바로 그 강인함에 있다. 목재의 색은 옻나무나 소태나무보다 옅은 노란색으로 쪽매붙임 세공에 쓰일 때도 있다. 의외로 목재에서는 냄새가 나지 않는다.

3

◀ 나무껍질은 전체적으로 울퉁불퉁하다. 어린나무에 난 가시가 눈에 띈다. 성장함에 따라 가시가 없어지고 울퉁불퉁한 혹이 두드러진다. ❶ 초피나무의 껍질을 살린 나무공이. 강인해서 잘 부러지지 않고 쉽게 닳지 않아 나무공이로는 안성맞춤이다. ❷ 높이 1~3m, 지름 4~5cm의 떨기나무. 높이 5m, 지름 15cm 정도까지 성장하는 나무도 있다. 암수딴그루로 4~5월에 암꽃과 수꽃이 핀다. ❸ 잎은 5~9쌍의 작은 잎이 마주나기를 하는 겹잎이다(날개 모양으로 잎자루에 붙기 때문에 깃꼴겹잎이라고 한다). 작은 잎의 길이는 1~4cm 정도이다. 잎 가장자리에는 성긴 톱니가 물결치듯 나 있다. 작은 잎의 잎끝은 약간 오목하게 파여 있다(V자 모양으로 얕은 결각이 있다). 잎을 비비면 초피 향이 난다. 9~10월 무렵 열매가 붉게 익으면 양쪽으로 갈라지면서 검은 씨가 나온다.

# 층층나무

| 일본명 | 미즈키水木, 미즈노키, 구루마미즈키車水木, 마유다마노키繭玉木 *향명이 여럿 존재 |
|---|---|
| 학 명 | *Cornus controversa*(이명: *Swida controversa*) |
| 과 명 | 층층나무과(층층나무속) 갈잎넓은잎나무(산공재) |
| 분 포 | 한국 전역<br>일본 홋카이도~규슈 |
| 비 중 | 0.63 |

목재 면이 치밀하며 나이테가 가늘어서 잘 보이지 않는다. 심재와 변재도 잘 구별되지 않는다. 전체적으로 푸른빛이 도는 흰색이다. 단단하지도 무르지도 않고 쉽게 뒤틀리거나 갈라지지 않는다. 가공하기는 쉬우나 갈이틀로 깎을 때는 날을 잘 손질해두지 않으면 보풀이 인다. 향은 특별히 나지 않는다.

# 눈에 잘 띄지 않는 나이테, 가공하기 쉽고 흰 목재는 고케시의 재료로 안성맞춤

층층나무는 뿌리에서 빨아들인 물을 물관을 통해 위로 보내는 힘이 강하다. 이 때문에 아직 잎이 나지 않은 이른 봄에 나무껍질에 상처를 내거나 가지를 부러뜨리면 많은 양의 수액이 흘러나온다. 이런 모습을 보고 일본에서는 층층나무를 미즈키水木('물 나무'라는 의미—옮긴이)라고 불렀다. 같은 현상을 보이는 단풍나무류의 나무에서 나온 달콤한 수액은 메이플 시럽이라는 이름으로도 잘 알려져 있다. 층층나무의 수액에는 당분이 그리 많지 않다.

가지의 형태도 특징적이다. 거의 수평 방향으로 쭉 자란 가지가 큰 가지 사이를 채우듯 잘게 뻗어나간다. 멀리서 바라본 나뭇가지의 모습은 마치 계단처럼 층져 보인다. 5~6월이면 작은 꽃이 송이를 이뤄 가지 끝에 피어나므로 다른 나무와 쉽게 구분할 수 있다.

하얀 목재 색도 눈에 띈다. 나이테는 거의 보이지 않으며 목재 면이 치밀하고 매끈매끈하다. 단단하기가 적당하고 쉽게 뒤틀리지 않아 가공하기도 수월하다. 이러한 목질을 살려 히키모노의 재료로 쓰인다. 대표적으로는 장난감이나 칠기 백골 등에 쓰이는데 특히 일본 도호쿠 지역에서는 고케시(도호쿠 지역의 전통 목각 인형—옮긴이)의 재료로 지금까지도 사랑받고 있다. 쪽매붙임 세공이나 상감의 흰색을 표현하는 재료로도 사용된다.

◀ 층층나무의 목재를 갈이틀로 깎아 마감한 나루코 온천(미야기현)의 고케시. ❶ 5~6월에 꽃을 피운다. 희고 작은 꽃이 송이를 이뤄 가지 끝에 달린다. ❷ 높이 10~15m, 지름 30~50cm 정도의 큰키나무. 높이 20m, 지름 70cm 정도까지 성장하는 나무도 있다. 성장은 빠른 편이다. 가지는 거의 수평 방향으로 뻗으며 전체적인 나무 형태는 층진 계단 모양이다. 가을이면 붉은색의 작고 둥근 열매(씨열매)가 무르익는다. 차츰 검게 변하며 직박구리 등이 즐겨 찾는 먹이가 된다. 잎이 진 늦가을부터 겨울에 걸쳐 붉게 변한 잔가지가 눈길을 끈다. ❸ 검회색의 나무껍질에는 세로로 밝은 회색의 무늬가 난다. ❹ 잎은 폭이 넓은 타원형~달걀형이며 잎끝은 급격히 좁아지며 끝이 뾰족하다. 잎 길이는 6~15cm, 폭은 3~8cm 정도이며 홑잎으로 마주나기를 한다. 잎은 가지 끝에 모여 달린다. 잎 가장자리는 밋밋하며 지맥은 잎끝 쪽으로 조금 휘어져 뻗는다. 잎 앞면에는 털이 없고 뒷면에는 누운 털이 난다.

# 칠엽수

| | |
|---|---|
| 일본명 | 도치栃/橡, 도치노키 |
| 학 명 | *Aesculus turbinata* |
| 과 명 | 무환자나무과[칠엽수과](칠엽수속) 갈잎넓은잎나무(산공 |
| 분 포 | 한국 전역 |
| | 일본 홋카이도(남서부), 혼슈, 시코쿠(중북부) |
| 비 중 | 0.40~0.63 |

심재와 변재의 경계가 불명확하며 전체적으로 흰색에 가까운 크림색이다. 나이테도 뚜렷하지 않다. 물결 혹은 주름 무늬가 있을 때가 많다. 무늬결 목재에는 잔 물결 무늬ripple mark가 나타난다. 넓은잎나무치고는 무른 편으로 절삭가공은 수월하지만 갈이틀 가공은 날을 잘 갈아 쓰지 않으면 깎기 어렵다. 마감이 깔끔하고 광택이 난다.

# 다양한 무늬가 나타나는 목재, 귀중한 식재료였던 씨앗, 커다란 손바닥 모양 잎

숲속이나 공원을 걷다보면 잎끝 쪽이 넓은 타원형의 잎사귀와 마주칠 때가 있다. 그런 잎을 가진 나무는 칠엽수나 일본목련일 확률이 높다. 멀리서는 닮은 듯 보이지만 두 나무의 잎에는 커다란 차이점이 있다. 칠엽수는 7장 전후의 작은 잎이 손바닥 모양으로 붙는 겹잎(손꼴겹잎)으로 잎 가장자리에 촘촘하게 톱니가 난다. 일본목련은 홑잎이 모여 가지 끝에 달리며 잎 가장자리는 밋밋하고 톱니가 없다. 가로수로 많이 심는 잡종인 붉은꽃칠엽수(A. ×carnea)는 잎이 손꼴겹잎이지만 가장자리의 톱니가 들쑥날쑥하고 성기다.

목재는 넓은잎나무 중에서는 무른 편이다. 목재 면이 치밀하고 비단 같은 광택이 난다. 주름 무늬 등의 무늬가 나타나는 특징이 있으며 빛을 받는 각도에 따라 매혹적인 분위기를 자아낸다. 최근에는 이처럼 나무의 표정이 담긴 목재가 인기 있어 칠엽수 목재 가격이 느티나무를 넘어서는 추세이다. 칠엽수는 절삭가공과 건조에 어려움은 없지만 쉽게 뒤틀리고 내구성도 떨어진다. 따라서 건축재로는 그다지 적합하지 않으며 느티나무보다 낮은 등급의 목재로 여겨진다. 주된 용도는 가구재나 무늬를 살린 공예품, 칠기의 백골 등이 있다. 칠엽수 씨앗은 조몬 시대부터 귀중한 식재료이기도 했다.

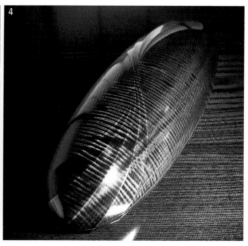

◀ 투명 옻칠 기법으로 마감한 그릇(작품: 야마다 마코). 칠엽수 목재의 환상적인 표정이 표면에 나타난다. ❶ 대부분 높이 15~20m, 지름 50~60cm 정도의 큰키나무. 높이 30m, 지름 2m 이상으로 성장하는 나무도 있다. 5~6월 무렵 고깔 모양으로 송이진 하얀 꽃이 달린다(고깔꽃차례). 9~10월에 열매가 무르익으면 3부분으로 갈라지면서 씨가 떨어진다. ❷ 어린나무의 나무껍질은 회색이며 세로로 얕게 갈라진다. 해를 거듭할수록 껍질은 갈색으로 변해가며 물결 모양의 무늬가 생긴다. 늙은 나무가 되면 껍질이 벗겨진다. ❸ 잎은 커다란 5~9장의 작은 잎이 겹잎(손꼴겹잎)으로 마주나기를 한다. 작은 잎의 길이는 20~40cm, 폭은 5~12cm 정도이다. 작은 잎의 잎끝은 차츰 좁아지며 끝이 뾰족하다. 잎 가장자리에는 아주 자잘한 톱니가 나 있다. 일본목련의 잎도 커다랗지만 홑잎이라 구별하기 쉽다. ❹ 칠엽수 투명 옻칠 무늬 장식함(작품: 미야모토 데지). 제57회 일본 전통 공예전 '일본 공예회 장려상' 수상작.

# 팥배나무

| | |
|---|---|
| 일본명 | 아즈키나시小豆梨, 가타스기, 하카리노메 |
| 학 명 | *Aria alnifolia*(이명: *Sorbus alnifolia*) |
| 과 명 | 장미과(팥배나무속) 갈잎넓은잎나무(산공재) |
| 분 포 | 한국 전역 |
| | 일본 홋카이도, 혼슈, 시코쿠, 규슈 |
| 비 중 | 0.51~0.81 |

비중 수치에서 알 수 있듯이 꽤 무겁고 단단한 목재이다. 나이테는 비교적 뚜렷하다. 심재와 변재를 구별하기 어렵다. 전체적으로 옅은 붉은빛이 감돈다. 좋은 목재이지만 잘 알려져 있지 않고 목재 유통량도 적다.

## 잘 알려지지 않은 양질의 목재, 빨간 열매 때문에 붙은 이름

가을에 빨갛게 익은 조그만 열매는 팥과 닮았다. 마가목(*Sorbus commixta*)의 열매처럼 빨간 열매가 산속에서도 눈길을 끈다. 둥근 마가목 열매와는 달리 팥배나무의 열매는 타원형으로 그야말로 팥 모양이다. 5~6월이면 배나무 꽃을 빼닮은 꽃이 핀다. 이런 특징 때문에 일본에서는 아즈키나시('아즈키'는 '팥', '나시'는 '배나무속의 총칭'-옮긴이)라는 이름으로 불린다고 한다.

다른 일본 이름인 하카리노메('저울의 눈금'을 의미-옮긴이)는 잔가지에 듬성듬성 난 하얀 껍질 틈이 마치 저울의 눈금 같아서 붙은 이름이다. 도호쿠 지역 이북에서는 주로 가타스기('너무 단단하다'는 뜻-옮긴이)라고 부른다.

목재는 제법 무겁고 단단하며 겉면이 치밀하다. 잘 갈라지지 않아 도구의 자루나 가구재, 건축재로 쓰인다. 큰 재목이 좀처럼 없는 탓에 목재 유통량은 적다.

"이따금 목재상이 아껴두었던 팥배나무 목재를 들여 사용해보면 생각보다 훨씬 좋아서 놀라곤 한다. 정성들여 간 날로 자른 면에서는 윤이 난다. 깎을 때 섬세한 결이 잘 느껴진다. 비슷한 분위기의 벚나무보다 조금 더 단단하며 균형감이 아주 좋다"(목공예가). 여기서도 알 수 있듯이 팥배나무는 역시 잘 알려지지 않은 목재인지도 모르겠다.

◀ 팥배나무로 만든 일본 전통 과자함(작품: 다자와 유스케). 27×10×높이 4.5cm. 목공예가 다자와 유스케는 매실나무나 장미과인 벚나무류의 목재가 칼 길이 좋다고 평한다. ❶ 높이 15m, 지름 30cm 정도의 나무. 때때로 높이 20m, 지름 50cm까지 성장하는 나무도 있다. 주로 산지에서 자라지만 홋카이도에서는 평평한 곳에서 자라는 팥배나무를 볼 수 있다. ❷ 잎은 달걀형이나 타원형으로 잎끝이 뾰족하다. 잎 길이는 5~10cm, 폭은 3~7cm 정도이다. 홑잎으로 어긋나기를 한다. 잎 가장자리에는 촘촘한 톱니가 있고 거기에 다시 더 깊은 톱니가 난다(겹톱니). 같은 속의 우라지로노키의 잎은 가장자리에 골이 깊은 결각이 있으며 뒷면은 하얗다. ❸ 5~6월 무렵, 지름 1~1.5cm의 흰 꽃이 핀다. ❹ 다 자란 나무의 나무껍질. 짙은 회색이며 작은 마름모나 세로줄 모양의 무늬가 생긴다. 표면은 대체로 반반하게 보이지만 만지면 까칠까칠한 느낌이 든다. 늙은 나무에는 세로로 얕은 껍질 틈이 생긴다.

# 팽나무

| 일본명 | 에노키榎, 에노미, 에노미노키, 요노미, 요노키 |
|---|---|
| 학 명 | *Celtis sinensis* |
| 과 명 | 삼과[느릅나무과](팽나무속) 갈잎넓은잎나무(환공재) |
| 분 포 | 한국 전역(경기, 강원은 제외) |
| | 일본 혼슈, 시코쿠, 규슈, 오키나와 |
| 비 중 | 0.62 |

나뭇결이 뚜렷하다. 심재와 변재의 경계는 불명확하다. 전체적으로 회색빛이 도는 상아색이다. "막 벌채한 통나무를 제재하면 초록빛을 띤다"(목재상). 사진에서도 볼 수 있듯이 얼룩져 나오기도 한다. 향은 거의 나지 않는다.

# 가지가 여러 갈래로 뻗는 거목, 큰 목재를 얻긴 하지만 쉽게 뒤틀린다

산이나 들에 자라는 거목으로 여러 갈래로 벌어진 가지는 거대한 자태를 한층 부각시킨다. 옛 일본에서는 10리(약 3.94km—옮긴이)마다 팽나무를 심어 이정표로 삼았으며 가로 뻗은 굵은 가지 아래 드리운 넓은 그늘은 잠시 쉬어갈 수 있는 쉼터이기도 했다.

거목인 만큼 커다란 목재를 얻을 수 있지만 목재로서의 평가는 낮다. 가장 큰 원인은 쉽게 뒤틀린다는 점이다. "다른 목재와 비교하면 팽나무는 뒤틀리지 않고서는 못 배기는 목재로 여겨질 정도다. 2~3년간 착실히 건조하지 않으면 쓸 수 없다. 가공할 때 만져보면 의외로 단단하고 끈기가 있음을 알 수 있다. 마감할 때는 조금 미끈거린다"(창호점). 한곳에 모여 나는 일이 드물어서 목재 유통량은 거의 없다. 주로 땔감이나 숯감, 건축 잡재료로 사용한다. 느티나무와 나뭇결이 비슷해서 느티나무를 대신해 쓰이기도 한다. 일본 나가노현 이나伊那 지역에서는 소에 짐을 싣는 안장의 재료로 사용된다.

일본의 국접國蝶인 왕오색나비는 팽나무에 알을 낳는데 애벌레는 팽나무 잎을 먹고 자라 잎 뒷면에서 번데기로 변한다.

◀ 높이 15~20m, 지름 50cm 정도의 큰키나무. 높이 25m, 지름 1m 이상으로 성장하는 나무도 있다. 거목이므로 산이나 숲에서도 눈에 잘 띈다. 4~5월 무렵 잎이 나는 시기에 함께 꽃이 핀다(꽃은 그다지 눈에 띄지 않는다). ❶ 나무껍질은 회색으로 갈라짐이 없으며 자잘한 점들이 이리저리 흩어져 있다. 늙은 나무는 점이 크고 우둘투둘 거칠다. ❷ 계단으로 쓰인 팽나무(밑에서 두 번째 하얀 판재). 계단의 앞판은 소나무이다. ❸ 잎 길이는 4~10cm, 폭은 3~6cm 정도이다. 잎 위쪽 절반은 톱니가 있고 나머지 밑쪽은 밋밋하다는 점이 특징이다. 잎 끝은 뾰족하다. 밑쪽부터 주맥이 3개로 갈라진다는 점도 다른 나무와의 차이점이다. 홑잎으로 어긋나기를 한다. 헷갈리기 쉬운 푸조나무의 잎은 가장자리에 전부 톱니가 나 있고 폭이 조금 더 좁다. 느티나무 잎도 팽나무보다 폭이 더 좁고 길이가 조금 짧다. 9~10월 무렵 지름 6~8cm의 둥근 열매가 무르익는다.

# 편백

| | |
|---|---|
| 일본명 | 히노키檜/扁柏 |
| 학 명 | *Chamaecyparis obtusa* |
| 과 명 | 측백나무과(편백속) 늘푸른바늘잎나무 |
| 분 포 | 한국 남부 지역, 제주도 |
| | 일본 혼슈(후쿠시마현 이남), 시코쿠, 규슈(야쿠섬까지) |
| 비 중 | 0.34~0.54 |

무늬결　　　　　　　　　　　　　　곧은결

심재와 변재의 경계는 그리 뚜렷하지 않다. 심재는 노르스름한 흰색이다. 편백 특유의 강한 향이 느껴진다. 천연림재는 전체적으로 나뭇결이 섬세하다. 삼나무보다 성장 속도가 1.5배 정도 느리므로 그만큼 목재 가격이 비싸다. 대만편백臺灣扁柏은 나뭇진이 많고 냄새가 강하다.

# 일본산 바늘잎나무 목재의 대명사, 호류사와 도다이사도 편백으로 지었다

편백은 삼나무와 함께 일본산 바늘잎나무 목재를 대표하는 나무이다. 오래전부터 양질의 목재로 여겨져 다양한 용도로 대량의 목재가 소비되었다. 이 때문에 일본 각지에서는 활발하게 편백을 심었으며(요시노, 오와세, 덴류 등) 인공림의 면적은 삼나무 다음으로 넓다.

최고급 건축재로 일본의 아스카 시대나 나라 시대에 건립된 사찰 곳곳에 편백이 쓰였다(호류사, 도다이사, 도쇼다이사 등). 헤이안 시대와 가마쿠라 시대에 걸쳐서는 불상의 재료로 주로 사용되었다. 이후에는 이세신궁이나 노부타이(신사나 절에서 상연되는 일본 전통 가면 가무극 '노'의 무대─옮긴이) 같은 건축물뿐만 아니라 가구나 장례 도구, 칠기 백골, 나무통 등 일상 도구에 이르기까지 폭넓은 분야에서 활약해왔다. 목질은 생산지에 따라 혹은 천연림재냐 인공림재냐에 따라 차이가 나는데 그중 일본 기소의 편백 천연림재는 나뭇결이 아주 섬세하다고 한다. 공통된 특징은 색감이 고급스럽고 내구성이 뛰어나며 물에도 강하며 변형이 적고 가공하기 쉽다는 점이다. 가공 후에는 마감이 깔끔하고 광택이 난다. 편백 나무껍질은 '히와다부키'라고 불리며 지붕을 이는 재료로 쓰인다.

다른 바늘잎나무와는 나무껍질이나 잎으로 대부분 구별할 수 있다. 붉은빛이 도는 편백의 나무껍질은 세로로 길게 벗겨진다. 잎은 비늘 모양이며 잎 뒷면에 Y자 모양의 흰 숨구멍줄이 있다.

◀ 편백이 사용된 도쇼다이사 본당의 기둥을 재현한 실물 크기 모형(다케나카 목공 도구 박물관). ❶ 높이 30~40m, 지름 60cm~1m 정도의 큰키나무. 줄기가 곧게 뻗는다. 삼나무만큼 크게 자라지는 않는다. 화백과 비교하면 나무갓의 가지가 빽빽한 편이다. 암수한그루로 4월 무렵 꽃이 핀다. 10~11월에 지름이 1cm 정도인 원형에 가까운 씨방울열매가 무르익는다. ❷ 나무껍질은 붉은빛이 도는 밝은 갈색이다. 세로로 거칠게 갈라지다가 벗겨진다. 삼나무나 화백보다 넓은 폭으로 벗겨진다. 나이테가 늘어감에 따라 긴 띠 모양으로 벗겨져 간다. 신사 등의 지붕을 이을 때 자주 사용된다. ❸ 잎은 비늘 모양이며 잎끝은 뾰족하지 않다. 잎 길이는 1~3mm 정도로 짧고 비늘 하나가 잎 1장이다. 잎 뒷면의 숨구멍줄이 Y자 모양인 점이 특징이다. 화백은 X자 모양이거나 나비 모양이다. ❹ 기소 편백 소재의 나무통(작품: 오케카즈).

# 푸조나무

| | |
|---|---|
| 일본명 | 무쿠노키椋/樸樹, 무쿠, 무쿠에노키椋榎 |
| 학 명 | *Aphananthe aspera* |
| 과 명 | 푸조나무과[느릅나무과](푸조나무속) 갈잎넓은잎나무(산공 |
| 분 포 | 한국 경기, 전남·경남의 해안가나 섬 지역, 울릉도, 제주도 |
| | 일본 혼슈(간토 지역 이서), 시코쿠, 규슈, 오키나와 |
| 비 중 | 0.67 |

심재와 변재를 구별하기 어렵다. 심재는 노란빛이 도는 갈색이며 변재는 크림색이다. 나이테는 의외로 뚜렷하다. 목질은 약간 단단하고 강인하며 잘 갈라지지 않는다. 휨에도 강한 편이다. 예전에는 이런 특성을 살려 멜대나 도끼의 자루 등으로 사용했다. 특별한 향은 나지 않는다.

## 까끌까끌한 잎은 목재 면을 곱게 갈아 마감하는 용도로 사용한다

푸조나무는 전체적인 분위기가 느티나무나 팽나무와 비슷하지만 몇 가지 특징만 알면 쉽게 구별할 수 있다. 특히, 잎을 비교해보면 좋다. 세 나무 모두 잎 모양이 타원형이지만 푸조나무의 잎은 잎끝으로 갈수록 폭이 좁아지며 잎 가장자리에는 각지고 날카로운 톱니가 있다. 잎의 양면에는 짧고 센 털이 나 있어 무척 까끌까끌하다. 팽나무의 잎은 전체적으로 둥근 느낌이지만 잎끝 부분에서는 급격히 좁아진다. 잎끝 쪽의 절반 정도는 가장자리에 작은 톱니가 물결치듯 나 있다. 만졌을 때 푸조나무만큼 깔끄럽지는 않다. 느티나무의 잎은 작은 편이며 가장자리에 톱니가 있고 표면은 약간 깔깔하게 느껴지는 정도이다.

센 털이 빼곡하게 난 푸조나무의 잎은 나무 백골이나 상아, 대모갑(대모거북의 껍질-옮긴이) 등을 재료로 한 공예품을 연마해서 마감할 때 사용한다. 섬세한 마감에는 오래전부터 사포처럼 쓰여 오던 속새 풀보다 푸조나무 잎이 더 잘 맞는다고 한다.

목재는 고대부터 건축재나 도구재 등 각종 용도로 사용되었고 유적에서 출토된 목재 유물 중에서도 푸조나무로 만든 물건이 발견되었다. 현재에는 유통량이 적어 목재로는 거의 사용되지 않는다.

◀ 도쿄 나카자토 유적(조몬 시대 중기)에서 출토된 통나무배(기타쿠 아스카야마 박물관 소장품). 푸조나무의 통나무를 파내어 만들었다. 전체 길이는 5.79m, 최대 폭은 72cm, 최대 깊이는 42cm이다. ❶ 높이 15〜20m, 지름 50〜60cm 정도의 큰키나무. 지름이 1m를 넘는 나무도 있다. 4〜5월에 새잎이 나는 시기에 함께 꽃이 핀다. 10월 무렵 지름 1cm 정도의 둥근 열매가 검게 익는다. ❷ 나무껍질은 평평하고 매끈한 표면에 세로줄이 나 있다. 늙은 나무가 되면 차츰 벗겨져 간다. ❸ 잎은 잎끝으로 갈수록 좁아지는 타원형이며 끝이 약간 뾰족하다. 잎 길이는 5〜10cm, 폭은 2〜6cm 정도이며 홑잎으로 마주나기를 한다. 잎 가장자리에는 각진 톱니가 나 있다(비슷한 느티나무 잎은 톱니가 조금 뭉툭한 느낌이다). 양면 모두 센 털이 있어 만지면 까끌까끌하다. 이를 이용해 백골 등을 연마하는 데 사용한다.

# 헛개나무

| | |
|---|---|
| 일본명 | 겐포나시玄圃梨, 덴푸나시, 겐포, 겐노미 |
| 학 명 | *Hovenia dulcis* |
| 과 명 | 갈매나무과(헛개나무속) 갈잎넓은잎나무(환공재) |
| 분 포 | 한국 강원, 경기, 충남, 전라, 경북 |
| | 일본 홋카이도(오쿠시리섬)~규슈 |
| 비 중 | 0.64 |

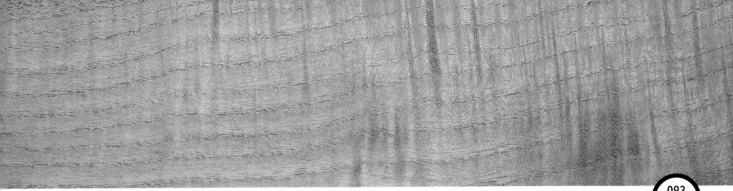

환공재의 특징이 잘 드러난 목재로 물관이 크고 나이테가 뚜렷하다. 심재와 변재의 구별이 명확하다. 심재는 옅은 주황색이며 변재는 하얗다. 느티나무와 전체적인 분위기가 흡사하다. 지름이 넓은 나무에는 무늬가 나타날 때도 있다. 단단하기가 적당해 가공하기 쉽다. 희미하게 특유의 약재 냄새가 난다. 유통되는 목재에는 게켄포나시가 섞여 있을 가능성이 높다.

# 서 있는 나무로도 목재로도 의외로 개성이 뚜렷한 나무

헛개나무는 느티나무나 밤나무처럼 물관이 크고 나이테가 뚜렷하게 보인다. 옻칠을 하면 느티나무와 거의 흡사하므로 느티나무의 모방재로 쓰이기도 한다. 하지만 헛개나무에서는 특유의 진귀한 무늬가 나타나는 등 목재로서의 개성이 뚜렷해서 목재의 유통량은 적지만 옛날부터 사시모노와 같은 일본 전통 가구나 공예품에 쓰였다. "느티나무의 거친 면이 개선된 한결 고급스런 느낌이다. 무늬가 있고 표정이 풍부하다. 섬세한 세공도 가능하며 가공하기가 쉽다"(목공 장인). 강렬하지는 않지만 특유의 약재 냄새가 난다. 정로환과 냄새가 비슷하다고들 말한다.

헛개나무는 서 있는 나무도 독특하다. 잎은 2장씩 어긋나기를 하는데 가지 왼쪽에 2장이 연이어 달리고 다음으로 오른쪽에 연이어 2장이 달린다(상산형 잎차례). 가을에 열매가 맺힐 무렵 열매 자루(가지에서 가늘게 뻗어 끝에 열매가 달리는 부분)도 함께 굵어져 간다. 이 시기의 열매 자루를 씹어보면 달콤한 배와 같은 풍미를 느낄 수 있다.

같은 속의 게켄포나시毛玄圃梨(H. trichocarpa)와는 서 있는 나무든 목재든 모두 구별하기 어렵다.

◀ 헛개나무 목재로 제작한 불단(작품: 노자키 겐이치). 좌우로 열 수 있는 접이문 방식이다. 54×42×높이 78cm. ❶ 높이 10~15m, 지름 30~50cm 정도의 큰키나무. 높이 20m 전후, 지름 1m 이상으로 성장하는 나무도 있다. 6~7월에 연녹색의 작은 꽃이 달린다. ❷ 가을에는 둥근 열매가 열리는데 열매가 달린 열매 자루도 살이 도톰해서 먹을 수 있다. 사진은 아직 덜 익은 열매. ❸ 나무껍질은 짙은 회색이며 가로로 얕게 갈라진다. 죽간 모양으로 껍질이 벗겨지며 떨어지기도 한다. ❹ 잎은 밑이 평평한 달걀형이다. 잎끝은 가늘게 조금 튀어나와 있으며 끝이 뾰족하다. 잎 길이는 8~15cm, 폭은 6~12cm 정도이다. 홀잎으로 가지 한쪽씩 번갈아 2장이 이어 붙는 식으로 어긋나기를 한다(상산형 잎차례). 잎 가장자리는 톱니가 나며 낮게 물결친다. 같은 속의 게켄포나시의 잎보다 톱니가 덜 촘촘하며 약간 더 두껍다. 이런 차이가 있지만 둘을 구분하기는 무척 어렵다.

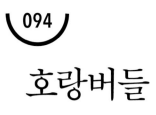

# 호랑버들

| | |
|---|---|
| 일본명 | 밧코야나기跋扈柳, 야마네코야나기山猫柳, 사루야나기 |
| 학 명 | *Salix bakko*(이명: *S. caprea*) |
| 과 명 | 버드나무과(버드나무속) 갈잎넓은잎나무(산공재) |
| 분 포 | 한국 전국 산지 |
| | 일본 홋카이도(남서부), 혼슈(긴키 지역 이북), 시코쿠(산지 |
| 비 중 | 0.40~0.55 |

나이테는 비교적 뚜렷하며 나뭇결이 촘촘하다. 심재와 변재는 거의 명확하게 구별된다. 심재는 희끄무레한 크림색이며 변재는 더 하얗다. 건조하기는 비교적 쉬운 편이며 잘 갈라지지 않는다. 내구성은 그다지 높지 않다. 특별한 향은 없다.

## 부드럽고 흰 목재는 도마로 쓰이며 갯버들과 꽃이 닮은 나무

학명 중 '*bakko*'의 의미에 대해서는 의견이 분분하여 한 가지로 결론 짓기 어렵다. 일본 도호쿠 지역에서 소를 뜻하는 '베코'라는 말에서 유래한다는 설도 있다. 호랑버들이 일본에서 야마네코야나기('산 갯버들'을 의미─옮긴이)로도 불리는 까닭은 호랑버들이 갯버들과 생김새가 비슷하며 산에서 자라기 때문이다. 이삭이 나풀나풀 흔들리듯 포근한 인상을 주는 점이 무척 닮았다. 갯버들은 높이 3m 정도의 떨기나무이므로(호랑버들은 이보다 더 높다) 서 있는 나무를 보면 자연히 구분이 된다. 일본에는 버드나무속의 나무가 수십 종이나 자라고 있으므로 버드나무류로 유통되는 목재에는 여러 종류가 섞여 있을 때가 많다. 그중 호랑버들은 꽤 높은 비중을 차지하고 있을 것으로 추측된다.

버드나무속의 목재는 가볍고 부드럽다. 그 부드러운 특성을 살린 대표적인 용도가 바로 도마이다. 도마로 쓰기 좋은 나무로 흔히 갯버들을 꼽지만 갯버들은 굵게 자라지 않아 큰 목재는 얻을 수 없다. 아마 호랑버들과 뒤섞여 유통되면서 이처럼 와전되었을 가능성이 크다. 현재는 호랑버들도 커다란 목재를 구하기 어려운 실정이다.

◀ 높이 3∼10m, 지름 5∼30cm 정도의 큰키나무. 높이 15m 이상, 지름 50∼60cm까지 성장하는 나무도 있다. 3∼5월에 잎이 나기 전에 꽃이 핀다. 꽃은 갯버들과 비슷하다. 5∼6월에 열매가 익는다. ❶ 어린나무의 나무껍질(사진)은 회색이며 평평하고 매끈하다. 자잘한 무늬가 생긴다. 다 자란 나무에서 늙은 나무가 되면 세로로 얕은 갈라짐이 생긴다. ❷ 잎은 약간 홀쭉한 타원형이며 잎끝이 뾰족하다. 잎 길이는 5∼15cm, 폭은 3∼4cm 정도이며 홑잎으로 어긋나기를 한다. 잎 가장자리에 물결 모양의 톱니가 난 잎과 톱니가 없이 밋밋한 잎으로 나뉜다. 잎 앞면에는 털이 없고 뒷면에는 흰 털이 빽빽하다(어린나무에는 털이 없다). ❸ 홋카이도산 호랑버들로 만든 도마. 은행나무와 함께 도마 재료로 인기가 많다.

# 화백

| 일본명 | 사와라樹, 사와라기 |
|---|---|
| 학 명 | *Chamaecyparis pisifera* |
| 과 명 | 측백나무과(편백속) 늘푸른바늘잎나무 |
| 분 포 | 한국 전역 |
| | 일본 혼슈(이와테현 부근 이남), 규슈 |
| 비 중 | 0.28~0.40 |

나뭇결이 곧고 목재 면이 편백보다 거친 느낌이다. 심재는 약간 붉은빛을 띤 크림색이며 변재는 하얗다. 바늘잎나무 중에서도 특히 가볍고 무른 편이다. 절삭가공
이나 대패 작업은 수월하지만 너무 물러서 갈이틀 가공에는 알맞지 않다. 내수성이 매우 뛰어나며 그 특징을 살려 갖은 통을 만드는 데 쓰인다. 향은 나지 않는다.
"향이 없고 타닌 얼룩이 강하지 않아 입안에 들어가는 도구를 만들 때는 화백이 좋다"(나무통 제작자).

## 물에 매우 강한 특징을 살려 물통 같이 물에 닿는 도구를 만든다

일본 이와테현이나 규슈 남부에서도 화백이 자라는 것이 확인되었지
만 대부분은 혼슈 간토 지역 북부에서 주부 지역에 걸쳐 자란다. 에
도 시대에는 편백과 일본측백나무 등과 함께 기소 5대 나무 중 하나
였다.

편백과 무척 닮았지만 몇 가지 차이점이 있다. 화백은 주로 산지의 얕
은 물가를 따라 자라지만 편백은 산 중턱이나 산등성이 같은 건조한
곳에 많다. 잎 모양도 비슷해 보이지만 잎 뒷면의 숨구멍줄을 비교하
면 차이가 난다(*잎 사진 설명 참조).

화백의 목재에는 뚜렷한 특징이 있다. 일본산 바늘잎나무 목재 가운
데 가장 가볍고 무르다. 비중을 비교해도 삼나무나 일본측백나무보다
수치가 낮다. 눈에 띄는 특징은 물과 습기에 매우 강하다는 점이다.
너무 물러서 기둥 같은 건축구조재로는 쓰지 않지만 오래전부터 그
특성을 살려 물통이나 목욕통, 물에 닿는 도구 등을 만드는 데 사용
해왔다. 나뭇결이 대부분 곧아서 도끼로도 쪼개기 쉬워 나무통의 재
료로 가공하기도 편하다. 편백과는 달리 향이 없는 목재이므로 맛과
관계되는 초밥을 담는 통이나 나무 밥통으로도 쓰인다.

◀ 높이 30~35m, 지름 80cm~1m까지 성장하는 큰키나무. 가지가 거의 수평으로 뻗는다. 나무갓을 보면 의외로 성긴 느낌을 받는다. 나무 형태는 고깔 모양이다. 편백의 나무갓은
빽빽해 보인다. 암수한그루로 4월에 암꽃과 수꽃이 핀다. ❶ 화백으로 만든 목욕통(작품: 이토 게사오). 지름 2m, 높이 73cm. ❷ 잎은 비늘 모양이며 편백 잎과 비슷하다. 잎끝은 뾰족
해서 만지면 아프다. 잎의 앞면 밑쪽에 하얀 숨구멍줄이 있다. 숨구멍줄은 X자나 H자로 보이기도 하는데 나비 모양이라고 하는 것이 가장 어울릴 듯하다. 편백의 잎끝은 뾰족하지 않
고 숨구멍줄이 Y자 모양이다. ❸ 나무껍질은 회색을 띠면서도 붉은 듯한 인상이다. 가로로 가는 섬유 모양으로 갈라져서 하늘하늘 얇게 벗겨진다. 삼나무의 나무껍질과도 닮았지만
갈라지는 폭이 삼나무보다 조금 더 좁다.

# 황벽나무

| | |
|---|---|
| 일본명 | 기하다黃蘗/黃膚, 시코로, 기와다, 오바쿠 |
| 학 명 | *Phellodendron amurense* |
| 과 명 | 운향과(황벽나무속) 갈잎넓은잎나무(환공재) |
| 분 포 | 한국 강원, 경기, 울릉도 |
| | 일본 홋카이도~규슈 |
| 비 중 | 0.48 |

무늬결

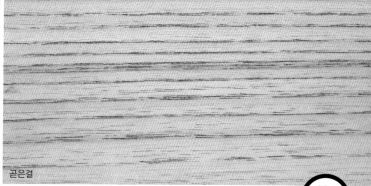
곧은결

환공재로 물관이 도드라지며 나이테는 뚜렷하다. 심재와 변재가 확연히 구분된다. 심재는 회색에 가까운 황토색이며 변재는 엷은 노란색이다. 하지만 색과 단단한 정도는 나무마다 차이가 난다. 느티나무나 산뽕나무와 분위기가 비슷해 이들 대신에 쓰이기도 한다. 넓은잎나무치고는 무른 편이라 가공하기 쉽다. 가공할 때 조금씩 달콤한 향이 난다.

# 노란 속껍질을 물면 쓴 맛이 나는 나무의 목재는 부드럽고 결이 곧아 다루기 쉽다

일본에서는 황벽나무를 기하다('속껍질이 노랗다'는 뜻—옮긴이)라고 부르며 그 이름대로 속껍질이 노랗다. 하지만 겉으로야 속껍질이 무슨 색인지는 알 수 없다. 울퉁불퉁하고 두꺼운 코르크 재질의 겉껍질을 벗기면 선명한 노란색의 속껍질이 드러난다. 이 선명한 노란색은 오래전부터 옷을 물들이는 물감으로 쓰이기도 했다. 속껍질을 물고 있으면 쓴맛이 난다. 속껍질에는 베르베린berberine과 같은 약효 성분이 있어 옛날부터 위장약 등의 원료가 되었다. 그중에서도 일본 나라현 요시노 지역에서 생산하는 '다라니스케'가 특히 유명하다.

목재는 넓은잎나무치고는 가볍고 무른 편이다(일본목련이나 녹나무와 단단하기가 비슷하며 나무마다 차이가 난다). 가공성이 좋고 습기에도 강해 목재로서의 활용도가 높다. 가구나 에도 사시모노 등에 주로 쓰인다. 다만, 최상급 목재로 쓰이기보다 같은 환공재로 분위기가 비슷한 느티나무나 산뽕나무의 대용품으로 취급될 때가 많다.

황벽나무와 닮은 소태나무도 잎과 나무껍질에서 쓴맛이 난다. 소태나무는 황벽나무처럼 곧게 자라지만 전체적으로 작은 편이다. 잎은 조금 가는 편이며 나무껍질은 코르크 재질이 아니고 겉껍질을 벗겨도 노랗지 않다(목재는 노랗다).

◀ 높이 15~20m, 지름 50~60cm 정도의 큰키나무. 높이 25m, 지름 1m 이상으로 성장하는 나무도 있다. 암수딴그루로 6~7월에 암꽃과 수꽃이 핀다. ❶ 황벽나무로 만든 책상(작품: 기무라 다다시). 에도 사시모노에는 황벽나무가 자주 쓰인다. "너무 단단하지도 않고 결이 곧아 다루기 쉽다. 무늬는 들어 있지 않다"(에도 사시모노 명인). ❷ 나무껍질은 세로 방향이나 그물 모양으로 깊게 갈라진다. 성장함에 따라 코르크층이 발달하여 손가락으로 눌렀을 때 푹신한 탄력을 느낄 수 있다. ❸ 잎은 작은 잎 2~6쌍이 마주나기를 하며 잎자루에 붙는다(홀수깃꼴잎). 작은 잎은 타원형으로 잎끝이 뾰족하다. 작은 잎의 길이는 5~12cm, 폭은 3~5cm 정도이다. 잎 가장자리에는 자세히 보지 않으면 알아차리기 힘든 아주 자잘한 톱니가 있다. 작은 잎을 비비거나 찢으면 특유의 냄새가 난다. ❹ 겉껍질을 벗기면 노란 속껍질이 나온다.

# 후박나무

| 일본명 | 다부노키樔, 다부, 이누구스犬楠, 다마구스 |
| --- | --- |
| 학 명 | *Machilus thunbergii* |
| 과 명 | 녹나무과(후박나무속) 늘푸른넓은잎나무(산공재) |
| 분 포 | 한국 전라, 경남, 제주도 |
| | 일본 혼슈(간토·도호쿠 지역의 해안가, 주부 지역 이남) 시코쿠, 규슈, 오키나와 |
| 비 중 | 0.55~0.77 |

베니타부

시로타부

나뭇결이 얽혀있거나 주름 무늬 등의 무늬가 들었을 때가 많다. 건조하기 어렵고 쉽게 뒤틀린다. 녹나무 목재와 분위기가 닮았지만 녹나무보다는 단단하게 느껴진다. 목재 색은 나무마다 차이가 나며 붉은빛이 도는 홍갈색 목재를 베니타부, 연한 베이지색의 목재를 시로타부라고 한다. 베니타부는 유분을 많이 함유하고 있어 시간이 갈수록 붉은빛이 진해지며 녹나무와 달리 약재 냄새가 난다.

## 가지를 넓게 뻗치며 자라는 늘푸른나무, 나무껍질은 선향의 원료로 활용된다

일본의 조엽수림을 대표하는 나무인 후박나무는 넓은잎나무로는 드물게 도호쿠 지역의 해안가에서도 나고 자란다(따뜻한 남쪽에서는 산지나 내륙에서 주로 자란다). 가지를 가로로 넓게 뻗으면서 성장한다. 간토 지역부터 서일본에 걸쳐 높이 20m, 지름 1m 정도의 커다란 후박나무도 발견되지만 나무 이름은 일반적으로 잘 알려지지 않았다.

후박나무는 유명하지는 않지만 오래전부터 생활 속에서 눈에 띄지 않게 활약해왔다. 그중 한 가지가 선향이다. 후박나무의 나무껍질을 간 가루(후박 가루)에 백단 등의 향료를 섞은 다음 가느다랗게 굳혀 선향을 만든다. 후박 가루에 물을 타서 저으면 점성이 생기는 성질을 이용한 것이다. 타닌 함유량이 많은 나무껍질은 물감으로 쓰이기도 한다. 일본 이즈 제도의 하치죠섬에서 전해 내려오는 '기하치'라는 천의 이삭 빛(붉은색이 도는 갈색)은 후박나무의 나무껍질을 달인 물에서 뽑아낸 색이다.

판재는 건조하기 어렵고 쉽게 뒤틀려 거의 유통되지 않는다. 서 있는 나무로는 알 수 없지만 목재로 가공하면 색이 크게 두 종류로 나뉜다. 붉은 목재를 베니타부紅楠(아카타부赤楠라고도 한다), 흰 목재를 시로타부白楠라고 하며 베니타부를 더 좋은 목재로 친다.

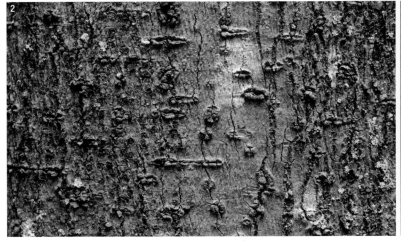

◀ 썩어서 흠이 난 후박나무를 선반으로 깎아 마감한 꽃병(작품: 나카니시 히로토). ❶ 높이 15～20m, 지름 50～60cm 정도의 큰키나무. 간혹 지름 1m 이상의 나무도 있다. 가지가 가로로 넓게 벌어져 자라므로 나무갓이 널찍하다. 4～5월 무렵 새잎이 나는 시기에 황록색의 작은 꽃이 함께 핀다. 7～8월이면 열매가 검자주색으로 무르익는다. ❷ 나무껍질은 갈색이며 비교적 매끈하다. 점 같이 자잘한 무늬가 여기저기 흩어져 있다. 나무껍질을 간 후박 가루는 선향의 원료가 된다. ❸ 잎은 타원형～가느다란 달걀형이다. 이 사진으로는 알기 어렵지만 잎끝과 가까운 곳에서 폭이 최대가 된다. 잎 길이는 8～15cm, 폭은 3～7cm 정도이다. 잎끝이 짧막하게 튀어나왔지만 뾰족하지는 않다. 잎 가장자리는 톱니가 없고 밋밋하다. 홑잎으로 어긋나기를 하며 잎은 조금 두껍다. 잎 앞면에는 광택이 있고 양쪽 모두 털이 없다.

# 후피향나무

| | |
|---|---|
| 일본명 | 못코쿠木斛, 아카미노키, 붓포노키佛法木 |
| 학 명 | *Ternstroemia gymnanthera* |
| 과 명 | 펜타필락스과[차나무과](후피향나무속) 늘푸른넓은잎나무(산공 |
| 분 포 | 한국 전남·경남의 해안가(자생), 제주도 |
| | 일본 혼슈(간토 지역 남부 이서), 시코쿠, 규슈, 오키나와 |
| 비 중 | 0.80 |

심재와 변재는 구별되지 않으며 전체적으로 붉은빛이 돈다. 시간이 지날수록 차분한 적갈색으로 변한다. 나이테도 뚜렷하지 않다. 목재 면이 치밀하며 목질은 무겁고 단단하고 끈기가 있다. 건조하기 까다롭고 쉽게 틀어지며 갈라지기도 한다. 절삭가공은 어렵지만 갈이틀 가공은 문제없다. 내구성이 높고 흰개미에도 강하다 (사포닌saponin 성분이 많기 때문). 가공할 때면 자극적인 냄새를 풍긴다. 건축재 외에도 배의 노, 직기의 실패, 쪽매붙임 세공의 재료 등으로 사용된다.

후피향나무

## 두껍고 광택 있는 짙은 녹색 잎, 내구성이 뛰어나며 밝고 붉은빛이 도는 목재

후피향나무의 잎은 군더더기가 없는 타원형으로 도드라진 특징이 없음에도 자연스레 보는 이의 눈을 사로잡는다. 잎은 잎끝 근처의 폭이 넓고 잎자루 쪽으로 갈수록 점점 좁아진다. 두꺼운 가죽질로 잎 가장자리가 밋밋하며 잎맥은 뚜렷하지 않다. 양면 모두 털이 없고 광택이 있는 앞면은 짙은 녹색이며 뒷면은 밝은 황록색이다. 이러한 특징이 한데 어우러진 단정한 잎 모양, 고급스런 코트지와 같은 감촉, 차분한 색상 등에 자신도 모르게 마음이 끌렸는지도 모른다.

나무껍질은 검정에 가까운 세련된 색이며 갈라짐이 없는 평평하고 매끄러운 표면에는 자잘한 무늬가 흩어져 있다. 나무의 형태는 가지런하다. 따뜻한 지역의 해안가나 약간 건조한 산지에서 자생하지만 정원수로도 인기가 높은데 그 이유는 쉽게 짐작할 수 있겠다.

목재는 붉은빛이 도는 차분한 색조가 인상적이다. 비중이 0.8로 높은 만큼 무겁고 단단하다. 내구성이 뛰어나며 흰개미에도 강하다. 이러한 목질을 살려 일본 오키나와에서는 예로부터 양질의 건축재로 취급되었다. 류큐왕조 시대(현재의 오키나와 부근의 제도로 이루어진 류큐국이 있던 시기, 1429~1879-옮긴이)에는 특히 귀하게 여겨졌다. 하지만 건조가 어렵고 변형되기 쉬운 단점도 있다.

◀ 높이 10~15m, 지름 30cm 정도의 나무. 지름이 50cm 이상인 나무도 있다. 6~7월에 흰 꽃이 아래로 늘어져 달린다. 10~11월에 지름 1~1.5cm 정도의 둥근 열매(삭열매)가 빨갛게 익는다. ❶ 사바니(일본 오키나와의 전통 소형 어선)를 저을 때 사용하는 후피향나무로 만든 노(이토만 어부 공방·자료관 소장품). 물에 두면 그대로 가라앉을 정도로 무거우며 탄력이 있어 노를 만드는 재료로 사용한다. ❷ 나무껍질의 색은 짙고 어둡다(거무스레한 회색 또는 갈색). 평평하고 매끄러운 표면에 점이나 가로 주름이 생긴다. ❸ 잎은 잎자루 쪽으로 갈수록 좁아지는 타원형이며 잎끝은 뭉툭하다. 잎 길이는 4~7cm, 폭은 1.5~2.5cm 정도이며 홑잎으로 어긋나기를 한다. 잎 가장자리는 밋밋하고 두껍다. 잎맥은 잘 보이지 않으며 짙은 녹색의 잎 표면에는 광택이 난다. 잎 뒷면은 황록색이며 잎자루는 붉다. 비슷하게 생긴 감탕나무의 잎은 그다지 광택이 없으며 잎자루의 붉은빛이 약하다.

# 흑문자

| 일본명 | 구로모지黒文字 |
| --- | --- |
| 학 명 | *Lindera umbellata* |
| 과 명 | 녹나무과(생강나무속) |
| | 갈잎넓은잎나무(산공재) |
| 분 포 | 일본 혼슈(간토 지역 이서), 시코쿠, 규슈 |
| 비 중 | 0.85 |

목재 면은 매끄럽고 전체적으로 크림색이다. 너무 단단하거나 무르지 않고 적당히 단단하다. 이쑤시개를 깎을 때는 검은 껍질 부분을 남겨 크림색의 목재와 대비되도록 한다. 감귤류의 강한 향이 난다.

## 감귤류의 강한 향이 인상적이며 고급 이쑤시개로 쓰이는 나무

흑문자는 높아봐야 높이가 5m 정도에 줄기의 굵기도 몇 센티미터밖에 되지 않는다. 음지나무이기도 하므로 일본 간토 지역 이서의 산지에서 거의 눈에 띄는 일 없이 다른 나무와 섞여 자란다. 4월 무렵 황록색의 앙증맞은 꽃을 피우는데 일반적으로는 잘 알려지지 않았다. 일본에서 흑문자를 이르는 '구로모지'라는 이름만큼은 인지도가 높은데 그 까닭은 '고급 이쑤시개는 구로모지'라는 인식이 사람들의 머릿속에 자리 잡았기 때문이다.

이쑤시개를 쓰는 풍습은 일본에 불교가 전파되면서 함께 들어왔다. 처음에 승려들은 흑문자 가지의 한쪽 끝을 이삭 패듯 패서 칫솔처럼 만들어 사용했다(호요지'이삭 이쑤시개'라는 의미—옮긴이). 그 후 이 사이에 낀 것을 빼기 쉽도록 날카로운 손톱처럼 끝을 뾰족하게 깎아 지금의 이쑤시개처럼 사용하기 시작했다(쓰마요지'손톱 이쑤시개'라는 의미—옮긴이). 흑문자 목재는 향이 강하고 적당히 단단해서(비중 0.85는 꽤 높은 수치이다) 이쑤시개를 만드는 데 알맞았던 것으로 보인다. 향이 강한 이유는 리날로올linalool이나 테르피네올terpineol 등의 정유를 함유하고 있기 때문이다. 정유는 향료나 화장품에 사용된다.

◀ 흑문자를 깎아 마감한 과자 칼과 이쑤시개.  ❶ 어린나무의 나무껍질은 녹색이며 표면에 작은 점들이 흩어져 있다. 다 자란 나무의 나무껍질은 짙은 회색이며 점에서 시작해 세로로 무늬가 생긴다.  ❷ 잎은 가느다란 타원형이며 잎끝이 뾰족하다(거의 뾰족하지 않은 나무도 있다). 잎 길이는 5~10cm, 폭은 2~5cm 정도이며 홑잎으로 어긋나기를 한다. 잎 가장자리에는 톱니가 없어 밋밋하다. 잎 앞면은 짙은 녹색이며 털이 없어 만지면 매끈매끈하다. 가을에는 둥근 열매가 검게 익는다.  ❸ 높이 2~5m, 지름 5~10cm 정도의 떨기나무. 정원수로 심는다. 암수딴그루로 3~4월 무렵 잎이 나는 시기에 암꽃과 수꽃이 함께 핀다. 일본 홋카이도 오시마 반도나 도호쿠 지역에는 변종인 오바쿠로모지大葉黑文字가 자라는데 현지인은 그냥 구로모지라고 부를 때가 많다.

# 히메코마쓰

100

| 일본명 | 히메코마쓰姬小松/嬉子松 |
|---|---|
| 학 명 | *Pinus parviflora* var. *pentaphylla*(기타고요北五葉) |
| | *P. parviflora*(섬잣나무, 고요마쓰五葉松) |
| 과 명 | 소나무과(소나무속) 늘푸른바늘잎나무 |
| 분 포 | 기타고요: 일본 홋카이도, 혼슈(주부 지역 이북) |
| | 섬잣나무: 한국 울릉도(자생) |
| | 일본 혼슈(중남부), 시코쿠, 규슈 |
| 비 중 | 0.36~0.56 |

심재와 변재의 경계가 의외로 뚜렷하다. 심재는 노란빛이 강하며 변재는 흰색에 가깝다. 나이테는 폭이 균일하고 촘촘하다. 나뭇진을 적당히 함유하고 있다. 건조하기 쉬우며 잘 변형되지 않는다. 희미하게 송진 냄새가 난다.

# 바늘잎이 가지에 5개씩 모여 붙고 목재 결이 섬세해 마감이 깔끔한 나무

소나무과의 나무는 잎이 가지에 붙는 형태에 따라 크게 3부류로 나뉜다. 잎 2개가 한데 붙는 2잎 모여나기는 소나무와 곰솔에서 흔히 볼 수 있으며 3잎 모여나기는 테다소나무(*P. taeda*)나 대왕소나무(*P. palustris*) 같은 북미산에서 주로 관찰할 수 있다. 마지막으로 5잎 모여나기를 하는 나무로는 섬잣나무, 눈잣나무(*P. pumila*), 잣나무(*P. koraiensis*) 등이 있다. 기타고요는 홋카이도 등 일본 북쪽에서 자라는 섬잣나무의 변종이다. 일본에서는 이 두 나무를 '히메코마쓰'라고 부르는데 열매나 잎의 크기 등이 조금씩 다르다(*사진 설명 참조). 히메코마쓰로 유통되는 일본 목재는 대부분 기타고요로 추정된다.

목질은 평균적인 바늘잎나무보다는 단단하며 나이테 폭이 섬세하고 치밀하다. 유분이 있어 절삭 및 갈이틀 가공에 적합하다. 건조하기도 쉽고 쉽게 변형되지 않는다. 이 같은 특징을 살려 건구재나 사시모노 등에 주로 쓰이는데 특히 시작품이나 주물의 틀을 만드는 데 알맞다. "결이 부드럽고 온화하다. 뒤틀림이 적어 작업하기 쉽고 마감이 깔끔하다. 색감도 좋다"(목공예가).

◀ 히메코마쓰 소재의 작은 상자(작품: 스가 시노부). 들기름으로 마감하였다. 35×22.5×높이 22.5cm. 네쓰케를 담는 용도로 제작하였다. ❶ 기타고요. 섬잣나무의 북방 변종. 높이 20~30m, 지름 1m 정도까지 성장하는 큰키나무. 5~6월에 꽃이 핀다. 이듬해 10월 무렵 길이 5~10cm, 지름 3~4cm의 타원형 솔방울열매(솔방울)이 열린다. 섬잣나무의 솔방울은 조금 더 둥글고 자그마하다. ❷ 기타고요의 나무껍질. 약간 불그스레한 회색이다. 불규칙하게 갈라지며 늙은 나무가 되면 벗겨진다. ❸ 섬잣나무의 잎. 섬잣나무의 일본 이름인 고요마쓰의 '고요五葉'는 5개의 잎을 뜻한다. 그 이름처럼 5개의 바늘잎이 한 다발로 가지에 달린다. 잎 길이는 3~6cm 정도이다. 잎끝은 뾰족하지만 부드러워서 만져도 그렇게 아프지 않다. 잎은 단면이 삼각형이며 기타고요의 잎보다 조금 길다.

# 히바

| 일본명 | 히바檜葉/도木+屑 |
|---|---|
| 학 명 | *Thujopsis dolabrata*(나한백, 아스나로翌檜) |
| | *T. dolabrata* var. *hondai*(히노키아스나로) |
| 과 명 | 측백나무과(나한백속) 늘푸른바늘잎나무 |
| 분 포 | 나한백: 한국 따뜻한 곳에 심어 자란다 |
| | 일본 혼슈, 시코쿠, 규슈 |
| | 히노키아스나로: 일본 홋카이도 남부~혼슈 북부 |
| 비 중 | 0.37~0.52 |

심재와 변재의 경계가 모호하고 전체적으로 노르스름한 크림색이다. 나이테도 뚜렷하지 않다. 나뭇결은 거의 올곧고 촘촘하다. 바늘잎나무의 특성상 무른 편이나 삼나무보다는 단단하다. 내구성과 내수성이 뛰어나며 절삭 및 갈이틀 가공이 수월하다. 히노키티올 성분의 강한 향이 난다. 일본 도호쿠나 호쿠리쿠 지역에서는 오래전부터 건축재로 쓰였으며 히라이즈미의 곤지키당에도 대량으로 사용되었다. 외래종인 누트카황백yellow cedar은 일본에서 베이히바('미국 히바'라는 뜻―옮긴이)로 불리지만 나한백과는 속이 다른 측백나무속의 나무이다.

# 내구성이 좋고 물에도 강한 양질의 바늘잎나무 목재

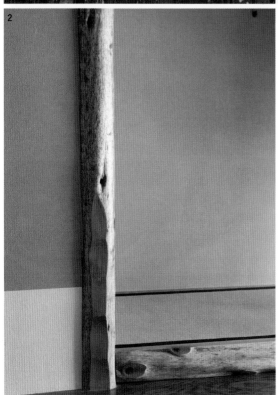

일본에서 '히바'라는 명칭은 조금 복잡하게 사용된다. 우선, 목재명으로 쓰일 때는 나한백과 그 변종인 히노키아스나로를 아울러 가리킨다. 아오모리 산지의 목재업자들은 '아오모리 히바'로 부르며 원산지를 강조하기도 한다(목재의 대부분은 히노키아스나로). 나무 이름으로서의 히바는 히노키아스나로를 가리키며 특히 일본 노토 반도에서 자란 히노키아스나로를 '아테'라고 부른다. 또한, 나한백의 서 있는 나무도 곧잘 히바라고 불리며 어떤 지역에서는 편백과 화백을 히바라고 부르기도 한다.

목재는 무르지만 좋은 목재의 조건을 갖추고 있어 예전부터 유용한 목재로 여겨졌다. 편백보다 못하다고는 하지만 크게 뒤처지지는 않는다. 음지나무로 천천히 성장하므로 나뭇결이 촘촘하고 목재 면이 치밀하다. 히노키티올hinokitiol과 같은 성분을 포함하고 있어 내구성과 보존성이 뛰어나고 물과 흰개미에도 강하다. 대표적으로는 토대와 지붕 같은 건축재나 목욕통 등 물에 닿는 도구의 재료로 쓰인다. 편백이 자라지 않는 도호쿠 지역에서는 불상의 재료로 사용되기도 한다.

◀ 기소 5대 나무 중 하나인 나한백. 높이 20~30m, 지름 60~80cm 정도의 큰키나무. 지름이 1m에 이르는 나무도 있다. 어린나무일 때는 어두운 숲속에서도 자라는 음지나무로 성장이 더디다. 암수한그루로 5월 무렵 꽃이 핀다. 10~11월에 원형에 가까운 작은 열매가 무르익는다. ❶ 나한백(다 자란나무)의 나무껍질. 세로로 길고 얇게 벗겨진다. 벗겨지는 폭은 편백보다 좁다. 약간 붉은빛이 도는 갈색이다(편백보다는 붉은빛이 옅다). ❷ 히바 소재의 도코노마 기둥. 건축재로는 토대 등으로 사용된다. 도코노마 기둥이나 인방 등에 쓰이기도 한다. ❸ 나한백의 비늘 모양 잎. 잎 길이는 5~7mm이다. 잎끝은 뾰족하지 않다. 두껍고 잎 앞면에 광택이 있다. 잎 뒷면의 흰 숨구멍줄이 눈에 띈다. 히노키아스나로는 비늘 모양의 잎이 나한백보다 조금 작다.

# 그 밖의 목재 견본

101종 외의 목재 견본을 소개한다(진다이 목재를 포함한 35종).

＊진다이란 땅속 등에 묻혀 있던 나무를 말한다(215쪽 참조).
＊환공재, 산공재 등이 표시된 목재는 넓은잎나무이며 나머지는 바늘잎나무이다.
＊숫자는 기건 비중 수치를 가리킨다.

O 진다이 밤나무

O 진다이 느릅나무

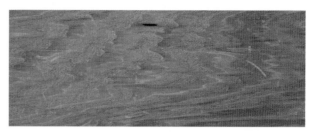

O 진다이 삼나무

O 진다이 느티나무

O 진다이 일본목련

O 진다이 단풍나무

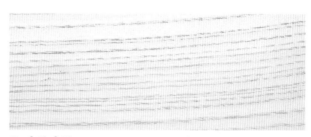

O 가죽나무(소태나무과 가죽나무속) 환공재 0.73

O 진다이 들메나무

O 개굴피나무(개래나무과 개굴피나무속) 산공재 0.45

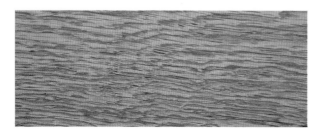

O 진다이 물참나무

O 금목서(물푸레나무과 목서속) 산공재 0.71*

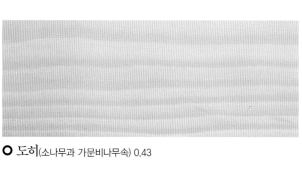

○ 도히(소나무과 가문비나무속) 0.43

○ 비치전나무(소나무과 전나무속) 0.41

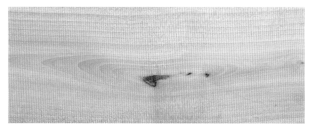

○ 마가목(장미과 마가목속) 산공재 0.71

○ 사과나무(장미과 사과나무속) 산공재 0.73

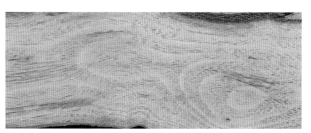

○ 머루류(포도과 포도속) 산공재 0.56*(재배 품종 후지미노리)

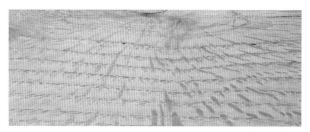

○ 상수리나무(참나무과 참나무속) 환공재 0.85

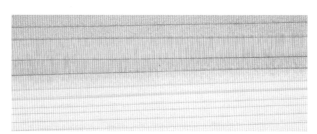

○ 메타세쿼이아(측백나무과[낙우송과] 메타세쿼이아속) 0.31

○ 생달나무(녹나무과 녹나무속) 산공재 0.56

○ 백합나무(목련과 튤립나무속) 산공재 0.47

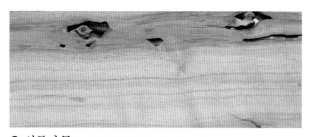

○ 석류나무(부처꽃과 석류나무속) 산공재 0.67*

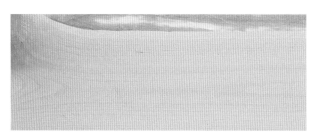

○ 붓순나무(오미자과 붓순나무속) 산공재 0.67

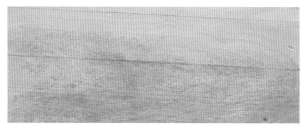

○ 소귀나무(소귀나무과 소귀나무속) 산공재 0.73

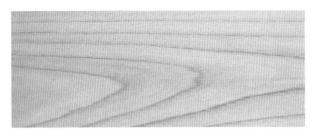

○ 스키아도필로이데스오갈피(두릅나무과 오갈피나무속) 환공재 0.45

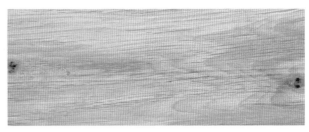

○ 졸가시나무(참나무과 참나무속) 방사공재 0.99

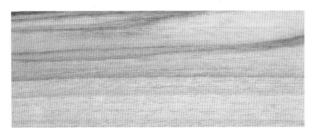

○ 예덕나무(대극과 예덕나무속) 환공재 0.59

○ 큰일본노각나무(차나무과 노각나무속) 산공재 0.75

○ 육박나무(녹나무과 육박나무속) 산공재 0.70

○ 클라드라스티스 플라티카르파(콩과 클라드라스티스속) 환공재 0.71*

○ 이나무(버드나무과 이나무속) 산공재 0.47

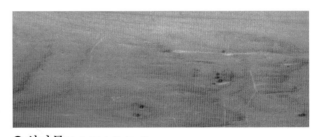

○ 향나무(측백나무과 향나무속) 0.65

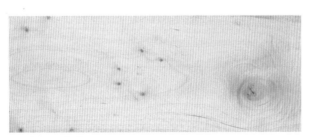

○ 일본복장나무(무환자나무과 단풍나무속) 산공재 0.75

○ 황철나무(버드나무과 사시나무속) 산공재 0.42

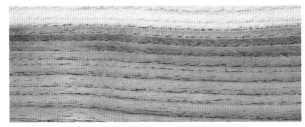

○ 자귀나무(콩과 자귀나무속) 환공재 0.53

○ 황토수(장미과 벚나무속) 산공재 0.90

# 용도별 나무 일람

책에 실린 101종의 나무를 용도별로 정리하였다(현재는 쓰이지 않는 예전의 주 용도도 포함되어 있다). 목록에는 빠져 있지만 '그 밖의 목재 견본에 실린 목재 중에서도 표의 용도로 쓰이는 목재가 있을 수도 있다.

＊굵은 글씨는 해당 용도로 쓰이는 대표적인 목재를 가리킨다.

| 용도 | 사용 목재(책에 실린 101종의 나무 중에서 선정) |
|---|---|
| 가구재 | 가래나무, 고로쇠나무, 느릅나무류, 느티나무, 들메나무, 멀구슬나무, 물참나무, 벚나무, 새우나무, 시우리자쿠라, 용화수, 음나무, 일본너도밤나무, 일본벚자작나무, 일본측백나무, 자작나무류, 주걱물푸레나무, 칠엽수, 헛개나무, 황벽나무 |
| 가마쿠라보리 | 계수나무 |
| 거문고 | 참오동나무 |
| 건구재 | 삼나무, 일본전나무, 일본측백나무, 편백 |
| 건축재 | 가문비나무, 곰솔, 글렌가문비나무, 나한송, 도가사와라, 도도마쓰, 류큐소나무, 삼나무, 섬잣나무, 소나무, 솔송나무, 일본전나무, 편백, 후피향나무, 히바 |
| 게타 | 일본목련, 참오동나무 |
| 고케시 | 층층나무 |
| 과자 틀 | **벚나무**, 일본목련 |
| 교기 | 가문비나무, 삼나무, 소나무, 일본전나무, 편백 |
| 구두 목형 | 일본벚자작나무 |
| 나무공이 | 초피나무 |
| 나무관 | 금송(고대), 일본전나무 |
| 나무통(위스키) | 물참나무 |
| 나무통(일본주, 일본된장 등) | 삼나무 |
| 다구 | 구로가키(감나무의 검은 심재), 매실나무, 산뽕나무 |
| 다이코의 몸통 | 느티나무, 음나무 |
| 대팻집 | **가시나무류**, 조록나무 |
| 도구(목공 도구, 농기구 등)의 자루 | 가시나무류, 개물푸레나무, 느티나무, 매화오리나무, 보리수나무류, 서어나무류, 윤노리나무, 일본목련, 조록나무 |
| 도마 | 은행나무, 일본목련, 호랑버들 |
| 도장재 | 동백나무, 좀회양목, 참빗살나무 |
| 도코노마의 기둥 | 개물푸레나무, 구로가키(감나무의 검은 심재), 남천, 노간주나무, 매화오리나무, 모밀잣밤나무류, 목련, 밤나무, 배롱나무, 산뽕나무, 삼나무, 서어나무류, 소나무, 조록나무, 주목 |
| 딱따기 | **가시나무류**, 벚나무, 조록나무 |
| 땔감, 숯감 | 모밀잣밤나무류, 졸참나무, 팽나무 |
| 란마 | 녹나무, 삼나무, 참오동나무 |
| 먹틀 | 돌배나무 |
| 모자 모형 | 은행나무 |
| 목각 | 가래나무, 개물푸레나무, 계수나무, 벚나무, 섬잣나무, 일본목련, 일본피나무, 주목, 편백 |
| 목공예품 | 가래나무, 개물푸레나무, 구로가키(감나무의 검은 심재), 느티나무, 들메나무, 밤나무, 주걱물푸레나무, 주목, 칠엽수, 헛개나무 |
| 목도 | 가시나무류, 비파나무, 조록나무 |
| 목욕통 | **금송**, 나한송, 편백, **화백**, 히바 |
| 목탁 | **녹나무**, 느티나무, 산뽕나무 |
| 물통 | 금송, 편백, **화백**, 히바 |
| 바닥재 | 고로쇠나무, 새우나무, 오리나무, 일본너도밤나무, 일본벚자작나무, 일본잎갈나무, 자작나무류 |
| 바둑판, 장기판 | 계수나무, **비자나무**, 은행나무 |
| 발목(샤미센 등) | 가시나무류, 구골나무 |
| 불단 | 나한송, 느티나무, 산뽕나무, 헛개나무 |
| 불상 | 계수나무, 녹나무, 느티나무, 멀구슬나무, 벚나무, 비자나무, 산뽕나무, 음나무, 편백 |
| 빗 | 동백나무, **좀회양목** |
| 사시모노 | 개물푸레나무, **느티나무**, 들메나무, 밤나무, **산뽕나무**, 음나무, 일본목련, 일본벚자작나무, 일본잎갈나무, 주걱물푸레나무, 주목, 칠엽수, 헛개나무, **황벽나무** |
| 산신의 몸통 | 나한송 |
| 상감 | 감나무, 검양옻나무, 귤류, 멀구슬나무, 소태나무, 옻나무, 층층나무 |
| 샤미센이나 산신의 손잡이 | 가시나무류, 류큐흑단, 조록나무 |
| 샤쿠 | 주목 |
| 서랍 | 일본피나무, 참오동나무 |
| 선향 | 후박나무 |
| 물안경의 테 | 은모수 |
| 스키 판(옛) | 고로쇠나무, 새우나무 |
| 아이스크림 주걱 | 자작나무 |
| 악기재 | 고로쇠나무(피아노의 부재료 등), 글렌가문비나무(피아노 향판 등), 박달나무(마림바 등), 산뽕나무, 양버들 |
| 야구 배트 | 들메나무, 일본쇠물푸레나무 |
| 어묵판 | 일본전나무 |
| 염주 | 매실나무 |
| 의료용 검진 막대 | 자작나무 |
| 이쑤시개 | 자작나무, 흑문자 |
| 자귀 | 개물푸레나무 |
| 작은 상자(공예품) | 녹나무, 주목 |
| 장기말 | 동백나무, **좀회양목**, 참빗살나무 |
| 장난감 | 때죽나무, 배롱나무, 일본너도밤나무 |
| 장례 도구 | 일본전나무, 편백 |
| 젓가락 | 도도마쓰, 삼나무, 자작나무, 편백 |
| 종을 치는 당목 | 느티나무, 왜종려 |
| 주판알 | 가시나무류, 감탕나무, 동청목, 매실나무, 박달나무, 조록나무 |
| 지우산(가사로쿠로) | 때죽나무 |
| 집성재 | 도도마쓰, 삼나무, 일본잎갈나무, 편백 |
| 쪽매붙임 | 검양옻나무, 계수나무, 귤류, 멀구슬나무, 소태나무, 옻나무, 일본목련, 참빗살나무, 참죽나무, 초피나무 |
| 칠기의 백골 | 계수나무, 느티나무, 반들고무나무, 밤나무, 음나무, 일본너도밤나무, 일본벚자작나무, 자동, 칠엽수, 팽나무, 편백 |
| 칼집(일본도) | 일본목련 |
| 큰 메 | 가시나무류, 윤노리나무(자루) |
| 토목재 | 도도마쓰, 류큐소나무, 밤나무, 일본잎갈나무, 편백, 히바 |
| 통나무배 | 계수나무, 삼나무, 푸조나무 |
| 판목 | **벚나무**, 일본목련, 좀회양목 |
| 펄프재 | 가문비나무, 글렌가문비나무, 도도마쓰, 류큐소나무, 삼나무, 편백 |
| 포장재 | 도도마쓰, 일본잎갈나무 |
| 합판 | 도도마쓰, 삼나무, 일본너도밤나무, 일본잎갈나무, 일본피나무, 음나무 |
| 활 | 검양옻나무, 일본벚자작나무(고대의 통나무 활), 참빗살나무(고대의 통나무 활) |

# 용어 해설

책에 나오는 나무 및 목재 관련 용어를 해설하였다(가나다순).

### (나)(무)(편)

**겹잎** 넓은잎나무 중 여러 개의 작은 잎으로 1장의 잎을 이루는 잎. 붙는 모양에 따라 깃꼴겹잎, 손꼴겹잎 등으로 나뉜다.

**굳은 열매** 나무처럼 딱딱한 껍질을 가진 열매. 열매가 익어도 갈라지거나 벌어지지 않는다. 견과堅果라고도 한다. 참나무류나 가시나무류의 도토리 등.

**깃꼴겹잎** 작은 잎 여러 장이 날개처럼 나란히 붙어 1장의 잎을 형성하는 겹잎. 작은 잎의 장수는 나무마다 차이가 난다. 개물푸레나무, 가래나무, 황벽나무, 멀구슬나무 등.

**꿀샘** 꽃이나 잎의 꿀을 분비하는 기관. 벚나무류는 잎자루에 달려 있다.

**날개 열매** 씨앗에 날개가 달린 열매. 익은 다음에도 열매가 벌어지지 않는다. 바람을 타고 멀리 날아간다. 고로쇠나무 등.

**마주나기** 잎이 가지나 줄기에 마주 붙은 것.

**만재晩材** 1년 동안 나무가 성장하면서 생긴 부분 가운데 후반에 형성된 부분의 목재. 세포가 작고 밀도가 높다. 하재夏材라고도 한다. 대립하는 말은 조재(춘재).

**상산형 잎차례** 잎이 2장씩 좌우로 어긋나기를 하며 가지나 줄기에 붙는 독특한 잎차례. 같은 잎차례를 보이는 상산나무의 이름을 딴 명칭이다. 헛개나무 등.

**선구종** 산불이나 토지 조성 작업 등으로 텅 빈 땅에 가장 먼저 싹을 틔워 빠르게 성장하는 나무. 자작나무 등.

**손꼴겹잎** 작은 잎이 손바닥 모양처럼 한 점에서 뻗어나간 선 끝에 달리는 겹잎. 칠엽수 등.

**암수딴그루, 암수한그루** 단성화(암꽃술 혹은 수꽃술 중 한쪽뿐인 꽃)를 피우는 종자식물 가운데 암꽃과 수꽃이 각각 다른 그루에서 열리는 식물을 암수딴그루라고 한다. 즉 꽃가루를 만드는 기관과 꽃가루를 받아 열매를 맺는 기관이 별도의 그루에 있음을 의미한다. 주목, 은행나무 등. 암수한그루는 암꽃과 수꽃이 같은 그루에 있는 식물. 일본너도밤나무, 편백 등.

**양지나무** 볕이 잘 드는 밝은 곳을 좋아하는 나무. 소나무, 곰솔, 자작나무 등.

**어긋나기** 가지에 잎이 1장씩 붙는 것을 말한다. 보기에는 제멋대로 붙은 듯하지만 대부분 가지와 줄기 주위를 나선형으로 붙어 간다.

**음지나무** 볕이 그다지 들지 않는 어두운 곳에서도 나고 자라는 나무. 약한 빛으로도 광합성을 할 수 있다. 가시나무류, 녹나무, 일본너도밤나무 등.

**잎몸** 잎의 주요 부분(편평한 곳).

**잎자루** 잎몸과 줄기나 가지를 잇는 자루 부분.

**작은 잎** 겹잎을 구성하는 잎. 작은 크기의 잎뿐만 아니라 칠엽수처럼 커다란 작은 잎도 있다.

**조엽수照葉樹** 늘푸른넓은잎나무 가운데 잎이 짙은 녹색이며 약간 두껍고 표면에 광택이 강한 나무를 통틀어 일컫는 말. 햇빛을 받아 빛나는 잎을 보고 조엽수라고 부른다. 가시나무류, 모밀잣밤나무류, 후박나무, 녹나무, 동백나무 등.

**조재早材** 1년 동안 나무가 성장하면서 생긴 부분 가운데 이른 시기에 형성된 부분의 목재. 세포가 크고 밀도가 낮다. 조재가 형성되는 시기는 봄 무렵이므로 춘재春材라고도 한다. 대립하는 말은 만재(하재).

**집합과集合果** 하나의 열매로 보이지만 많은 열매가 모여 형태를 이루는 열매. 산뽕나무 등.

**톱니** 넓은잎나무의 잎 가장자리에 난 깔쭉깔쭉한 부분. 톱니의 크기나 모양은 나무에 따라 다르다. 거치鋸齒라고도 한다. 잎 가장자리에 톱니가 없어 밋밋할 때는 전연全緣이라고 한다.

**홑잎** 넓은잎나무 중 1장의 잎사귀로 이루어진 잎.

갈이틀 넓은 의미로는 회전을 이용한 목재 가공 방식을 뜻하며 좁은 의미로는 축에 고정된 목재를 회전시켜 날을 대어 공기 등의 백골을 깎아 만드는 도구를 가리킨다.

곧은결 나이테가 거의 평행하게 보이는 나뭇결. 통나무 중심에서 나온 방사선을 따라 켰을 때 나타난다. 곧은결 목재는 무늬결보다 휘거나 뒤틀림이 적다.

도코노마床の間 일본 전통 건축양식의 하나로 장식을 위해 바닥을 한 단 높여 마련해둔 특별한 공간. 이 곳에는 으레 정취가 있는 나무를 장식 기둥으로 세우곤 하는데 이를 도코바시라床柱라고 부른다.

목구면木口面 통나무의 중심축에 대해 직각으로 자른 횡단면(목재의 섬유 방향을 기준으로 90도로 자른 단면).

무늬figure 목재 면에 나타난 특별한 나뭇결로 생긴 문양. 들메나무나 칠엽수 등에서 보이는 주름 무늬, 단풍나무류의 새눈 무늬, 녹나무의 겹고리무늬, 물참나무의 호랑이 줄무늬 등.

무늬결 판재의 나뭇결이 산 모양이나 불규칙한 물결 모양인 것을 말한다. 통나무를 중심에서 비스듬히 켰을 때 나타난다.

물관 넓은잎나무에서 볼 수 있는 물이 지나는 통로 역할을 하는 조직. 넓은잎나무의 목재는 물관이 어떻게 나열되는지에 따라 환공재, 산공재, 방사공재 등으로 나뉜다. 바늘잎나무에서는 헛물관이 물이 지나는 통로 역할을 한다.

방사공재放射孔材 물관이 나무 중심에서 뻗은 직선을 따라 늘어서 난 목재. 가시나무류, 모밀잣밤나무류 등.

변재邊材, sapwood 줄기의 나무껍질 쪽과 가까운 부분(심재의 바깥 부분)의 목재. 색이 흰 편이어서 백변재白邊材라고도 한다. 심재보다는 내구성이 떨어진다.

사시모노指物 나무판을 끼워 맞춰 만든 상자나 가구 등 목제품을 만드는 일본 전통 공예 기법. 두 나무판을 끼워 합치기 위해 다양한 기법이 사용된다. 일상용품이 대부분인 사시모노와는 달리 에도 사시모노는 다구 등의 고급품이 주를 이룬다.

산공재散孔材 물관이 목구면 곳곳에 흩어져 난 목재. 나이테가 뚜렷하지 않은 나무가 대부분이다. 자작나무류, 단풍나무류, 계수나무, 일본너도밤나무, 흑단 등. 남쪽 지방의 수입목은 대부분 산공재이다.

상감象嵌 목재나 금속의 표면에 무늬를 새긴 다음 그 속에 다른 재료를 박아 넣는 공예 기법. 목재의 경우에는 다른 색의 목재 몇 가지를 속에 박는다.

심재心材, heartwood 줄기 안 중심부의 목재. 색이 진하고 함수율含水率이 낮을 때가 많다. 심재 부분은 세포가 죽은 상태이다. 일반적으로 내구성은 변재보다 뛰어나다. 적심재赤心材라고도 한다.

엇결 반대로 난 나뭇결. 대패질을 하거나 끌로 목재를 밀 때 자주 걸리는 방향의 나뭇결.

임목축적량林木蓄積量 임목의 부피를 말한다. 한국의 임목축적량은 약 9억㎥(2015년 기준, 1972년의 약 12.7배)이다. 일본 전체의 임목축적량은 약 49억㎥(2012년 3월 말 기준, 1966년의 약 2.6배)이다.

진다이神代 긴 세월 동안 땅속에 묻혀 있는 사이에 흑갈색 등으로 색이 짙어진 나무의 통칭. 하천 개수 공사나 토지 조성 작업 중에 발굴된다. 진다이 목재 혹은 매목埋木이라고도 부른다. 나무 이름 앞에 붙여 진다이 삼나무, 진다이 계수나무 등으로 부르며 귀중한 목재인 만큼 높은 가격에 거래된다. 차분하고 운치 있는 색조를 살려 조작재나 공예 작품 등에 쓰인다.

집성재集成材 큰 마디가 남거나 썩어 쓸 수 없는 판재를 접착제로 붙인 목재. 목재의 섬유 방향에 가지런히 맞춰 접착한다. 기둥이나 대들보 등으로 쓰이는 구조용構造用 집성재나 계단의 난간 등에 쓰이는 조작용造作用 집성재가 있다.

쪽매붙임 세공 다양한 색의 나무 조각을 붙여 기하학적인 문양을 표현하는 목공예 기법. 바둑판무늬, 삼잎무늬, 거북등무늬, 화살깃무늬 등 다양한 무늬가 있다. 노란색의 표현에는 소태나무나 옻나무, 흰색의 표현에는 층층나무 등을 사용한다. 생산지로는 일본 가나가와현의 하코네가 유명하다.

투명 옻칠 생 옻을 솔이나 천에 묻혀 백골에 채워 넣고 남은 옻을 닦아 낸 다음 건조한다. 이러한 과정을 여러 번 반복하여 마감하는 공예 기법.

하코모노箱物 장롱이나 선반 등 상자 모양의 가구를 가리키는 말. 의자나 테이블 등 다리가 있는 가구는 아시모노脚物라고 한다.

환공재環孔材 굵은 물관이 나이테의 경계에 줄지어 난 목재. 나이테가 뚜렷하게 보인다. 느티나무, 느릅나무, 들메나무, 물참나무, 밤나무 등.

히키모노挽物 갈이틀이나 선반으로 목재를 깎아 마감한 그릇이나 공기, 쟁반, 접시 등.

# 나무 이름 찾아보기(가나다순)

- 굵은 글씨: 표제어로 실린 나무 이름과 해당 페이지.
- 가는 글씨: 본문 및 사진 설명에 나오는 표제어가 아닌 나무 이름과 해당 페이지. 표제어로 실린 나무 이름이 다른 주제에서 등장했을 때의 페이지.
- 그 밖의 목재 견본(210~212쪽)에 실린 나무 이름 다음에는 별표(*)를 붙였다.

**ㄱ**

| | |
|---|---|
| **가래나무** | **8** |
| **가문비나무** | **10**, 35, 53 |
| 가문비나무류 | 35 |
| **가시나무** | **12**, 95 |
| 가시나무류 | 13, 29, 79, 81, 95, 101, 109, 163, 173 |
| 가죽나무* | 210 |
| **감나무** | **14** |
| **감탕나무** | **16**, 59, 203 |
| 개가시나무 | 95 |
| 개굴피나무* | 9, 169, 210 |
| **개물푸레나무** | **18**, 85, 121, 127 |
| 개서어나무 | 111 |
| 개오동 | 177 |
| 개옻나무 | 127 |
| 갯노간주 | 43 |
| 갯버들 | 195 |
| **검양옻나무** | **20**, 115, 127 |
| 게켄포나시 | 193 |
| **계수나무** | **22**, 137 |
| **고로쇠나무** | **24**, 69 |
| **곰솔** | **26**, 65, 113, 171, 207, |
| 곰의말채나무 | 31 |
| **구골나무** | **28** |
| 구실잣밤나무 | 75 |
| **굴거리나무** | **30** |
| 굴참나무 | 85 |
| 굴피나무 | 9 |
| **귤류** | **32** |
| **글렌가문비나무** | **11**, **34** |
| 금목서* | 210 |
| **금송** | **36**, 39 |
| 기타고요 | 206, 207 |
| 기타코부시 | 77 |
| 까치박달 | 111 |
| 꽝꽝나무 | 167 |

**ㄴ**

| | |
|---|---|
| **나한백** | 37, 208, 209 |
| **나한송** | 35, **38**, 149, 171 |
| 나한전 | 39 |
| **난티나무** | 46, 47 |
| 남방배롱나무 | 87 |
| **남천** | **40**, 73, 115 |
| 노각나무 | 71, 87 |
| **노간주나무** | **42** |
| **녹나무** | 23, **44**, 199, 201 |
| 누트카황백 | 209 |
| 눈잣나무 | 207 |
| 느릅나무 | 47, 123 |
| **느릅나무류** | **46** |
| **느티나무** | 47, **48**, 73, 103, 139, 155, 183, 187, 191, 193, 199 |

**ㄷ**

| | |
|---|---|
| **단풍나무** | 147 |
| 단풍나무류 | 25, 139, 181 |
| 단풍버즘나무 | 71 |
| 닭벼슬나무 | 157 |
| 대만편백 | 189 |
| 대왕소나무 | 207 |
| 덩굴옻나무 | 127 |
| **도가사와라** | **50** |
| **도도마쓰** | 11, **52** |
| 도히* | 211 |
| 독일가문비나무 | 35 |
| **돌배나무** | **54** |
| 돌참나무 | 75 |
| **동백나무** | **56**, 71, 173, 177 |
| **동청목** | **58** |
| **들메나무** | 47, **60**, 85, 139, 147, 169 |
| **때죽나무** | **62** |
| 떡갈나무 | 79, 165 |
| 뜰보리수 | 91 |

**ㄹ**

| | |
|---|---|
| 레몬 | 33 |
| **류큐소나무** | **64** |
| **류큐흑단** | **66**, 95, 163 |

**ㅁ**

| | |
|---|---|
| 마가목* | 177, 185, 211 |
| **매실나무** | 56, **68**, 185 |
| **매화오리나무** | **70**, 87 |
| 머귀나무 | 179 |
| 머루류* | 211 |

| | | |
|---|---|---|
| 먼나무 | | 17 |
| **멀구슬나무** | | **72**, 177 |
| 메타세쿼이아* | | 211 |
| 모밀잣밤나무 | | 74 |
| **모밀잣밤나무류** | | **74** |
| **목련** | | **76** |
| 목마황 | | 67 |
| 물오리나무 | | 125 |
| **물참나무** | | 53, 71, **78**, 109, 165 |
| 물푸레나무 | | 147 |
| 미국물푸레나무 | | 147 |
| 미송 | | 51 |
| ㅂ **박달나무** | | **80** |
| **반들고무나무** | | **82**, 135 |
| **밤나무** | | 71, **84**, 155, 193 |
| **배롱나무** | | 71, **86** |
| 백단 | | 73, 201 |
| 백합나무* | | 123, 211 |
| 버드나무류 | | 107, 123, 195 |
| 버들목련 | | 77 |
| **벚나무** | | 15, 25, 55, 69, 85, **88**, 105, 109, 119, 145, 185 |
| 벚나무류 | | 77, 89, 119, 145, 185 |
| 벽오동 | | 175 |
| 보리수나무 | | 90 |
| **보리수나무류** | | **90** |
| 보리장나무 | | 90 |
| **복목** | | **92** |
| **붉가시나무** | | 13, 67, **94** |
| 붉은꽃칠엽수 | | 183 |
| 붉은오리나무 | | 125 |
| 붓순나무* | | 211 |
| **비스코피아 야바니카** | | **96** |
| **비자나무** | | **98**, 137, 171 |
| 비치전나무* | | 211 |
| **비파나무** | | **100** |
| 뽕나무 | | 103 |
| ㅅ 사과나무* | | 211 |
| 사스래나무 | | 159, 161 |
| 사철검은재나무 | | 67 |
| 산검양옻나무 | | 21 |
| 산벚나무 | | 89 |
| **산뽕나무** | | 19, **102**, 199 |
| 산초나무 | | 179 |
| 살구 | | 69 |
| **삼나무** | | 31, 35, 39, **104**, 113, 117, 137, 153, 171, 189, 197, 209 |
| **상사수** | | **106** |
| 상수리나무* | | 85, 165, 211 |
| **새우나무** | | **108** |
| 생달나무* | | 45, 211 |
| 서양배나무 | | 55 |
| 서어나무 | | 110 |
| **서어나무류** | | 109, **110**, 145 |
| 석류나무* | | 211 |
| 설탕단풍 | | 25 |
| 섬개벚나무 | | 119 |
| 섬뽕나무 | | 103 |
| 섬잣나무 | | 206, 207 |
| 소귀나무* | | 211 |
| **소나무** | | 27, 43, 59, 65, 83, **112**, 127, 149, 151, 187, 207 |
| 소나무류 | | 39, 51, 65 |
| 소사나무 | | 111 |
| **소태나무** | | 21, 33, **114**, 127, 179, 199 |
| **솔송나무** | | 51, **116**, 151 |
| 송양나무 | | 62 |
| 스키아도필로이데스오갈피* | | 212 |
| **시우리자쿠라** | | **118** |
| 쓰쿠바네가시 | | 95 |
| ㅇ **아까시나무** | | 19, **120** |
| 아카시아류 | | 121 |
| **양버들** | | **122** |
| 예덕나무* | | 212 |
| **오리나무** | | 61, **124** |
| 오바보다이주 | | 155 |
| 오바쿠로모지 | | 205 |
| 온주밀감 | | 33 |
| **옻나무** | | 21, 83, 115, **126**, 179 |
| 왕벚나무 | | 77, 89 |
| **왜종려** | | **128** |
| **용화수** | | **130** |
| 우라지로노키 | | 185 |
| 유럽호랑가시나무 | | 29 |
| 유자나무 | | 33 |
| 유키쓰바키 | | 57 |
| 육박나무* | | 212 |
| **윤노리나무** | | **132** |
| **은모수** | | **134** |
| 은청전나무 | | 151 |
| **은행나무** | | **136**, 195 |
| **음나무** | | **138** |
| 이나무* | | 212 |

| | | |
|---|---|---|
| 이엽솔송나무 | | 117 |
| 일본귀룽나무 | | 119 |
| **일본너도밤나무** | | **140** |
| **일본목련** | | 29, 77, **142**, 183, 199 |
| **일본벚자작나무** | | 109, **144**, 161, 173 |
| 일본복장나무* | | 212 |
| 일본사시나무 | | 123 |
| 일본서어나무 | | 111 |
| **일본쇠물푸레나무** | | **146** |
| 일본왕자작나무 | | 15, 25, 81, 109, 145, 160, 161 |
| **일본잎갈나무** | | **148** |
| **일본전나무** | | 51, 53, 117, **150** |
| **일본측백나무** | | 37, **152**, 197 |
| **일본피나무** | | 141, **154** |
| ㅈ | 자귀나무* | 212 |
| | 자단 | 131, 163 |
| | **자동** | **156**, 175 |
| | **자작나무** | 81, 141, **158**, 161 |
| | **자작나무류** | 81, 89, 145, **160** |
| | 잣나무 | 207 |
| | **조록나무** | 13, 17, 39, 67, 81, 95, 101, **162** |
| | 졸가시나무* | 212 |
| | **졸참나무** | 79, **164** |
| | **좀회양목** | 17, 57, 69, 123, 163, **166**, 173 |
| | **주걱물푸레나무** | 61, 147, **168** |
| | **주목** | 99, **170** |
| | 진다이 계수나무 | 171 |
| | 진다이 느룹나무* | 177, 210 |
| | 진다이 느티나무* | 210 |
| | 진다이 단풍나무* | 210 |
| | 진다이 들메나무* | 210 |
| | 진다이 물참나무* | 210 |
| | 진다이 밤나무* | 210 |
| | 진다이 삼나무* | 153, 210 |
| | 진다이 일본목련* | 210 |
| | 진다이 주걱물푸레나무 | 169 |
| ㅊ | 참가시나무 | 13 |
| | 참느릅나무 | 46 |
| | **참빗살나무** | **172**, 179 |
| **참오동나무** | | 157, **174** |
| **참죽나무** | | 73, 115, **176** |
| **초피나무** | | **178** |
| **층층나무** | | 87, **180** |
| 치자나무류 | | 167 |
| **칠엽수** | | 23, 31, 45, 143, **182** |
| ㅋ | 큰개비자나무 | 99 |
| | 큰일본노각나무* | 71, 87, 212 |
| | 클라드라스티스 플라티카르파* | 212 |
| ㅌ | 타치바나 | 33 |
| | 테다소나무 | 207 |
| | 투야 플리카타 | 153 |
| ㅍ | 팥배나무 | **184** |
| **팽나무** | | **186**, 191 |
| **편백** | | 37, 43, 99, 153, 171, **188**, 197, 209 |
| 폰칸 | | 33 |
| 푸른너도밤나무 | | 141 |
| **푸조나무** | | 49, 187, **190** |
| 풍겐스보리장나무 | | 90 |
| 필로산테라 | | 67 |
| ㅎ | 핫사쿠 | 33 |
| | 향나무* | 212 |
| | **헛개나무** | **192** |
| | **호랑버들** | **194** |
| | 화려용 | 83 |
| | **화백** | 37, 51, 189, **196**, 209 |
| | 황금하귤 | 33 |
| | **황벽나무** | 103, 116, **198** |
| | 황철나무* | 123, 212 |
| | 황토수* | 212 |
| | 회양목 | 167 |
| | 회화나무 | 19 |
| | **후박나무** | **200** |
| | **후피향나무** | **202** |
| | 흑단 | 15, 39, 67, 123, 163, 171 |
| | **흑문자** | **204** |
| | 히노키아스나로 | 208 |
| | **히메코마쓰** | **206** |
| | **히바** | **208** |

# 학명 찾아보기(알파벳순)

- 표제어로 실린 나무 정보에 포함된 학명: 페이지를 세워 표기하였다.
- 본문 및 사진 설명에 나온 학명: 페이지를 기울여 표기하였다.
- 책에서는 한 주제를 다룬 2페이지 내에 동일한 속의 학명이 다시 나올 경우 줄여서 표기하였으나 색인에서는 전체 학명으로 표기하였다.

| | | |
|---|---|---:|
| **A** | Abies concolor | *151* |
| | Abies firma | 150 |
| | Abies sachalinensis | 52 |
| | Acacia confusa | 106 |
| | Acacia spp. | *121* |
| | Acer pictum | 24 |
| | Aesculus ×carnea | *183* |
| | Aesculus turbinata | 182 |
| | Alnus hirsuta | *125* |
| | Alnus hirsuta var. sibirica | *125* |
| | Alnus japonica | 124 |
| | Alnus rubra | *125* |
| | Aphananthe aspera | 190 |
| | Aria alnifolia | 184 |
| **B** | Betula ermanii | 160 |
| | Betula grossa | 144 |
| | Betula maximowicziana | 160 |
| | Betula platyphylla var. japonica | 158 |
| | Betula schmidtii | 80 |
| | Bischofia javanica | 96 |
| | Buxus microphylla var. japonica | 166 |
| | Buxus microphylla var. sinica | *167* |
| **C** | Calophyllum inophyllum | 130 |
| | Camellia japonica | 56 |
| | Camellia rusticana | *57* |
| | Carpinus laxiflora | 110 |
| | Castanea crenata | 84 |
| | Castanopsis cuspidata | 74 |
| | Castanopsis sieboldii | 74 |
| | Cedrela sinensis | 176 |
| | Celtis sinensis | 186 |
| | Cephalotaxus harringtonia | *99* |
| | Cerasus jamasakura | 88 |
| | Cerasus sargentii | *89* |
| | Cercidiphyllum japonicum | 22 |
| | Chamaecyparis obtusa | 188 |
| | Chamaecyparis pisifera | 196 |
| | Cinnamomum camphora | 44 |
| | Citrus spp. | 32 |
| | Clethra barbinervis | 70 |
| | Cornus controversa | 180 |
| | Cornus macrophylla | *31* |
| | Cryptomeria japonica | 104 |
| **D** | Daphniphyllum macropodum | 30 |
| | Diospyros egbert-walkeri | 66 |
| | Diospyros ferrea var. buxifolia | 66 |
| | Diospyros kaki | 14 |
| | Distylium racemosum | 162 |
| **E** | Elaeagnus pungens | 90 |
| | Elaeagnus umbellata | 90 |
| | Eriobotrya japonica | 100 |
| | Erythrina crista-galli | *157* |
| | Erythrina variegata | 156 |
| | Euonymus hamiltonianus | 172 |
| | Euonymus sieboldianus | 172 |
| **F** | Fagus crenata | 140 |
| | Fagus japonica | *141* |
| | Ficus microcarpa | 82 |
| | Ficus superba var. japonica | *83* |
| | Fraxinus lanuginosa | 146 |
| | Fraxinus mandshurica var. japonica | 60 |
| | Fraxinus platypoda | 168 |
| **G** | Garcinia subelliptica | 92 |
| | Gardenia spp. | *167* |
| | Ginkgo biloba | 136 |
| **H** | Heliotropium foertherianum | 134 |
| | Hovenia dulcis | 192 |
| | Hovenia trichocarpa | *193* |
| **I** | Ilex aquifolium | *29* |
| | Ilex crenata | *167* |
| | Ilex integra | 16 |
| | Ilex pedunculosa | 58 |
| **J** | Juglans mandshurica var. sachalinensis | 8 |
| | Juniperus conferta | *43* |
| | Juniperus rigida | 42 |
| **K** | Kalopanax pictus | 138 |
| | Kalopanax septemlobus | 138 |
| **L** | Lagerstroemia indica | 86 |

| | | |
|---|---|---|
| Lagerstroemia subcostata | *87* | |
| Larix kaempferi | 148 | |
| Lindera umbellata | 204 | |
| Liriodendron tulipifera | *123* | |
| Lithocarpus edulis | *75* | |
| **M** Maackia amurensis var. buergeri | 18 | |
| Machilus thunbergii | 200 | |
| Magnolia kobus | 76 | |
| Magnolia kobus var. borealis | *77* | |
| Magnolia obovata | 142 | |
| Magnolia salicifolia | *77* | |
| Melia azedarach | 72 | |
| Morus alba | *103* | |
| Morus australis | 102 | |
| Morus bombycis | 102 | |
| **N** Nandina domestica | 40 | |
| **O** Osmanthus heterophyllus | 28 | |
| Ostrya japonica | 108 | |
| **P** Padus buergeriana | *119* | |
| Padus grayana | *119* | |
| Padus ssiori | 118 | |
| Paulownia tomentosa | 174 | |
| Phellodendron amurense | 198 | |
| Picea glehnii | 34 | |
| Picea jezoensis | 10 | |
| Picrasma quassioides | 114 | |
| Pinus densiflora | 112 | |
| Pinus koraiensis | *207* | |
| Pinus luchuensis | 64 | |
| Pinus palustris | *207* | |
| Pinus parviflora | 206 | |
| Pinus parviflora var. pentaphylla | 206 | |
| Pinus pumila | *207* | |
| Pinus taeda | *207* | |
| Pinus thunbergii | 26 | |
| Podocarpus macrophyllus | 38 | |
| Podocarpus macrophyllus var. maki | *39* | |
| Populus maximowiczii | *123* | |
| Populus nigra var. italica | 122 | |
| Populus sieboldii | *123* | |
| Pourthiaea villosa var. laevis | 132 | |
| Prunus armeniaca var. ansu | *69* | |
| Prunus jamasakura | 88 | |
| Prunus mume | 68 | |
| Prunus ssiori | 118 | |
| Pseudotsuga japonica | 50 | |

| | | |
|---|---|---|
| Pseudotsuga menziesii | *51* | |
| Pyrus communis | *55* | |
| Pyrus pyrifolia | 54 | |
| **Q** Quercus acuta | 94 | |
| Quercus crispula | 78 | |
| Quercus myrsinifolia | 12 | |
| Quercus salicina | *13* | |
| Quercus serrata | 164 | |
| Quercus sessilifolia | *95* | |
| **R** Rhus succedanea | 20 | |
| Rhus vernicifera | 126 | |
| Robinia pseudoacacia | 120 | |
| **R** Salix bakko | 194 | |
| Salix caprea | 194 | |
| Sciadopitys verticillata | 36 | |
| Sorbus alnifolia | 184 | |
| Sorbus commixta | *185* | |
| Styphnolobium japonicum | *19* | |
| Styrax japonica | 62 | |
| Swida controversa | 180 | |
| **T** Taxus cuspidata | 170 | |
| Ternstroemia gymnanthera | 202 | |
| Thujopsis dolabrata | 208 | |
| Thujopsis dolabrata var. hondai | 208 | |
| Tilia japonica | 154 | |
| Tilia maximowicziana | *155* | |
| Toona sinensis | 176 | |
| Torreya nucifera | 98 | |
| Toxicodendron orientale | *127* | |
| Toxicodendron succedaneum | 20 | |
| Toxicodendron sylvestre | *21* | |
| Toxicodendron trichocarpum | *127* | |
| Toxicodendron vernicifluum | 126 | |
| Trachycarpus fortunei | 128 | |
| Tsuga heterophylla | *117* | |
| Tsuga sieboldii | 116 | |
| Tsuja plicata | *153* | |
| Tsuja standishii | 152 | |
| **U** Ulmus davidiana var. japonica | 46 | |
| Ulmus laciniata | 46 | |
| Ulmus parvifolia | 46 | |
| **Z** Zanthoxylum ailanthoides | *179* | |
| Zanthoxylum piperitum | 178 | |
| Zanthoxylum schinifolium | *179* | |
| Zelkova serrata | 48 | |

## 옮긴이 코멘트

- 학명은 국제식물명명규약에 따라 속명과 종소명을 나타내는 라틴어 부분은 기울임체로 var.(variant, 변종), sp.(species, 앞에 표기된 속에 속하는 어떤 종, 복수는 spp.) 등의 부호는 그대로 표기함을 원칙으로 합니다. 학명 가운데 '×'는 잡종을 의미합니다.
- 원문의 '일본해'는 '한국해'나 '동해'로 바꾸기에는 지리적으로 의미가 축소되므로 '북쪽 해안'으로 에둘러 표현하였습니다.
- 색인의 소나무 항목에 '소나무 숲'의 '소나무'가 포함되므로 '솔숲' 대신 '소나무 숲'으로 표기하였습니다.
- 정식 국명이 없는 나무 이름이나 과명, 속명은 일본 원서와 현지 감수자의 기준을 참고하여 아래의 원칙에 따라 표기하였습니다.

1) 국가표준식물목록(http://nature.go.kr)에 아직 정식 명칭이 없는 과속명입니다. Korean Journal of Plant Taxonomy(https://www.e-kjpt.org)의 논문이나 출판된 도서 등을 참고한 과속명을 사용하였습니다.

    옻나무속(Toxicodendron속) 20, 126쪽
    여우주머니과(Pyllanthaceae과) 96쪽
    칼로필룸과(Calophyllaceae과) 130쪽
    칼로필룸속(Calophyllum속) 130쪽
    오동나무과(Paulowniaceae과) 174쪽
    팥배나무속(Aria속) 184쪽
    푸조나무과(Aphananthe과) 191쪽
    펜타필락스과(Pentaphylacaceae과) 202쪽

2) 정식 국명이 없는 식물 목록 중 한자 문화권에서 쓰이는 명칭 가운데 정식 국명 목록에 없는 것, 나무의 특징에 더 잘 맞는 것을 선택해 한국 한자음으로 표기한 것입니다. 별표(*) 다음의 한자명은 본문에는 병기되지 않았습니다.

    흑단黑檀(*Diospyros ebenum*) 15, 39, 67, 123, 163, 171쪽
    나한전羅漢槇(*Podocarpus macrophyllus* var. *maki*) 39쪽
    류큐흑단琉球黑檀(*Diospyros egbert-walkeri*) 66, 67, 95, 163쪽
    목마황木麻黃(*Casuarinaceae*) 67쪽
    백단白檀(*Santalum album*) 73, 201쪽
    화려용華麗榕(*Ficus superba* var. *japonica*) 83쪽
    복목福木(*Garcinia subelliptica*) 92, 93쪽
    상사수相思樹(*Acacia confusa*) 106, 107쪽
    용화수(*Calophyllum inophyllum*) 130, 131쪽 *龍華樹
    자단紫檀(*Pterocarpus santalinus*) 131, 163쪽
    은모수(*Heliotropium foertherianum*) 134, 135쪽 *銀毛樹
    자동(*Erythrina variegata*) 156, 157, 175쪽 *刺桐
    대만편백臺灣扁柏(*Chamaecyparis taiwanensis*) 189쪽
    흑문자黑文字(*Lindera umbellata*) 204, 205쪽
    황토수黃土樹(*Prunus zippeliana*) 212쪽

3) 정식 국명은 없으며 한자 문화권에서는 일본에만 있는 명칭으로 한국 한자음으로 옮기기 곤란한 식물명입니다. 원래 표기되어 있거나 본문 이해에 도움을 주기 위해 한자를 병기한 곳도 있습니다.

    도도마쓰(*Abies sachalinensis*) 11, 52, 53쪽
    타치바나(*Citrus tachibana*) 33쪽
    폰칸(*Citrus poonensis*) 33쪽
    핫사쿠(*Citrus hassaku*) 33쪽
    도가사와라(*Pseudotsuga japonica*) 50, 51쪽
    유키쓰바키雪椿(*Camellia rusticana*) 57쪽
    기타코부시北辛夷(*Magnolia kobus* var. *borealis*) 77쪽
    쓰쿠바네가시(*Quercus sessilifolia*) 95쪽
    시우리자쿠라(*Padus ssiori*) 118, 119쪽
    오바보다이주大葉菩提樹(*Tilia maximowicziana*) 155쪽
    우라지로노키(*Aria japonica*) 185쪽
    게켄포나시毛玄圃梨(*Hovenia trichocarpa*) 193쪽
    오바쿠로모지大葉黑文字(*Lindera umbellate* var. *membranacea*) 205쪽
    기타고요北五葉(*Pinus parviflora* var. *pentaphylla*) 206, 207쪽
    히노키아스나로(*Thujopsis dolabrata* var. *hondai*) 208, 209쪽
    도히(*Picea jezoensis* var. *hondoensis*) 211쪽

4) 그 외의 경우로 '필로산테라'는 흑단의 한 종류로 한자 문화권에서는 일본 명칭만 있으며 문맥상 일본 발음으로 표기하는 것이 알맞지 않기에 학명의 라틴어 발음을 사용했습니다.

    류큐소나무(*Pinus luchuensis*) 64, 65쪽
    필로산테라(*Diospyros pilosanthera*) 67쪽

# 감수자의 말

니시카와 타카아키 씨가 처음 이 책의 출판에 대해 상담해왔을 때는 솔직히 부정적인 생각이 먼저 들었다. 유용한 나무를 다룬 책은 전문서부터 가벼운 안내서까지 훌륭한 도감이나 사전이 이미 많이 출간되어 있다. 뿐만 아니라 인터넷을 검색하면 정보의 진위는 불분명하더라도 사진을 비롯한 다양한 정보를 손에 넣을 수 있다. 하지만 막상 인쇄된 지면을 보고 있자니 역시 책이 지닌 뛰어난 열람성은 무시할 수 없었다. 한 나무에 대해 나무와 목재, 목제품까지 관련된 정보를 한눈에 볼 수 있으며 제한된 지면에서 각 주제를 다루고 있으므로 책을 읽는 도중에도 손쉽게 다른 쪽을 펼쳐 함께 보고 싶은 나무를 참고할 수 있다.

이 책의 가장 큰 특징은 나무의 다양한 용도를 중심으로 시각적으로 즐길 수 있다는 점이다. 목제품 사진 한 장으로 일면을 장식한 나무도 많다. 다양한 지역에서 수집한 목재 이용법을 바탕으로 설명한다. 물안경의 테로 쓰이는 은모수처럼 특정 지역에서만 알려진 용도까지 담겨 있어 흥미롭게 읽을 수 있다. 일본쇠물푸레나무로 만든 야구 배트나 비자나무 바둑판처럼 정해진 용도로 사용되는 나무들도 있다. 이 도구에는 어째서 이 나무를 써야 하는지, 어떤 점이 여타 나무에 비해 뛰어난지 이유가 명확할 때도 있지만 그렇지 않을 때도 많다. 단순히 가까이 있는 나무를 사용하던 것이 전통처럼 이어졌을 지도 모른다.

나무로 가구를 만들거나 집을 지을 때의 즐거움은 목재의 나뭇결과 색조, 마디 흔적이나 이상재로 불리는 목재의 결점 속에서 나무의 역사를 발견할 때 느낄 수 있다. 목재를 보며 나무였을 시절의 모습과 자라면서 겪었을 고초를 상상하는 것만으로도 나무를 다루는 이들의 즐거움은 한층 커진다. 예를 들어 대표적인 넓은잎나무인 참나무속의 목재가 튼튼한 이유를 가지와 잎을 높게 펼쳐 눈과 바람에 버티려는 나무의 형태에서 찾거나, 참나무류의 곧은결에 아름다운 호랑이 줄무늬를 내는 넓은 방사조직이 무엇 때문에 존재하는지 의문을 품을 수도 있다. 한 목재를 지긋이 바라보는 것만으로도 흥미가 끊이지 않는다.

나무는 환경에 맞춰 자라면서 다양한 성질의 목재를 형성한다. 사람들은 이 같은 목재의 성질을 살린 목제품을 만들어 생활에 활용한다. 이처럼 인간은 예로부터 나무나 목재와 밀접한 관계 속에서 살아왔다. 이 책이 나무를 사랑하고 나무를 가꾸는 이들에게 도움이 될 수 있기를 바란다.

2016년 2월

홋카이도대학 농학부 삼림과학과 (목재 공학 연구실)

고이즈미 아키오

# 맺음말

책에 실린 사진은 대부분 사진가 와타나베 겐고가 촬영하였다(일부는 박물관 등에서 제공하였거나 간행본에 실린 공예품 사진을 빌려 썼다). 홋카이도에서 오키나와까지 깊은 산속이나 숲속, 역사적인 건축물, 자료관, 장인과 목공예가의 공방 등을 저자와 함께 탐문하였다.

편집 작업을 마친 다음 나무 하나하나를 다시 살펴보니 복잡한 감정들이 교차한다. 거센 빗발이 퍼붓는 깎아진 절벽 아래로 아득히 펼쳐진 광경을 조마조마한 심정으로 바라보며 지프를 타고 거친 숲길을 지나 깊숙한 산속에서 도가사와라의 아름다운 자태를 사진으로 담은 순간과 에도 사시모노나 칼집을 만드는 장인에게 제작 과정을 경청하던 기억이 머리를 스친다. 목재 견본은 저자가 수집한 판재에 목재 회사나 제재 회사에서 제공한 판재를 더해 촬영하였다.

한 나무에 대한 정보를 2페이지 내에 모두 담아야 했기에 큰 판형의 사진이나 잎의 특징 등이 잘 드러난 사진을 미처 다 싣지 못한 곳도 몇 군데 있다. 설명에서도 나무의 특징을 조금 더 자세히 다루고 싶었던 부분이 있었다. 다소 아쉬움은 남지만 전체적으로는 기존에 없던 참신한 나무 도감으로 완성되었다.

집필 중 가장 시간과 노력이 들었던 작업은 나무가 어떤 도구로 사용되는지 혹은 어떤 가구에 쓰이는지 쓰임새를 찾는 일이었다. 특히, 오래된 목제품은 어떤 나무가 쓰였으리라고 추측할 수 있을 뿐 확언할 수 없을 때도 있었다. 어떤 나무가 쓰였는지 확인하는 과정에서 학회의 회원이나 연구가의 조언이 크나큰 힘이 되었다.

기존의 나무 관련 서적이나 사전 등에는 다양한 나무의 쓰임새가 기록되어 있다. 하지만 그중에는 현재에는 잘 쓰이지 않는 용도도 많다. 그러한 기술은 대부분 저자의 애독서이기도 한 1900년대에 발간된 《목재의 공예적 이용》과 《일본의 유용한 나무 효용 편》 등에서 재인용했을 것으로 짐작된다. 예를 들어 새우나무의 용도로는 구두의 목형이 항상 언급되지만 집필 중에 다년간 목형을 제작해 온 장인이나 구두 제조사를 취재한 결과, 새우나무로 만든 구두 목형은 들어본 적이 없다고 한다. 대신, 최근까지는 일본벚자작나무를 사용했다는 사실을 알 수 있었고 실제로 일본벚자작나무로 만든 구두 목형을 촬영할 수 있었다. 현장에 나가 전문가의 말을 직접 듣는 것이 얼마나 중요한지 다시 한번 확인하게 되는 순간이었다.

이처럼 많은 분들의 도움으로 이 책을 출간할 수 있었다. 정보를 제공해주신 분들과 촬영에 협력해주신 분들, 감수를 맡은 홋카이도대학 농학부 삼림과학과의 고이즈미 아키오 교수, 사진가 와타나베 겐고 씨에게 재차 감사의 말을 전한다.

2016년 2월

니시카와 타카아키

# 나무 목재 도감

1판 1쇄 발행 | 2019년 4월 15일
1판 2쇄 발행 | 2023년 1월 13일

지은이 니시카와 타카아키
감    수 고이즈미 아키오
옮긴이 김호진
펴낸이 김기옥

실용본부장 박재성
편집 실용1팀 박인애
마케터 서지운
판매 전략 김선주
지원 고광현, 김형식, 임민진

디자인 푸른나무디자인
인쇄 · 제본 민언프린텍

펴낸곳 한스미디어(한즈미디어(주))
주소 121-839 서울시 마포구 양화로 11길 13(서교동, 강원빌딩 5층)
전화 02-707-0337 | 팩스 02-707-0198 | 홈페이지 www.hansmedia.com
출판신고번호 제 313-2003-227호 | 신고일자 2003년 6월 25일

ISBN 979-11-6007-356-0  16610

책값은 뒤표지에 있습니다.
잘못 만들어진 책은 구입하신 서점에서 교환해드립니다.

# 한스미디어의
# 수예 & 핸드메이드 도서

**No.1 뜨개 & 핸드메이드 매거진 털실타래**
일본보그사 편 | 22,000원

 ## 코바늘 손뜨개

쉽게 배우는
**새로운 코바늘 손뜨개의
기초**
일본보그사 저 | 김현영 역
153쪽 | 18,000원

쉽게 배우는
**새로운 코바늘 손뜨개의
기초 실전편**
일본보그사 저 | 이은정 역
136쪽 | 16,500원

쉽게 배우는
**코바늘 손뜨개 무늬 123**
일본보그사 저 | 배혜영 역
111쪽 | 15,000원

한 눈에 알 수 있는
**코바늘 뜨개 기호**
일본보그사 저 | 김현영 역
64쪽 | 13,000원

쉽게 배우는
**모티브 뜨기의 기초**
일본보그사 저 | 강수현 역
112쪽 | 15,000원

실을 끊지 않는
**코바늘 연속
모티브 패턴집**
일본 보그사 저 | 강수현 역
112쪽 | 18,000원

실을 끊지 않는
**코바늘 연속
모티브 패턴집 II**
일본 보그사 저 | 강수현 역
112쪽 | 18,000원

**매일매일 뜨개 가방**
최미희 저
200쪽 | 20,000원

# 플라워&가드닝

꽃집에서 인기 있는 꽃 469종
**꽃도감**

방현희 역 | 몽소 플뢰르 감수
288쪽 | 22,000원

**케이라플레르
플라워 코스**

김애진 저
288쪽 | 32,000원

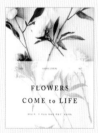

**플라워 컴 투 라이프**

김신정 저
328쪽 | 16,800원

**플라워 컴 홈**

김신정 저 | 296쪽
16,500원

**마이 디어 플라워**

주예슬 저 | 284쪽
16,500원

**사계절을 즐기는
꽃꽂이**

다니 마사코 저 | 방현희 역
208쪽 | 18,000원

처음 시작하는
**구근식물 가드닝**

마쓰다 유키히로 저 | 방현희
역 | 208쪽 | 22,000원

**한스미디어**  www.hansmedia.com

서울특별시 마포구 양화로 11길 13 (강원빌딩 5층)
TEL 02-707-0337       FAX 02-707-0198

**도서판매처 안내**

**전국 오프라인 서점**

교보문고 전 지점, 영풍문고 전 지점, 반
디앤루니스 전 지점, 이외의 전국 지역 서
점에서 구매할 수 있습니다.

**온라인 서점**

교보인터넷 www.kyobobook.co.kr
YES24 www.yes24.com
알라딘 www.aladin.co.kr
인터파크도서 book.interpark.com

# 대바늘 손뜨개

쉽게 배우는
**새로운 대바늘 손뜨개의 기초**
일본보그사 저 | 김현영 역
160쪽 | 18,000원

**마마랜스의 일상 니트**
이하니 저
200쪽 | 22,000원

니팅테이블의
**대바늘 손뜨개 레슨**
이윤지 저
176쪽 | 18,000원

그린도토리의
**숲속 동물 손뜨개**
명주현 저
228쪽 | 18,000원

대바늘과 코바늘로 뜨는
**겨울 손뜨개 가방**
아사히신문출판 저 | 강수현
역 | 80쪽 | 13,000원

**유러피안 클래식 손뜨개**
효도 요시코 저 | 배혜영 역
120쪽 | 15,000원

매일 입고 싶은
**남자 니트**
일본보그사 저 | 강수현 역
96쪽 | 14,000원

M·L·XL 사이즈로 뜨는
**남자 니트**
리틀 버드 저 | 배혜영 역
116쪽 | 15,000원

**52주의 뜨개 양말**
레인 저 | 서효령 역
256쪽 | 29,800원

**올터니트 스티치 사전 200**
안드레아 랑겔 저 | 서효령 역
164쪽 | 20,000원

쿠튀르 니트
**대바늘 손뜨개 패턴집 260**
시다 히토미 저 | 남궁가윤 역
136쪽 | 20,000원

쿠튀르 니트
**대바늘 니트 패턴집 250**
시다 히토미 저 | 남궁가윤 역
144쪽 | 20,000원

**대바늘 비침무늬 패턴집 280**
일본보그사 저 | 남궁가윤
역 | 144쪽 | 20,000원

**대바늘 아란무늬 패턴집 110**
일본보그사 저 | 남궁가윤
역 | 112쪽 | 20,000원

쉽게 배우는
**대바늘 손뜨개 무늬 125**
일본보그사 저 | 배혜영 역
128쪽 | 15,000원

한 눈에 알 수 있는
**대바늘 뜨개 기호**
일본보그사 저 | 김현영 역
72쪽 | 13,000원

# DIY

**짜루의
핸드메이드 인형 만들기**

짜루(최정혜) 저 | 132쪽 |
14,000원

**투명한
보석비누 교과서**

키노시타 카즈미 저 | 문혜원 역
112쪽 | 14,000원

**가죽공예의 기초**

노타니 구니코 저 | 정은미 역
116쪽 | 18,000원

**종이로 꾸미는 공간
종이 인테리어 소품**

김은주, 방경희, 이정은 저
208쪽 | 16,500원

**야생화 페이퍼
플라워 43**

야마모토 에미코 저 | 이지혜 역
144쪽 | 15,000원

**나무로 만든 그릇**

니시카와 타카아키 저
송혜진 역 | 268쪽 |
16,000원

**쉽게 배우는
목공 DIY의 기초**

두파! 편 | 김남미 역 | 144쪽 |
16,500원

**쉽게 배우는
간단 목공 작품 100**

두파! 편 | 박재영 역 | 132쪽 |
16,500원

**마크라메 매듭 디자인**

마쓰다 사와 저 | 배혜영 역
100쪽 | 14,000원

**82 매듭 대백과**

일본부티크사 저 | 황세정 역
172쪽 | 14,000원

아이와 아빠가 함께 접는
**신나는 종이접기**

박은경, 고이녀, 조은주,
송미령 저 | 168쪽 | 15,000원

엄마와 아이가 함께 접는
**행복한 종이접기**

김남희, 김향규, 윤선옥,
이명신 저 | 240쪽 |
15,000원

아이와 엄마가 함께 만드는
**행복한 종이아트**

김준섭, 길명숙, 송영지 저
162쪽 | 15,000원

# 소잉

쉽게 배우는
**새로운 재봉틀의 기초**
사카우치 코코 저 | 김수연
역 | 140쪽 | 18,000원

**사이다의
핸드메이드 드레스 레슨**
사이다 저 | 208쪽
25,000원

**셔츠 & 블라우스
기본 패턴집**
노기 요코 저 | 남궁가윤 역
108쪽 | 18,000원

**원피스
기본 패턴집**
노기 요코 저 | 남궁가윤 역
108쪽 | 18,000원

쉽게 배우는
**주머니의 기초**
미즈노 요시코 저 | 김수연 역
72쪽 | 13,000원

쉽게 배우는
**트임 봉제의 기초**
미즈노 요시코 저
김수연 역 | 84쪽
14,000원

쉽게 배우는
**지퍼 책**
일본보그사 저 | 남궁가윤 역
108쪽 | 13,000원

사계절 파티를 위한
**인형옷 만들기**
F4 * gi 저 | 남궁가윤 역
108쪽 | 18,000원

매일매일 입고 싶은
**심플 데일리 키즈룩**
가타가이 유키 저
남궁가윤 역 | 112쪽
18,000원

패턴부터 남다른
**우리 아이 옷 만들기**
가타가이 유키 저 | 송혜진
역 | 134쪽 | 16,500원

재봉틀로 쉽게 만드는
**블라우스, 스커트&팬츠
스타일 북**
노나카 게이코, 스기야마 요코 저
이은정 역 | 90쪽 | 13,000원

재봉틀로 쉽게 만드는
**원피스 스타일 북**
노나카 게이코, 스기야마 요코 저
이은정 역 | 크래프트 하우스 감수
88쪽 | 13,000원

재봉틀로 쉽게 만드는
**아우터 & 탑 스타일 북**
스기야마 요코, 노나카 게이코
저 | 김나영 역 | 76쪽
13,000원

# 자수

**달눈의
레트로 감성 자수**

노지혜 저
208쪽 | 18,000원

**하란의
보태니컬 세밀화 자수**

김은아 저
220쪽 | 18,000원

**나의 꽃 자수 시간**

정지원 저
276쪽 | 19,800원

**처음 배우는
우리 꽃 자수**

정지원 저
236쪽 | 16,800원

**춘천, 들꽃 자수 산책**

김예진 저
272쪽 | 18,000원

**춘천, 사계절 꽃자수**

김예진 저
128쪽 | 16,000원

**자수 스티치의 기본**

아틀리에 Fil 저 | 강수현 역
| 132쪽 | 15,000원

쉽게 배우는
**리본 자수의 기초**

오구라 유키코 저 | 강수현
역 | 112쪽 | 16,500원

**레드워크 앤티크 자수**

다카하시 아키 저 | 배혜영
역 | 160쪽 | 16,800원

히구치 유미코의
**자수 시간**

히구치 유미코 저 | 강수현 역
헬렌정 감수 | 96쪽
18,000원

히구치 유미코의
**동물 자수**

히구치 유미코 저
배혜영 역 | 헬렌정 감수
96쪽 | 16,500원

히구치 유미코의
**사계절 자수**

히구치 유미코 저
김수연 역 | 헬렌정 감수
96쪽 | 18,000원

히구치 유미코의
**연결 자수**

히구치 유미코 저
남궁가윤 역 | 102쪽 | 16,800원